U0464369

甘肃省循环经济与可持续发展
法制研究中心资助出版

环境权与
循环经济法的
法理研究

俞金香　韩敏　著

中国社会科学出版社

图书在版编目(CIP)数据

环境权与循环经济法的法理研究/俞金香,韩敏著.—北京:中国社会科学出版社,2017.3

ISBN 978 - 7 - 5161 - 8305 - 2

Ⅰ.①环… Ⅱ.①俞…②韩… Ⅲ.①环境权—研究—中国②自然资源—资源经济学—法律—研究—中国 Ⅳ.①D922.684②D922.604

中国版本图书馆 CIP 数据核字(2016)第 124037 号

出 版 人	赵剑英	
责任编辑	许 琳	梁剑琴
责任校对	韩天炜	
责任印制	李寡寡	

出 版	中国社会科学出版社
社 址	北京鼓楼西大街甲 158 号
邮 编	100720
网 址	http://www.csspw.cn
发 行 部	010 - 84083685
门 市 部	010 - 84029450
经 销	新华书店及其他书店

印刷装订	北京市兴怀印刷厂
版 次	2017 年 3 月第 1 版
印 次	2017 年 3 月第 1 次印刷

开 本	710×1000 1/16
印 张	19.75
插 页	2
字 数	325 千字
定 价	85.00 元

凡购买中国社会科学出版社图书,如有质量问题请与本社营销中心联系调换
电话:010 - 84083683
版权所有 侵权必究

自　序

　　循环经济目前被很多人在很多场合提及，可是，要确保把它做好，确非易事。因为既要应对巨大的国际经济竞争的压力，又要顾全人类与环境的和谐相处、长远发展，如果仅凭盲目的道德热情而欠周详的法律考量，循环经济的发展就容易在实践中变成一个"捧在手里的烫山芋"，非但享用不到其益处，发展者的信心也会因此而消解。

　　著者从 2001 年起开始从法学角度关注循环经济方面的研究，多年来笔耕不辍，秉着"循环经济是可持续的研究命题"这样一个基本理念，发表文章若干篇。期间有过彷徨，有过怀疑，循环经济究竟是个"昙花一现"的"伪命题"？还是一颗"理实皆备"的"常青树"？而随着生态文明建设成为国家的基本战略目标，一个越来越清晰的思路出现了：环境资源与经济的协调发展已经成为科学发展观的核心要义，循环经济代表着从环境治理到绿色增长的一个变革趋势。我越来越相信，以循环经济为代表的可持续发展研究，不仅会成为未来我国社会科学基础理论和政策研究的前沿，并将引领其他相关学科的发展升级。为此，我们必须总结国内外的有益经验和教训，高屋建瓴地制定符合中国目前实际和将来发展需要的循环经济发展规划纲要和相应的法律规范。就此意义而言，从法律角度对于循环经济进行研究，就显得尤为重要。

　　以全球环境危机为背景提出来的环境权，既是一项基本人权，又与发展权紧密相关，反映了人类对于自己与环境关系的重新认识以及保护环境的法理诉求。基于生态整体主义立场分析环境权之人类权性质，发现环境权的确是循环经济法的立足基点。循环经济法是国家治理循环经济发展过程中发生的各种社会关系的重要的部门法，国家保障和尊重环境权应当是循环经济法的基本精神。本书围绕环境权与循环经济法的法理阐释展开，突破现有研究只关注循环经济法律制度的宏观架构或者仅对循环经济法律制度进行简单比较之薄弱环节，从法理学的视角就循环经济法与环境权之间的内在联系、循环经济法对于环境权实现的保障作用、循环经济法对传统法律体系的冲击及促进循环经济发展的法制变革等内容进行了较为系统的研究，为实现循环经济法的独立部门法地位进行了比较有益的法理探索。

　　本书也清楚地说明，要想打造真正可持续的循环经济发展模式，实现真正的转型，如何在发展数量与质量之间权衡，不是一件轻而易举的事情。贫穷是最大的不正义，对于弱势群体而言，发展循环经济对其是挑战也是机遇，智者总能既思考现在也预测未来，考虑自己更考虑他人，规制循环经济发展的法制考量又何尝不是对智者的挑战和考验？要把握长远的未来，现在我们还有很多的事情要做……

　　从思考的全面性、观点的新颖性以及论述的深刻性等三个方面看，本书虽然做了很大努力，有一些新的思想，采用了一些新的工具，提出了一些令人振奋的想法，但仍然存在很多需要改进的地方，希望可以在日后的科研中悉心汲取以利更深思考的理论养料，稳健前进。

俞金香

2016 年 1 月

目　录

第七章 促进循环经济发展的法制变革

第一章 绪论

一 研究背景及动因

2007年10月，党的十七大报告首次将"生态文明"写入其中，以作为全面建设小康社会的目标之一。"生态文明建设"要求把资源节约、生态环境保护与产业结构优化调整、转变经济增长方式和消费模式结合起来。2012年11月，党的十八大又把"生态文明建设"独立成章进行重点论述，指出要坚持节约优先、保护优先、自然恢复为主的方针，强调"绿色发展、循环发展、低碳发展"，并以"美丽中国"作为生态文明建设的长远目标。2013年1月国务院印发的《循环经济发展战略及近期行动计划》提出，"发展循环经济是我国的一项重大战略决策，是落实党的十八大推进生态文明建设战略部署的重大举措，是加快转变经济发展方式，建设资源节约型、环境友好型社会，实现可持续发展的必然选择"。2015年4月，国家发改委制定并印发《2015年循环经济推进计划》，从加快构建循环型产业体系、大力推进园区和区域循环发展、推动社会层面循环经济发展、推行绿色生活方式等方面为扎实推进2015年我国循环经济工作提出了具体实施措施。将循环经济提升到国家战略高度，这说明党和国家已经把循环经济作为转变发展方式的战略手段。

纵观近年来国内外因资源开发利用不当所引发的重大环境事件，如国内的紫金矿业"溃坝门"、中石油大连漏油事故、舟曲特大泥石流、陕西省山阳县山体滑坡等事件；国际上也是重大环境事件频发，欧洲多国遭遇强极端天气、匈牙利有毒泥浆流入多瑙河、美国墨西哥湾原油泄露、俄罗斯发生森林大火等，频发的事件让人们越来越关注环境和生态问题。

这些环境和生态问题产生的根源在于人类毫无规制地对环境资源进行开发利用和无限制的向自然界排放废弃的污染物。一方面人类过量掠夺环境资源、过度扰动其自然状态，从而破坏了大自然的自我调控能力，造成资源的自然环境功能退化、破坏，另一方面，在资源开发中产生的很多不能利用的物质、能量，如果不妥当处理或者善加利用，任其进入自然环境，必然造成环境的污染破坏。

全球环境问题的急剧恶化从根本上拷问着传统经济社会发展模式的合理性。人类开始寻求一种建立在环境和自然资源可接受基础上的长期发展模式，并付出了不懈的努力。而循环经济正是以"减量化、再使用、再循环"为社会经济活动的行为准则，以物质能量梯次和闭路循环使用为特征，即"资源→产品→废弃物→再生资源"的闭环式资源利用，这样一种资源利用过程不但减少了污染物的排放而且节约了资源，保护了环境，为可持续发展提供保障。

为了确立环境权，确保循环经济运行模式得以顺利实现，保护环境与生态，各国法律专家和学者都在努力从法律的角度寻找出路，环境权和循环经济就是在这样的背景下产生的，并以法律的形式设定和保障环境权，发展循环经济，以期能够解决人类面临的日益严重的环境和生态问题，实现人类生存和可持续发展的目标。

循环经济是在"人——自然资源——社会经济——科学技术"的大系统内，在产品的生产、流通、分配、消费等经济活动的全过程中，引入节约的理念，以科学技术提高和制度管理创新为手段，依靠资源的循环利用，最大限度地减少新资源的使用量，尽可能地减少各种废弃物的排放数量，解决环境保护和可持续发展问题。

我国已经推动循环经济发展十数年，在理论和实践、技术和市场需求、制度安排等各方面都为环境权的确立及保障打下了很好的基础。环境权和循环经济的关系也在此发展过程中越来越明晰：发展循环经济，探索更有效的循环经济发展之路可以对环境权的实施提供更好的平台，反之，确立环境权、保障环境权的有效实施则有利于循环经济法律制度的完善和延伸。环境权和循环经济二者关系的梳理和协调是我们推进生态文明建设，实现可持续发展必须面对的课题。

　　作为世界上人地关系最为紧张的国家之一，中国的国家和区域持续发展始终面临脆弱资源环境禀赋的巨大挑战。中国人均自然资源存储量远低于世界平均水平。煤炭、石油、天然气等能源的人均存储量，仅分别相当于世界人均水平的 69.3%、6.4% 和 5.4%[①]。与此同时，经济社会发展对各种能源矿产资源需求量的快速增长以及以煤炭为主的能源消费结构，也带来了严重的环境问题。2005 年，中国成为世界上二氧化硫排放量最大的国家，2006 年，又成为世界上燃烧化石燃料排放二氧化碳数量最大的国家[②]。从现在开始，自然资源的巨大需求和缺口要求我国发展方式必须发生根本性转变，全面发展循环经济；能源和环境容量约束以及应对气候变化的国际责任则要求进一步确立环境权和保护环境权，使得发展循环经济成为全社会的责任。未来 10 年甚至更长的时间内，我国仍将处于工业化中期向后期发展的关键时期，城市化加快发展，经济规模继续扩大，对资源和能源的需求总量仍将持续快速上升。资源短缺、保护环境成为这个阶段发展最大的约束条件，转变传统经济增长方式和发展方式，走循环经济和可持续发展道路成为必然的选择。面对我国所处的发展阶段和需要完成的多重目标任务，我们必须积极参与世界应对全球气候变化的努力，同时还应该着眼于国情和特定时期的发展任务，抓住主要矛盾，制定符合我国国家利益的发展战略，选择适合国情的循环经济发展之路。在发展循环经济方面，我国已经积累了一定的经验和取得了很好的效益，在各种废弃物资源化与循环利用问题、节能技术、水资源与水环境问题、生态恢复问题等一些领域达到了世界领先水平。大力发展循环经济，梯级利用资源，提高资源利用效率，在保持经济增长的基础上，走中国特色的循环经济发展之路，是实现可持续发展的必然选择。实践中，要通过深化资源节约型、环境友好型建设，发展循环经济，深化资源循环利用，努力推进生态文明建设，

---

　　① 数据来源：《BP 世界能源统计 2010》、《中国统计年鉴 2010》以及 http://www.ibib-lio.org/lunarbin/worldpop.

　　② 中国 2006 年从化石燃料使用排放中的二氧化碳量达到 60 亿吨，占世界的 20.6%（EIA2006），另外，根据《自然》杂志 2006 年 6 月 20 日在线报道，荷兰环境评估局发布的一份报告称，中国已经超过美国，成为世界上最大的二氧化碳排放国。

实现可持续发展。

从目前掌握的文献来看，对循环经济与环境权二者之间关系进行的系统研究还很少，仅有部分学者分别对循环经济与环境权进行了简单的辨析，未看到相关模型的构建和实证分析。本书尝试从生态整体主义的新视角，将循环经济与环境权的研究结合起来，深入分析探寻循环经济与环境权之间存在的互动关系，并加以实证研究，以为更好地推进循环经济的协调发展提供理论参考。

二 理论意义与实践价值

环境权是一项新型的权利，循环经济是一种新的经济运行模式，它体现了可持续发展的理念。以整体主义为桥梁、以环境权为视角研究环境权与循环经济的关系，是解决当前我国环境问题的有效措施和途径，因此该研究具有非常重要的理论意义和实践价值。

（一）理论意义

对于循环经济的研究，我国与发达国家差距比较大。已经进入后工业化时代的日本和德国提出循环经济的概念，主要是适应本国固体废弃物管理战略转变的需要。因此，日本以建设循环型社会为主旨，德国主要通过建立废弃物资源化的双元系统来发展所谓"循环经济"。一方面，由于各国的经济发展水平、环境条件等相去甚远，对于亟须发展循环经济的我国来说，不能照搬照抄他国的制度和对策，须冷静对待进行一系列创新发展，使之成为适应我国经济发展形势的、具有中国特色的循环经济理论。另一方面，对于已经开展循环经济试点的地域，在发展过程中势必遇到一些传统的观念、技术、制度、文化等方面的障碍，循环经济理论更需要与时俱进，不断创新发展管理模式。① 因此，对循环经济的研究，将有助于推动我国循环经济发展向更高层次迈进，对循环经济理论的发展具有深远的意义。

从文献研究结果来看，分别研究循环经济和环境权的著作和论文都

---

① 黄鹏、陈森发、周振国、元霞：《生态工业园区综合评价研究》，《科研管理》2004年第6期，第22—27页。

比较多，但所有研究基本未曾关注过环境权与循环经济法制之间的关联，而本书将循环经济法制与环境权以生态整体主义为桥梁联系起来，为环境权研究和循环经济法制研究提供了新的研究路径。

（二）实践价值

当前人类正面对资源供需矛盾日益突出、环境压力不断加大、生态系统良性循环受到破坏的挑战，同时又面临经济全球化、高科技迅猛发展的机遇。发展中国家的新型工业化，不能再亦步亦趋地走发达国家已在深刻检讨的传统工业化的老路，不能再照本宣科地学习发达国家有识之士已经感到严重不足的传统西方经济学，而必须以科学发展观为指导，走循环经济之路。① 但是，循环经济在我国还处于起步阶段，适合我国国情的循环经济发展模式尚在探索之中。在当前的社会背景下，本书以整体主义为研究方法，以循环经济的"三维八度"和环境权的"三维"关系为研究的重点，对环境权和循环经济的关系进行结合我国实际的理论研究，对保障公民良好环境权和可持续发展的出路进行细致分析，为我国循环经济立法及环境权的确立提供了思路，具有重要的现实意义。

三 文献背景

（一）环境权的国内外研究现状

20 世纪末，环境危机引起世界范围内的关注，环境保护运动的出现，使人们意识到环境问题的重要性，环境权这一法律权利应运而生。环境权作为一个新兴术语出现在国际法文献和西方学者的研究领域中。环境权在世界范围内引起了研究热潮，吸引哲学界、政治学界、法学界等的广泛关注。

1. 环境权的国外研究现状

20 世纪 60 年代初，随着环境危机的日益严重，环境权引起了全球的高度重视，逐渐地成为环境时代人权之一。随之 1972 年《人类环境

---

① Pearce D. W. and Turner R. K., Economics of Natural Resources and Environment, *Harvester Wheatseat*, Hemel Lempstead, 1990.

宣言》把环境权作为基本人权规定下来，环境权就成为继法国《人权宣言》、苏联宪法、《世界人权宣言》之后人权历史发展的第四个里程碑。关于环境权的学说主要有：美国学者的"环境共有论"、"公共信托论"、"自然体权利论"以及"代际公平和代内公平论"；欧洲学者的"人权论"、"动物福利论"和"动物解放论"；日本学者的"生存权论"、"幸福追求权论"、"双重包装论"和"自然享有论"；俄罗斯学者的"生态权利论"，等等。西方学者关于环境权的研究呈现如下特点：第一，注重和强调以道德和精神为取向的环境共享权，高度关注公共的环境福利，有利于严格地限制财产和物质取向的个人权利，并通过创制一系列新的具有程序性的概念工具如环境知情权、公众参与环境决策权、环境诉权等来保护环境共享权的实现。在立法和司法实践中，出现了"未来环境权""公民环境权""人民环境权""良好环境权""洁净空气和洁净水权""环境问题上公众获得信息、参与决策与获得司法救济权""土著人环境权""儿童环境权""妇女环境权"等新的环境权术语。第二，西方国家的环境法学者普遍从人权的角度阐释环境权，并使环境权、传统民法上的个人财产权（如放牧权、狩猎权、采矿权、水权、土地所有权、他物权等）融为一体，界限变得越来越模糊。第三，可持续发展理论成为各国环境权理论提出的共同背景和理论基础。第四，在研究方法上，美国学者更多地从经济学和财产法的角度来研究环境权问题，如"公共信托论"就是试图运用财产法上的信托原理来解释环境权存在的理论基础问题。欧洲学者则主要试图运用人权理论来回答环境权存在的理论基础，并试图从人权救济的角度来解决环境权的救济问题。与欧美学者不同，日本学者则主要是从宪法所确立的公民的基本权利中寻求环境权及其救济的法律依据，并在此基础上构建其环境权的理论体系。

2. 环境权的国内研究现状

我国对环境权的研究始于 20 世纪 80 年代，比西方社会晚 20 年左右，但研究的进度很快。在近三十年的环境权研究当中，国内学者及他们的论著可谓不胜枚举，为我们今天进行环境权的研究提供了坚实的理论基础及素材基础。

第一，哲学界以环境权为主题的研究主要是站在环境伦理的角度对人与自然（生态）的关系进行分析。主要成果有：《作为人权的环境权与可持续发展》、《环境权的伦理特征》、《我国环境权概念的伦理审视》、《自然中心主义生态伦理观的理论困境》、《生态伦理学的困境与出路》等。

第二，法学界对环境权的研究大致可以分为三个时期：第一个时期，20世纪80年代的起步阶段，其标志性成果是蔡守秋教授的《环境权初探》，作者比较全面地考察了外国环境权的理论与实践，并且敏锐地指出，环境权是环境法的一个核心问题，把环境权规定为一项基本权利，是各国宪法、环境法及其他有关法律的一种发展趋势。[①] 自此以后，对环境权问题的研究逐渐成为法学界尤其是环境法学界研究的一个热点问题。第二个时期，20世纪90年代的繁荣阶段，大量的法学家投入到环境权研究的工作中。其中具有代表性的成果大致有：《论公民的环境权》《公民环境权刍论》《环境权之辨析》《环境时代与宪法环境权的创设》《宪法保障的基本人权——环境权》《作为基本权利的环境权研究》等等。总体上来看，该时期学者们对环境权的研究，重点放在公民环境权上，大多认为环境权是一项人权，形成了对公民环境权的较为完整的研究。值得一提的是，在20世纪90年代已经有学者主张用宪法保障环境权，使环境权的法律地位大大提升。第三个时期，21世纪至今的深入研究阶段。其中较有影响的专著、论文及教材有：《环境权论》《论公民环境权》《环境时代与宪法环境权的创设》《公民环境权法律制度的体系化回应研究》《环境权论——从人权发展历史分期的视角》《对"公民环境权论"的几点疑问》等。在该时期，学者对环境权的内涵、理论基础、主体等均有各自不同的看法，提出了不少创造性的意见。学者们也试图跳出环境法的视野，尝试从宪法、民法的视角研究环境权。也有学者从环境权公益性的角度，指出环境权与民法上权利的本质差异性。

国内法学界对环境权的研究可谓十分丰富，学者们从多个视角和方向对环境权进行了深入的研究。大致可以将国内学者的研究方向依据研究角度归纳为以下四类：

---

① 参见蔡守秋《环境权初探》，《中国社会科学》1982年第3期。

（1）从环境法学角度对环境权进行研究

环境法学者对环境权的研究，主要解决如何在现有环境法律规范范畴内解释环境权。如上文所举，环境权自诞生之日起就是同人权不可分割的，环境权作为一种新型的基本人权，仅仅在环境法律范畴内去解释，具有相对狭隘性，并且无法将环境权的全部内容涵盖，环境法角度的环境权研究是基于现有法制的研究。对于一种新型人权，这样的研究基础存在着显著的缺陷，从而造成了研究的平面化。纵观我国环境权理论研究，人们急于界定环境权的概念、性质、种类等基本理论问题，希望将其代入环境法，作为解决环境法面临的一系列问题的办法。此种思路，回避了环境权得以成立的理论背景论证。① 所以在进入新世纪后从事此类研究的学者已不多见。

（2）从民法学角度进行研究

在前文中所提及的公共信托原则确定环境权的主体，并且明确了环境权的公益性。我国学者从民法角度研究环境权，主要集中在环境权的权利主体确认和环境权的公益属性。在这两方面的研究中，我国学者借鉴了国外的研究成果，并提出了在我国具体法律环境下，如何确立我国环境权的主体，如何设计在我国确认环境权前提下环境权的诉讼程序，以及环境权权利的衡量标准及赔偿原则。

（3）从宪法学角度进行研究

环境权作为公民基本人权，从宪法的角度对其进行研究是国际上比较通行的研究方式。在国内宪法学学者的研究中，如何将环境权作为基本人权进行确认是学者们首先进行的研究课题。在此之后，如何定位环境权的宪法位阶也成为国内环境权宪法角度研究的热点。由于我国现行宪法颁布于 1982 年，受时间及我国当时具体国情的限制，环境权并未在我国宪法中被明确，这就为我国环境权的宪法角度研究提出了最实际的研究课题，研究重点是如何进行环境权的宪法设计。

（4）从法理学角度进行研究

同很多国家的环境权研究一样，在法理学角度对环境权的研究是各国法学界进行环境权研究的基础，也是各国环境权研究中最浓墨重彩的

---

① 叶文虎、李萱：《环境权理论研究向何处去》，《中国人口·资源与环境》2009 年第 3 期。

一笔。在国内学者对环境权的法理基础更是存在诸多分歧和看法。有学者对环境权的命题本身提出了质疑，否认环境权的独立性，否认环境权的主体是公民，认为应该提出人类环境权。[①] 受到国内法律环境的影响，大陆学者对于环境权的法理基础研究主要基于环境权是否具备合宪性。环境权的合宪性的"肯定派"主要认为在宪法中确立环境权的宪法地位，具有极为重要的意义。它不仅使公民的基本权利得以丰富和发展，符合国际人权发展的趋势和时代的要求，而且对于环境保护、环境法律体系的完善和可持续发展战略的实施都具有十分重要的促进和保障作用。[②] 环境权合宪性的"否定派"则认为环境权隶属于人权范畴中的生存权，不具备单独入宪的基础，同时由于环境权的主体确立在学术界还存在分歧，所以环境权的合宪性在我国还存在争论。

第三，从人与自然的关系角度分析环境权，尤其在环境权体系中，针对自然体是否应赋予其主体的法律地位，纳入法律保护的范围之内，抑或传承自然体为客体的思想，加大对自然体的关爱程度和增加对自然体保护的内容，在与现阶段相适应的环境伦理基础上，应构建怎样的环境权，尚未成为学界关注的热点。学界成果大致有：《环境权理论：从"人与自然和谐发展"的视角审视》、《论可持续发展与人类环境权》、《论环境权的本质——一种"人类中心主义"环境权观》等。

从上述对环境权研究现状的梳理可以看出，哲学尤其是生态伦理涉及环境权的论文或著作的数量比较多，从以人为中心到对生态环境以及动物的关爱的程度和范围的逐渐扩大。但是，生态伦理作为对人类"软"约束，大多是从人的"自律"出发，不能从根本上解决环境问题或者环境危机，对人类破坏环境的行为起到彻底的抑制作用。法学界对于环境权的研究晚于哲学界，相对于生态伦理，环境法律呈现为一种"硬"约束。法律规定保护环境的权利，归根结底还是保护人的权利。现今社会，随着经济社会需求的增长，要求新的政治上层建筑来适应经济基础。

---

① 张震：《作为基本权利的环境权研究》，法律出版社 2010 年版。
② 陈书全、徐海：《公民环境权宪法化的法理分析》，《中国海洋大学学报》（社会科学版）2004 年第 2 期。

综观国内外学者对环境权问题的研究现状可知，尽管大多数学者均对环境权问题的研究投注了大量的精力和心血，但基本上都没有很好地解决环境保护和资源利用的基础问题。所以，本著作试图以生态整体主义为审视维度，研究循环经济法与环境权的关系，尝试构建一种可持续发展型环境权观。

（二）循环经济的国内外研究现状

从 20 世纪 60 年代循环经济思想的萌芽，经历了 70 年代的深刻认识，80 年代的付诸实施，到 90 年代的快速发展，透过循环经济的发展历程，可以看出，循环经济作为一种经济发展模式的革命，逐渐渗透到人们的思想理念、行为方式以及社会经济活动各个方面，并日益成为指导人类经济社会发展的主流理论。[①] 总体而言，虽然循环经济的研究时间并不算很长，但国内外的学者在该领域进行了艰苦的研究工作，并取得了丰硕的成果。

1. 循环经济的国外研究现状

20 世纪 60 年代以来，伴随着环境保护思潮及其运动的发展，循环经济思想开始萌芽。1966 年美国经济学家肯尼斯·鲍尔丁（Kenneth Boulding）提出的"宇宙飞船理论"可以看作是循环经济思想的早期代表。此后，有关循环经济的研究相继从污染防治、达标排放、清洁生产、废物利用等方面展开，在实践上先后创造了杜邦化学公司模式、卡伦堡模式和德国双元系统模式等，形成企业、区域和社会三个层面尺度的实践经验。[②]

第一，循环经济思想形成及理论发展。20 世纪 60 年代，一批科学家和环境先驱开始关注、研究环境问题，传播环境保护意识，呼吁人们要更多地关注环境。首先是美国生物学家雷切尔·卡逊（Rechel Casson）在 1962 年出版了《寂静的春天》，[③] 向人类揭示环境污染对生态系统和人

[①] 韩宝平等：《循环经济理论的国内外实践》，毛如柏、冯之浚主编：《论循环经济》，经济科学出版社 2003 年版，第 76 页。

[②] 王鲁明：《区域循环经济发展模式研究》，博士学位论文，中国海洋大学，2006 年。

[③] ［美］雷切尔·卡逊：《寂静的春天》，吕瑞兰、李长生译，吉林人民出版社 1997 年版，第 3 页。

类社会产生的巨大破坏，有力地推动了公众参与的环境保护运动，随后美国经济学家加勒特·哈丁（Garrett Hardin）提出了"牛仔经济学"。[①] 1966年美国经济学家肯尼斯·鲍尔丁（Kenneth Boulding）提出了"宇宙飞船理论"，[②] 被认为是循环经济的早期代表，他最有价值之处是把污染视为未得到合理利用的资源，提出既不造成资源耗竭，又不污染环境，以循环利用各种资源为宗旨的循环式经济替代现行经济。

20世纪70年代，美国麻省理工学院的丹尼斯·米都斯（Dennis Meadows）教授等人代表罗马俱乐部发表了关于人类困境的报告——《增长的极限：罗马俱乐部关于人类困境的研究报告》，[③] 研究了全球关注的五大趋势：工业化加速、人口快速增长、广泛营养不良、不可再生资源减少、环境退化，明确指出：由于人类经济活动呈指数化增长，造成资源过度开发和浪费，会最终导致自然资源枯竭、环境恶化，从而形成严重的人类生存危机。这一阶段是循环经济思想形成并升华的主要时期，也为循环经济理论的形成奠定了良好的基础。到了20世纪80年代，一些专家和学者对循环经济的认识有了本质的升华。尤其是1987年布伦特兰（Brundtland）夫人在《我们共同的未来》中，第一次提出可持续发展的新理念，并将循环经济与生态系统联系起来，提出通过管理实现资源的高效利用、再生和循环问题。[④] 1989年美国学者罗伯特·福罗什（Robert Frosch）在《加工业的战略》（Strategies for Manufacting）中提出工业生态学概念，通过将产业链上游的废物或副产品转变为下游的营养物质或原料，从而形成一个相互依存、类似于自然生态系统的工业生态系统，[⑤] 为生态工业园建设和循环经济理论的发展奠定了基础。1990年英国环境经济学家大卫·皮尔斯（David Pearce）和凯利·图纳（Keity Turner）对循环经济进行了科学阐释，但并未引起国际

---

① ［美］加勒特·哈丁：《生活在极限之内：生态学、经济学和人口禁忌》，戴星翼、张真译，上海译文出版社2007年版，第81页。

② 曹瑞钰：《环境经济学与循环经济》，化学工业出版社2006年版，第8—20页。

③ ［美］丹尼斯·米都斯等：《增长的极限：罗马俱乐部关于人类困境的研究报告》，李宝恒译，四川人民出版社1983年版，第19—20页。

④ 诸大建：《从可持续发展到循环型经济》，《世界环境》2000年第3期。

⑤ ［瑞士］苏伦·埃尔克曼：《工业生态学》，徐兴元译，经济日报出版社1999年版，第33—57页。

社会的关注和积极响应。① 直到 1992 年联合国环境与发展大会之后，随着可持续发展战略的全球共识，循环经济的战略地位才得以确立，许多发达国家把发展循环经济作为实施可持续发展，实现环境与经济协调发展的重要途径和实现方式。

第二，循环经济的内涵。尽管发展循环经济已成为社会各界对区域发展模式战略选择的共识，但对循环经济内涵的界定并不一致。有学者认为，循环经济是指在人、自然资源和科学技术的大系统内，在资源投入、企业生产、产品消费及其废弃的全过程中，把传统的依赖资源消耗的线性增长的经济转变为依靠生态型资源循环来发展的经济。它使经济活动按照自然生态规律要求，构成一个"资源——产品——再生资源"的物质循环往复的新的流动系统。② 从这个意义上讲，循环经济就是生态经济。也有学者认为，循环经济是通过废弃物或废旧物资的循环再生利用来发展经济。此概念突出强调了废弃物或废旧物资的再生循环、利用，以至循环不断的经济过程。③

第三，循环经济的原则。国外学者为解决环境与经济协调发展的问

---

① D. W. Pearce, R. K. Turner, *Economics of Natural Resources and the Environment*, The Johns Hopkins University Press, 1990, pp. 35 – 41.

② ［德］厄恩斯特·冯·魏茨察克等：《四倍跃进——一半的资源消耗创造双倍的财富》，北京大学环境工程研究所、北大绿色科技公司译，中华工商联合出版社 2001 年版，第 11—12、201—202 页。

③ Wolfgang Fratzscher, Karl Stephan, "Waste Energy Utilization—An Appeal for An Entropy Based Strategy", Int. J. Therm. Sci., 40 (2001), pp. 311 – 315; Don Macdonald, John Dormer, and Andrei Nikiforuk, "Full Fuel Cycle Emission Analysis for Electric Power Generation Options and Its Application in a Market-Based Economy", *Energy Concers*, MgmtV01. 38 (1997), Suppl., pp. 5601 – 5606; John E. Cantlon, Herman E. Koenig, "Sustainable Ecological Economies", *Ecological Economics*, 31 (1999), pp. 107 – 121; ［德］K. 施泰尼茨：《经济增长与可持续发展》，载《国外社会科学》1999 年第 6 期；Malgorzata Goralczyk, "Life—Cycle Assessment in Renewable Energy Sector", *Applied Energy*, 75 (2003), pp. 205 – 211; James H. Wang, Wei-Li Chiang, Jet P. H. Shu, "The Prospects-Fuel Cell Motorcycle in Taiwan", *Journal of Power Sources*, 86 (2000), pp. 151 – 157; Marho-leine C. Hanegraaf, Edo E. Biewinga and Gert van der Bul, "Assessing the Ecological and Economic Sustainability of Energy Crops", *Biomass and Bioenergy*, 15 (1998), pp. 345 – 355; Kathryn B. Bicknell, Richard J. Ball, Ross Cullen, Hugh R. Bigsby, "New Methodology for the Ecological Footprint with An Application to the New Zealand Economy", in *Ecological Economies*, 27 (1998), pp. 149 – 160; T. Pictona, P. L Daniels, "Ecological Restructuring for Sustainable Development: Evidence from the Australian Economy", *Ecological Economics*, 29 (1999), pp. 405 – 425.

题，提出了一些发展循环经济应遵循的基本原则。1990 年，戴利提出了解决环境与发展两难问题的三个原则[①]，即再生性资源、污染、非再生性资源[②]等，并称"戴利三原则"，后来，在部分企业和国家实践基础上，根据循环经济的基本理念以及社会生产的客观规律，学者们归纳出循环经济主要遵循的 3R 原则，即减量化原则（Reduce）、再利用原则（Reuse）、再循环原则（Recycle）[③]。这些原则的提出，给定了循环经济标准，成为判定循环经济的主要标尺。

第四，循环经济的基本理念。国外发展循环经济具有深刻的理念基础：第一，节能经济效益理念。要求在经济发展中做到以下三点：一是促进可再生能源的开发利用，二是充分合理利用现有资源，三是鼓励节能。[④] 第二，生态经济效益理念。要求企业生产过程中要实现物料和能源的循环往复使用以达到废物和污染排放最小化。第三，工业生态系统理念。要求企业之间产出的各种废弃物要互为消化利用，其实质就是运用循环经济理念指导企业之间物质和能量的循环使用。[⑤] 第四，生活垃

① ［美］赫尔曼·E. 戴利：《超越增长：可持续发展的经济学》，诸大建等译，上海译文出版社 2001 年版，第 8—13 页。

② 再生性资源：所有再生性资源的收获水平小于或等于种群生长率。也就是说，对于某种生物性资源的利用，不应超出这种生物种群的再生能力；污染：要求所有可降解污染物的排放低于生态系统的净化能力；非再生性资源：要求将来自非再生性资源开采的收益分为收入流和投资流，投资流应投入于替代的再生性资源。

③ ［德］K. 施泰尼茨："经济增长与可持续发展"，《国外社会科学》1999 年第 6 期；张坤主编：《循环经济理论与实践》，中国环境科学出版社 2003 年版，第 181—185 页；国家发改委：《部分国家发展循环经济的做法和经验》，全国循环经济工作会议参阅材料，2004 年 9 月 28 日。

④ 国家发改委：《部分国家发展循环经济的做法和经验》，全国循环经济工作会议参阅材料，2004 年 9 月 28 日；［日］山本良一：《战略环境经营：生态设计——范例 100》，王天民等译，化学工业出版社 2003 年版，第 1—11 页。

⑤ Malgorzata Goralczyk, "Life—Cycle Assessment in Renewable Energy Sector", *Applied Energy*, 75 (2003), pp. 205 – 211; James H. Wang, Wei—Li Chiang, Jet P H. Shu, "The Prospects—Fuel Cell Motorcycle in Taiwan", *Journal of Power Sources*, 86 (2000), pp. 151 – 157; Marholeine C. Hanegraaf, Edo E. Biewinga and Gert van der Bul, "Assessing the Ecological and Economic Sustainability of Energy Crops", *Biomass and Bioenergy*, 15 (1998), pp. 345 – 355; Kathryn B. Bicknell, Richard J. Ball, Ross Cullen, Hugh R. Bigsby, "New Methodology for the Ecological Footprint with An Application to the New Zealand Economy", *Ecological Economics*, 27 (1998), pp. 149 – 160; T. Pictona, P. L Daniels, "Ecological Restructuring for Sustainable Development: Evidence from the Australian Economy", *Ecological Economics*, 29 (1999), pp. 405 – 425.

圾无废物理念。这种理念要求越来越多的生活垃圾处理要由无害化向减量化和资源化方向过渡，要在更广阔的社会范围内或在消费过程中和消费过程后有效地组织物质和能量的循环利用。①

2. 循环经济的国内研究现状

20 世纪 90 年代末，循环经济理念开始引入我国，并很快从学术用语发展为政策用语，这一概念被引入我国并很快得到国内的重视，中国学者也开始对循环经济的研究进入了一个活跃期，进行了广泛的讨论和积极的探索。

第一，循环经济的内涵。循环经济是指通过资源循环利用使社会生产投入自然资源最少、向环境中排放的废弃物最少、对环境的危害或破坏最小的经济发展。② 对此概念的理解，有不同的认识。一种观点认为循环经济是一种新的经济增长模式。③ 它是一种以资源的高效利用和循环利用为核心，以"减量化、再利用、资源化"为原则，以低消耗、低排放、高效率为基本特征，符合可持续发展理念的经济增长模式，是对"大量生产、大量消费、大量废弃"的传统增长模式的根本变革。④ 另一种观点认为循环经济就是生态经济。它要求运用生态学规律而不是机械论规律来指导人类社会的经济活动⑤。并强调在经济发展中，遵循生态规律，将清洁生产、资源综合利用、生态设计和可持续消费等融为一体，实现废物减量化、资源化和无害化，使经济系统和自然生态系统的物质和谐循环，维护自然生态平衡。⑥

---

① 王敏旋：《发达国家循环经济理论与实践历程综述》，《经济前沿》2005 年第 10 期；汤天滋：《主要发达国家发展循环经济经验述评》，《财经问题研究》2005 年第 2 期；[美] 威廉·麦克唐纳、[德] 迈克尔·布朗嘉特：《从摇篮到摇篮：循环经济设计之探索》，中国 21 世纪议程管理中心、中美可持续发展中心译，同济大学出版社 2005 年版，第 24—28 页。

② 马莉莉：《关于循环经济的文献综述》，《西安财经学院学报》2006 年第 1 期。

③ 吴绍中：《循环经济是经济发展的新增长点》，《社会科学》1998 年第 10 期。

④ 马凯：《贯彻落实科学发展观推进循环经济发展》，《人民日报》2004 年 10 月 19 日，第 6 版。

⑤ 曲格平：《发展循环经济是 21 世纪的大趋势》，《机电产品开发与创新》2001 年第 6 期。

⑥ 王格芳、王成新：《循环经济推动可持续发展》，《学习时报》2003 年 3 月 31 日，第 3 版；周爱国：《循环经济：经济的生态化转向》，《湖北社会科学》2002 年第 2 期；曹风中、周国梅：《生态全息论对发展循环经济的启示》，《环境污染与防治》2002 年第 6 期。

第二，循环经济的特征。曲格平认为，传统经济的特征是高开采、低利用、高排放。循环经济的特征是低开采、高利用、低排放。① 解振华认为，与传统经济发展模式相比，循环经济有三个特点：一是循环经济可以充分提高资源和能源的利用效率，最大限度地减少废物排放，保护生态环境；二是循环经济可以实现社会、经济和环境的"共赢"发展；三是循环经济在不同层面上将生产和消费纳入到一个有机的可持续发展的框架中。② 赵家荣、谢旭人认为，循环经济的基本特征是低消耗、低污染、高效率，集中表现在提高资源生产率和降低污染物最终处置量上，即单位资源消耗所创造的国内生产总值的大幅度提高和污染物最终处置率的大幅度降低。③④ 吴季松认为，循环经济具有新的系统观、新的经济观、新的价值观、新的生产观、新的消费观等五大特征。⑤ 吴海燕认为，循环经济有三个特征：一是资源和能源消耗的减量化，即减少生产过程的资源和能源消耗量，提高资源利用效率；二是物品的再使用，即尽可能多次或多种方式地重复使用物品，延长产品和服务的时间强度；三是废弃物品的资源化⑥。

第三，循环经济的原则。一些学者在 3R 原则的基础上，对循环经济的原则做了一些扩展，补充了一些新的内容。季昆森认为，循环经济遵循的是 4R 原则，即除了 3R 原则外，还有一个再思考（Re—think）原则，就是不断深入思考在经济运行中如何系统地避免和减少废弃物，最大限度地提高资源生产率，实现污染排放最小化和废弃物循环利用最大化。⑦ 王钦敏认为，循环经济的运行应遵循四个基本准则：以资源投入最小化为目标的减量化准则；以废弃物利用最大化为目标的资源化准则；以污染排放最小化为目标的无害化准则；以生态经济系统最优化为

---

① 曲格平：《发展循环经济是 21 世纪的大趋势》，《机电产品开发与创新》2001 年第 6 期。

② 解振华：《大力发展循环经济》，《求是》2003 年第 13 期。

③ 赵家荣：《加快循环经济发展 落实科学发展观》，《宏观经济管理》2004 年第 8 期。

④ 谢旭人：《发展循环经济实现可持续发展》，《节能与环保》2003 年第 3 期。

⑤ 吴季松：《循环经济的主要特征》，《人民日报》2003 年 4 月 11 日。

⑥ 吴海燕：《推进我国循环经济发展进程的政策体系研究》，《经济与管理研究》2004 年第 5 期。

⑦ 季昆森：《循环经济与资源节约型社会》，《决策咨询》2004 年第 7 期。

目标的重组化准则。其中，重组化准则是指针对产业链的全过程，通过对产业结构的重组与转型，达到系统的整体最优。[1]

第四，对循环经济立法性质的研究，即关于循环经济促进法与循环经济法之争的问题。其代表性学者是中国人民大学的李艳芳教授。李教授对《循环经济促进法》作为"促进法"，缺乏必要的强制性和规范性，很难追究有关单位和人员的法律责任，因而太软、太虚，在实践中发挥不了太大的作用，因此建议将《循环经济促进法》改称为《循环经济法》以增强该法强制力。在 2016 年的全国人大会议上，全国人大代表张天任认为《循环经济促进法》更偏重于从理念入手，忽视了以资源为中心的循环再利用，建议将《循环经济促进法》名称改为《资源综合利用发》或者《循环发展法》，以更好地体现法案的原则和指导思想。

第五，循环经济运行模式研究。国内学者通过研究提出如下循环经济发展模式：第一种是"3+1"模式。认为我国的循环经济发展模式不仅包括小循环、中循环、大循环三种基本模式，还包括废物处置和再生产业发展模式。[2] 第二种是"5+1"模式。循环经济体现在经济活动的所有层面上，并分别通过运用 3R 原则实现物质的闭环流动，因此在我国，目前应为"5+1"模式，即微循环、小循环、中循环、大循环、超大循环、废物处理和再生产业[3]。第三种是 C 模式。构建城市循环经济发展模式，要考虑城市的自然、经济、社会发展状况和所处的特殊地位，也要慎重、科学地分析城市的发展趋势，由此提出适合我国循环经济发展的 C 模式。[4] 第四种是"点、线、面"模式。山东在发展循环经济方面创建了独具特色的"点、线、面"模式，即建立企业"点"上的小循环，打造行业"线"上的中循环，构建以"点""线"为支撑，

---

[1] 王钦敏：《致公党中央：大力推进循环经济》，http：//news. sohu. com/06/84/news 206908406. shtml，最后访问日期：2003 年 3 月 17 日。

[2] 于建成：《发展循环经济建设生态城市》，《中国人口·资源与环境》2004 年第 6 期。

[3] 刘贵富：《循环经济的循环模式及结构模型研究》，《工业技术经济》2005 年第 4 期。

[4] 诸大建、臧漫丹、朱远：《C 模式：中国发展循环经济的战略选择》，《中国人口·资源与环境》2005 年第 6 期。

以社会区域为单元的"面"上大循环。① 第五种是江苏循环经济发展模式。江苏省发展实践提出了七种模式：工业生态整合模式、清洁生产模式、产业间多级生态链联结模式、生态农业园模式、家庭型循环经济模式、可再生资源利用为核心的区域循环经济模式、商业化回收模式。②总体看来，对于循环经济发展模式的分析还不够深入，尤其是我国实行循环经济的时间相对较短，还难以分析模式推行与发展的不同阶段，以及循环经济实施的效果。③

总体来看，国内对循环经济和环境权的研究已取得了一定成果和进展，但是对循环经济从基本制度层面的研究尚不够充分，对于作为新型经济发展模式的循环经济还存在许多认识误区，对于可能的循环经济普适模式与作为基本人权的环境权之间的内在联系更是言之甚少，环境权和循环经济发展问题应当引起更多学者更深层次的关注。

四　研究内容和研究方法

（一）研究内容

本书采取如下研究思路：首先对环境权和循环经济进行多维度解读，在总结国内外环境权和循环经济基本理论与实践的基础上，系统阐述和解析循环经济运行的机理，以环境权为视角，研究了循环经济法的基本法学原理，然后以生态整体主义为视角，深刻阐述了环境权与循环经济法的关系。在阐释清楚基本理论之后，重点论证了循环经济法对传统法律体系的冲击，最后，以环境权的实现为立场，研究有效促进循环经济发展的法制变革需求

本书共七章，按照内容的模块来划分，主要研究内容如下：

1. 环境权与循环经济的基本理论及实践。回顾和归纳有关循环经

---

① 滕先森、朱新峰：《大力发展循环经济加快生态泰安建设——关于泰安市发展循环经济的调研报告》，《泰山学院学报》2005 年第 1 期。

② 黄贤金、钟太洋：《循环经济学：学科特征与趋势展望》，《中国人口·资源与环境》2005 年第 4 期。

③ 丁德章：《在城市经营中积极发展循环经济》，《中共成都市委党校学报》（哲学社会科学）2005 年第 1 期。

济和环境权的基本理论，梳理有关环境权和循环经济协调发展的研究成果，总结比较国内外循环经济和环境权发展的经验，为本著作的研究分析奠定理论基础。

2. 对环境权和循环经济的多维度解读。明确界定了环境权的含义、内容，环境权的法律定位，阐释了环境权与人权、可持续发展权、人类权的关系；并从循环经济的过程维度、空间维度、历史维度对循环经济做了一个全新的解读。

3. 以环境权为视角，研究了循环经济法的基本理论。论述了循环经济法的本体论、价值论、规范论、运行论等问题，以生态整体主义为视角，阐释了循环经济法与环境权的关系；在此基础上，以环境权的实现为立场，研究了循环经济法对传统法律体系的冲击，对这一冲击，提出了以环境权的实现为立场的促进循环经济发展的法制变革，是对这种冲击的解决之道。

（二）研究方法

本书研究方法是根据研究需要达到目标而确定的，为确保本书能取得预期成果，采取以下研究方法：

1. 实证研究与规范分析相结合。实证研究方法可以避开价值判断来发现事物发展自身的规律。本书把所要研究的问题放在高于循环经济的环境权视角下进行研究，从而更客观地反映循环经济的真实面貌。本著作通过实证分析获得研究素材，有助于我们认识循环经济发展和环境权保护面临的普遍性矛盾及症结所在。另外，我们还实地走访、调查研究，收集我国环境权保护的实例，借鉴国内外立法经验，对中外及世界保护环境权的有关立法、公约，进行收集、比较分析，作为本书的研究基础加以使用。同时，循环经济既是一种实现可持续发展的手段，也是发展所要达到的目标，需要通过规范分析来做价值判断，从而帮助我们找到现状和目标之间的差距及其差距产生的原因，最终探究得到解决问题的方法。规范分析的方法主要体现在著作第四章和第五章，对于我国循环经济的立法现状及缺陷进行了规范分析。

2. 宏观分析和微观分析相结合。在看待一个事物或者分析研究一个问题时，因为视角不同，可能会得出不同的结论。因此，需要多个视角来分析问题，才能得到更客观准确的结论。本书的研究，首先把循环经济问题置于我国经济发展的宏观大背景下进行系统分析，通过分析抓住主要矛盾，找到我国在循环经济发展中存在问题的关键点；其次又深入分析循环经济的"三维八度"，将我国一些企业在循环经济模式中的大力探索作为典型案例，采用了微观的分析方法。微观分析方法主要体现在著作的第二章和第三章，宏观分析方法的方法主要体现在著作的第五章、第六章和第七章。

3. 比较研究方法。比较研究方法是社会科学重要的研究方法之一，通过比较分析能够更客观地认识事物之间本质的区别和内在的联系。我们在研究循环经济和环境权时，通过横向、纵向比较研究，发现我国循环经济和环境权存在的各种问题。同时，通过国际对比研究，可以了解、借鉴先进国家的一些重要经验，来充实完善我们的法律体系。本方法体现在著作的第一章和第四章。

4. 理论文献研究法。理论文献研究法就是对文献进行查阅、分析、整理从而找出事物本质属性的一种研究方法，收集国内外循环经济和环境权研究相关文献资料和经典著作认真研读，进行深入、系统的理论分析和科学合理的理论诠释，明确可以借鉴和吸收的学术思想。分析了目前关于循环经济发展的理论研究现状并对其进行了简评，特别是对理论界关于循环经济的发展模式的研究成果做了总结分析，充分肯定了其中的创新之处，同时意识到其中存在的问题，从而为我国循环经济发展模式的重构提供了思路和借鉴。本方法体现在著作的第一章、第二章、第四章和第五章。

五　研究难点与创新之处

（一）研究难点

1. 由于在生态整体主义视角下研究循环经济法属于该领域研究的比较前沿的理论，如何辩证地看待生态整体主义理论，并以该理论作为理论基石研究循环经济法，这是该研究的一个难点。

2. 循环经济法的法理研究在中国十分薄弱，缺乏合乎逻辑的法理分析，如何借鉴西方发达国家关于循环经济立法的先进成果，克服不同国情国家之间的差异，"洋为中用"，用以指导我国循环经济立法也是该研究的另一个难点。

3. 环境权的研究虽然相对成熟，但在环境权尚未上升为法定权利的中国背景下，如何将环境权与循环经济法有机地联系起来，是为难点之三。在本书中，笔者尽力研究了美国、德国及日本等国的研究成果和实践经验，用这些发达国家在该领域的先进理念作为指导，以生态整体主义为理论基础，构建适应我国实际情况的本土主义环境权和循环经济发展模式。

（二）创新之处

1. 把循环经济、循环经济法和环境权作为一个整体来研究，并以环境权为基础研究了循环经济法的基本理论，这是一个理论支点的创新。

2. 辩证地分析了生态整体主义理论，并以生态整体主义为视角，科学的研究了循环经济法的理论框架，为我国循环经济立法研究提供了一个研究思路。

3. 对我国循环经济相关的立法进行综合性研究，从纵向、横向分析了我国循环经济立法存在的问题，在此基础上，深刻研究了我国循环经济法的本体论、价值论、规范论、运行论，为我国循环经济立法提供了有效的研究方向。

应该说，本书在分析整理已有相关文献资料的基础上，采用学科交叉研究的方式，以生态整体主义为新视角研究了环境权与循环经济法的法理，研究具有一定的创新性。

第二章 环境权的"三维"关系解读

第一节 环境权的一般理论

一 环境权的内涵

（一）环境权的提出

"环境权"的提出是与人类社会的发展和全球环境问题的日益严重密切相联系的。回顾人类发展的历史，人与自然之间经历了从人类畏惧自然、崇拜自然到人类征服自然、主宰自然的过程。在这个过程中，人类对自然的侵害也在逐步加大。工业革命以前，人类活动对自然的影响还未全面超出自然环境的自我恢复能力。每个人的基本环境权益还未遭受到全面的破坏。即使有个别地区生态破坏严重导致局部环境恶化，人们还可以通过迁移来寻找新的适宜生存和居住的环境，如古文明发源地两河流域和我国黄河流域就是很典型的例子。工业革命以后，人类活动对环境的影响发生了质的变化，人类不断地向自然索取，对自然资源和自然环境采取掠夺性的态度，由此导致了严重的环境污染和环境破坏。

"二战"以后，"环境危机"就已经成为威胁人类生存、制约经济发展和影响社会稳定的直接因素。对此，世界各国开始着手解决环境问题。从科学技术方面，各国不断改进生产方式和调整产业结构，减少生产污染，发展无污染产业；从法律制度方面，世界各国开始讨论如何在法律层面控制环境污染和生态破坏，许多学者纷纷提出了"环境权"理论。

20世纪70年代初，诺贝尔奖获得者、著名的国际法学者雷诺·卡辛向海牙研究院提交了一份报告，提出要将现有的人权原则加以扩展，包括健康和优雅的环境权在内，人类有免受污染和在清洁的空气和水中生存的相应权利。这是国际上首次使用环境权的概念。在此之后，《东京宣言》《欧洲自然资源人权草案》等相继提出了环境权的明确要求。其中最引人注目的是 1972 年联合国召开的第一次人类环境会议通过的《联合国人类环境宣言》，该宣言明确确认"人类有权在一个能够过尊严和福利的生活环境中享受自由、平等和充足的生活条件的基本权利，并且负有保护和改善这一代和将来世世代代的环境的庄严责任。"该宣言的签署通过，标志着"环境权"理论在世界范围内的确立。

（二）环境权的发展

欧洲人权会议为环境权的确立作了大量的努力。1970 年会议组织了 80 人的专家委员会，把"人类免受环境危害在这个星球上继续生存下来的权利"作为新的人权原则进行国际法编撰。1971 年，大会以个人在洁净的空气中生存的权利为主要议题进行了讨论。[①] 环境权于 1972 年瑞典首都斯德哥尔摩召开的联合国人类环境会议上正式得到国际承认，会议通过《人类环境宣言》，[②] 此次会议把环境权作为基本人权确立下来。1973 年维也纳欧洲环境部长会议提出的《欧洲自然资源人权草案》上，环境权作为新的人权得到肯定等等。这些工作揭示出环境权的重要性，使环境权得到全世界的重视。

20 世纪 80 年代末，在可持续发展思想的推动下，环境权又成为人们关注的热点。1986 年 9 月，由世界环境与发展委员会组织的哈拉雷会议上，国际环境法专家提出《环境保护和可持续发展的法律原则》对环境权作为基本人权做出了规定："各国为了当代和后代的利益应保护环境及其自然资源"。[③] 早在 1902 年（明治 35 年），日本学者宫崎民藏首次提出了地球共有权的主张，他发表的《人类的大权》中提到：地球为人类所共有、为天下的全人类共有。这一思想对环境权理论产生极其深远的影响，被认为是环境权相关理论不可或缺的内容。《我们共同的未来》（1987 年 4 月发表）中则多次提及环境权，挪威原首相布伦

---

① 吕忠梅：《论公民环境权》，《法学研究》1995 年第 6 期，第 60—67 页。

② 董云虎、刘武萍：《世界人权约法总览》，四川人民出版社 1991 年版，第 1404 页。

③ 马新福：《法社会学原理》，吉林大学出版社 1999 年版，第 33—36 页。

特兰夫人在此报告的前言中指出："1972 年联合国人类环境会议使工业化和发展中国家得以在一起确定人类大家庭对于一个健康的、具有生产率的环境的'权利'范围";① "如果我们不能顺利地把我们紧急的信息传达给当今的父母和决策者,那么我们就有破坏我们的孩子享有健康和提高生活环境的基本权利的危险"。② 1992 年 6 月,世界环境与发展大会通过《里约环境与发展宣言》《21 世纪议程》《关于森林问题的原则声明》三项文件和《气候变化框架公约》和《生物多样性公约》公约。其中《里约环境与发展宣言》再次重申了环境权,宣布人类处于普受关注的可持续发展问题的中心,他们应享有以与自然相和谐的方式过健康而富有生产成果的生活权利。此次宣言通过对无害环境的人权以法律内容的确认,促进《人类环境宣言》(1972 年 6 月)的发展,《人类环境宣言》是人类历史上第一个保护环境的全球性宣言,它对激励和引导全世界人民奋起保护环境起到了积极的作用,把环境权推到更高的阶段;《21 世纪议程》是一份关于政府、政府间组织和非政府组织所应采取行动的广泛计划,旨在实现朝着可持续发展的转变,为采取措施保障我们共同的未来提供了一个全球性框架,联合国也采取步骤将可持续发展的思想运用到所有相关的政策和计划中,它是可持续发展思想从理论走向实践的一个重要标志。

这些国际文件、国际宣言和国际公约推动了世界各国对环境权进行立法保护。到1995 年,约有 60 多个国家的宪法或组织法包括了保护环境和自然资源的特定条款;越来越多的国家特别是发展中国家、处于经济转型时期的国家,正在将环境权或环境资源保护方面的基本权利和义务纳人宪法。③ "规定了环境权的 40 多个国家的宪法或立法文件中,环境权或者是作为人的权利之一,或者是作为国家的职责,或者二者兼而有之,这些文件都或多或少地使用了修饰词,以人及其需要为中心。"④

---

① 世界环境与发展委员会:《我们共同的未来》,王之佳、柯金良等译,吉林人民出版社 1997 年版,第 7 页。

② 同上书,第 11 页。

③ 蔡守秋:《论环境权》,《金陵法律评论》2002 年第 1 期,第 86 页。

④ [法]亚历山大·基斯:《国际环境法》,张若思编译,法律出版社 2001 年版,第 18 页。

例如，《智利共和国政治宪法》（1980 年）、《菲律宾宪法》（1987 年）、《马里宪法》（1992 年）、韩国《宪法》（1980 年）等，自 20 世纪 60 年代以来约有 100 多个国家制定了综合性的环境法律，其中在 20 世纪 90 年代制定或修改综合性环境法律的国家就有 70 多个，这些综合性的环境法律大都有环境权的内容。例如，《保加利亚自然保护法》（1967 年）规定："保护自然是全民族的任务，是国家机关、社会团体的基本职责和全体公民的义务。"美国的《国家环境政策法》（1969 年），规定了联邦政府、各州和地方政府在保护环境方面的责任，宣布："国会认为，每个人都应当享受健康的环境，同时每个人也有责任对维护和改善环境做出贡献。"《匈牙利人类环境保护法》（1976 年）第 2 条规定："每个公民都有在人类所应有的环境中生活的权利。"《韩国环境政策基本法》（1990 年 8 月 1 日制定，1993 年 6 月 11 日修正）对国家、企业事业单位和公民的环境权即基本环境权利和义务作了全面规定。1969年日本《东京都公害防治条例》等，综合性环境立法的制定、实施及其他有关法律部门的合理配合，对许多国家特别是发展中国家确定和实施环境权，起到了很明显的促进作用。一些国家或地方一直在为制定专门的环境权法案而努力。例如，加拿大安大略省（加拿大人口最多的省）在 1989 年曾提出一个环境权议案，该议案赋予安大略省人民以健康和可持续环境的权利，而且将安大略政府作为代表当代和后代的环境受托管理人（the trustee of environment）[①]。日本 1967 年通过了被称为"公害宪法"的《公害对策基本法》，明确了国家和地方政府防治公害的职责。1992 年日本围绕着制定新的环境基本法开展了一场关于环境权的大争论，由日本律师联合会、日本环境会议、日本科学家会议为代表的非政府组织都要求明确规定环境权。在中国，自 1972 年以来，有关环境权的立法已经获得相当大的发展。我国法律虽然没有明确宣布环境权，但已有涉及环境权的法律规定。例如，我国《宪法》规定，"国家保障自然资源的合理利用，保护珍贵的动物和植物"，"一切使用土

[①] The Ontarion Environmental Bill of Rights, by Sandra Walker, see *Environmental Rights*, page 21, edited by Sven Deimanu & Bernard Dyssli, published 1995 by Cameron May Ltd, printed by Watkiss Studion Ltd.

地的组织和个人必须合理地利用土地","国家保护和改善生活环境和生态环境,防治污染和其他公害"。上述规定,以及有关国家管理环境资源的众多立法,已经间接说明国家环境权在中国法律中的牢固地位。例如,轻工业部在1981年颁布的《轻工业环境保护工作暂行条例》(1981年6月),《宁夏回族自治区环境保护条例》(1990年4月)等,这些明确、全面规定公民环境权的地方法规,对中国环境权的立法和理论的进一步发展具有重要的理论和实践意义。

(三)环境权的概念界定

"环境权"的理论提出后,各国学者纷纷对"环境权"加以定义,我国学术界对环境权的研究也有很浓厚的兴趣,提出了许多关于环境权的概念。

1. 对"环境权"概念研究的前提

在研究环境权的概念之前,我们对环境权的研究应该有个比较清楚的定位,我们知道,"环境权"从字面上来理解可以有两种解读,其一是将其理解为"环境的权利"(Environmental rights),其二是将其理解为"对环境的权利"(The Right to environment)。对于第一种"环境的权利",这是从生态中心主义角度来理解的,将环境和人类置于同等的地位,其权利的主体是环境。这种学说有一定道理,但从现实的角度来看是在当今社会条件下是不太可行的。如果承认环境同人类享有相同的主体地位,这将对人类的法律基本理念和人类法律主体地位产生巨大的冲击,法律将要把人和动植物甚至微生物放在同等的法律地位上来保护,这在当前的条件下是难以被接受的,也是无法推行的;对于第二种"对环境的权利",这是把环境作为法律客体来理解的,带有"人类中心主义"的一些思想。我们发现,此种界定表明了人类对环境重要性的认可及环境保护重要性的认识,在现实社会中具有比较实际的意义,能够在短时间内被大多数人接受。本书认为,随着人类的发展,我们会从"人类中心主义"向"生态中心主义"转变,最终可能会把环境、人类作为同等的主体来对待,但我们知道,一种理念的产生和应用于现实社会是要有相关的条件为基础的,只能循序渐进,不能一蹴而就。因此在现阶段,对"环境权"展开研究还是以环境权是"对环境的权利"为基本认识前提较为妥当和实际。

2. 环境权概念诸说

从雷诺·卡辛的"环境权"理论提出至今，有关环境权的概念，学术界尚未达成一致。《联合国人类环境宣言》（1972年6月）中的有关表达是"环境权是人类有权在一个能够过着尊严和福利的生活的环境中，享受自由、平等和充足的生活条件的基本权利，并且负有保护和改善这一代和将来世世代代的环境的庄严责任"。据此，环境权就是指人类全体社会成员所享有的在舒适、健康、富足的环境中自由生活的权利。该定义仅仅只是对环境权的理论概括，没有对环境权下一个明确的定义，仅指公民享受环境的权利，有相当大的局限性。例如，它并不包括公民合理利用环境资源的权利，也没有涵盖公民享受舒适、健康环境的具体内容。我国学术界对环境权的定义主要有下面几种：蔡守秋教授认为环境权是环境法的一个核心问题，在整个环境法中占据基础地位，环境权"是法律关系主体享有适宜健康和良好生活环境，以及合理利用环境资源的基本权利"。① 陈泉生先生认为环境权是："环境法律关系的主体享有健康、良好的生活环境，以及合理利用环境资源的基本权利。"②吕忠梅教授认为，环境权是公民享有的在不被污染和破坏的环境中生存以及利用环境资源的权利。③ 周训芳认为，环境权包括国际法上的人类环境权与国内法上的公民环境权，其内容包括良好环境权与环境资源开发利用权。④ 乔世明教授认为："环境权是指环境法律关系主体享有适宜健康和良好生活环境，以及合理利用自然资源的权利"。⑤对环境权概念的界定可谓是仁者见仁，智者见智。这些说法虽在字面上有所不同，但仔细分析，其本质上是大同小异的，各种不同的主张都是围绕着同一个核心问题，那就是某主体对环境所享有的某些权利。从以上学者对环境权概念的界定，我们基本上可以把握"环境权"应当包括两个方面：其一，环境权主体良好的环境权；其二，环境权主体合理开发和利用环境资源的权利。

---

① 蔡守秋：《环境权初探》，《中国社会科学》1982年第3期。
② 陈泉生：《环境法原理》，法律出版社1997年版，第105—106页。
③ 吕忠梅：《环境法新视野》，中国政法大学出版社2007年版，第123页。
④ 周训芳：《环境权论》，法律出版社2003年版，第169页。
⑤ 乔世明：《环境损害与法律责任》，中国经济出版社1999年版，第90页。

关于环境权的基本内容，学术界争议不大。当前的分歧主要在于环境权主体的界定上。蔡教授指出，环境权的主体有逐渐扩大的趋势，目前已形成个人环境权、单位法人环境权、国家环境权和人类环境权等概念。[①] 陈泉生认为，环境权的权利主体不仅包括公民、法人及其他组织、国家乃至全人类，还包括尚未出生的后代人。[②] 吕忠梅认为，环境权主体包括当代人和后代人。[③] 周训芳认为，环境权包括国际法上的人类环境权与国内法上的公民环境权。[④] 吴卫星博士认为，环境权的主体应仅限于自然人，国家、法人或其他组织、自然体、后代人都不是法律意义上的主体。[⑤] 本书认为，环境权的主体只能是公民。作为环境权主体的公民在这里应做广义解释，即环境权的主体不仅包括本国公民也包括外国公民，不仅包括当代公民还包括未来公民。人类生活在同一个地球上，地球上的大气、水、阳光等环境资源的影响是相通的，是没有国界之分的。简而言之，人类住在同一片天空下，呼吸着同一种空气，享受着同样的阳光，世界上各个国家的公民组成了整个人类社会，每个国家的公民都是地球环境权利的拥有者，都有权获得良好的环境并排除他人妨害。因此，这里的公民实际上又指整个人类。至于未来世代人是否可以作为良好环境权的主体，笔者认为是必然的。因此可以把环境权统称为公民环境权，环境权主体不包括国家和企业及其他组织，理由如下：

其一，国家不能成为环境权的主体。首先，国家是一个政治学上的概念，在马克思看来，"国家是阶级统治的机关，是一个阶级压迫另一个阶级的机关，是建立一种'秩序'来抑制阶级冲突，使这种压迫合法化、固定化。"恩格斯说，"这种从社会中产生但又属于社会上并且日益同社会相异化的力量，就是国家。"列宁则指出，"国家是阶级矛盾不可调和的产物。"近代契约论学派认为，国家权力基于人民的同意，是人民为保护个人的天赋权利而创设的。因此，个人是国家的基

---

①　蔡守秋：《论环境权》，《金陵法律评论》2002 年春季卷。

②　陈泉生：《环境权之辨析》，《中国法学》1997 年第 2 期；

③　吕忠梅：《再论公民环境权》，《法学研究》2000 年第 6 期。

④　周训芳：《环境权论》，法律出版社 2003 年版，第 169 页。

⑤　吴卫星：《环境权研究——公法学的视角》，法律出版社 2007 版，第 73 页。

础，国家仅仅是人们保障自己权利的工具。资本主义学说关于国家的定义还是社会主义学说关于国家的定义，虽然有所不同，但我们可以肯定的是两者都认为国家是不同于自然人一样的实体。按照西方的国家理论，国家是由公民组成的，国家的权利来自公民的让渡，每个公民让渡权利的集合就是国家权利。按照马克思主义的国家学说，国家它只是一个统治阶级社会管理的机器工具。不管是哪种学说，我们都可以看出，国家是公民权利的守护者和公共权利的管理者。因此，国家是不能享有环境权的，它只能享有环境管理权，这也正如蔡守秋教授的观点，国家环境权只有一类，即责任，是指国家在保护国民生活在自然环境方面的基本职责。所以本书认为，那些主张国家环境权的学者们其实主张的是国家管理环境的职责，不是环境权。其次，从"环境权"内容的两个基本要求来看，"环境权主体在清洁的环境下生存和发展的权利"和"环境权主体合理开发和利用环境资源的权利"。对于前者，国家不能成为主体我们比较好理解，因为国家是个集体概念，它的存在是不需要清洁的空气和干净的水源的，只是组成国家的公民需要；对于后者，对环境资源合理利用开发的主体表面上似乎是国家，但仔细考察发现，无论在公有制为基础的社会主义国家还是在以私有制为基础的国家中，国家只是"资源合理利用开发"的执行者，而公民才是"资源合理利用开发"权利的所有者。所以，国家不能成为"环境权"主体。

其二，企业和其他组织也不能成为环境权的主体。有人认为，企业和其他组织是由自然人组成的，自然人享有环境权，自然人的集合也应该享有环境权。如果否认企业环境权，那么企业的生存和发展就会受到影响和损害。本书认为，这种理解存在着偏差：首先，根据美国的"公共信托理论"，美国的国家权力来自于美国公民的让渡，企业的权利来自于国家的授予。因此，企业的环境权就是公民间接赋予的。我国宪法明文规定，中华人民共和国的一切权力属于人民，环境权也不例外。其次，法人和其他组织作为经济活动的主要参与者，是一个虚拟的人格主体，它与环境之间的相互影响是现实存在的，但其得到的利益最终还是被组织中的个人这个主体所享受，因此，在公民环境权之后再规定企业的环境权完全没有必要；最后，从现实层面来看，几乎所有的环境污染都是由于企业的生产造成的，企业从一定程度来说是"环境权"

的直接侵害者，如果规定企业环境权，并且与公民环境权并列，是否是在鼓励企业对环境的侵害呢？是否企业环境权受到侵害法律还要对其进行救济呢？这显然是和我们研究环境权的初衷背道而驰的。

其三，从"环境权"理论的产生和发展来看，公民应该是环境权的主体。环境权的产生有着特定的政治社会背景，它是在生态危机的背景下、在公民"为权利而斗争"（环境保护运动）的过程中所争取来的。在几次大的生态灾难之后，各国人民的生命安全和身体健康存在极大环境生态风险，环境权这才被世界各国日益重视。环境权提出的最根本目的就是要保护人，保护公民在清洁的环境下生存和发展的权利。环境权的主张正是因为对政府权力的不信任，其目的之一就是以环境权来保障公民权、限制国家权力。诚如叶俊荣先生对美国环境权理论的崛起背景所做的分析：20世纪60年代底与70年代初民权呼声震天，社会普遍怀有对政府与大企业不信任的态度。在此种"信心危机"高涨的情况下，自然地希望握有高层次且神圣不可侵犯的权利，借以获得保障。在环境保护的领域便不难想象有心之士主张具有宪法位阶的环境权，以"锁定"政府与企业联手的盲目开发活动。[①] 因此，所谓国家环境权、企业环境权的主张均与环境权学说提出的宗旨背道而驰。从"环境权"理论提出的初衷我们也可以看出它的主体就应该只是公民。

基于以上三点，本书认为，环境权的主体只能是公民。我们所指的"环境权"就是公民的环境权。本书对环境权的定义为：环境权是指公民享有的在适宜健康和良好环境中生活，以及科学、合理、有限度地开发利用环境资源的权利。

在民主和法治的社会里，国家的一切权利属于人民，"真正的民主，需要通过'公民不断的参与'。方能领略什么是民主，在心理上融会和建立民主作风，在行为上获取民主办事的技巧和方法，这样才可以保证社会运作是真正由人民主宰[②]"权利作为现代法哲学的基石范畴，引导了人文精神的回归，体现在环境法律关系中就是要赋予公民环

---

① 叶俊荣：《宪法位阶的环境权：从拥有环境到参与环境决策》，（台北）月旦出版社股份有限公司1993年版，第11—12页。

② 莫泰基：《公民参与：社会政策的基石》，中华书局1995年版。

境权。

二 环境权的法律定位

明确了环境权的概念之后，接下来就要探讨环境权的法律定位问题，即环境权是一项什么样的权利？关于环境权的法律定位问题，是目前学术界争论比较激烈的一个问题。

（一）明确环境权法律定位的意义

明确环境权的法律定位，对于环境权的真正实现有着非常重要的意义，同时，对于环境法律制度的完善、公民其他基本权利的实现也有着非常重要的现实意义。

1. 明确环境权的法律定位，对环境法自身体系的逻辑结构有重大意义

在法治社会里要保证环境权的行使，做到有法可依，最有效的方法就是用法的形式来确认环境权的救济程序。在明确了环境权的法律定位之后，就有必要在环境法律制度中构建环境权的"双轨"保护机制：其一，确立公众在环境保护中独立的法律主体地位和全面参与环境的权利。要充分实现公民的环境公众参与权，就必须在环境法中确立公众独立的法律地位，使得公众能够与政府一样独立地享有保护环境的主体。更为关键的是，必须把公众参与变成环境保护全面参与，即包括预案参与、过程参与、末端参与和行为参与等在内的全过程的参与，并赋予公众全面参与保护环境的权利。如环境知情权、环境监督权、环境结社权等等。其二，有了环境权，环境法中的公益诉讼制度应运而生。赋予公众对损害环境公益的行为和政府损害环境的不当行为提起诉讼的资格，成为可能。其三，由于明确了环境权的私益性，就可在环境法中补充环境侵权方面的规定。由于环境侵权原因行为本身的高度危险性和侵权结果的严重性、广泛性，加害人与受害人本身在经济、技术上的不平等性，环境侵权责任作为一种特殊的侵权责任，其与民法一般侵权责任之间的旨趣异同、社会化背景下其走向与发展值得进一步关注。

2. 明确环境权的法律定位，有利于环境权的行使，为公民行使其他权利提供了保证

环境权的确立首先在于保证公民的生存，正如 1972 年 6 月在斯德

哥尔摩举行的联合国人类环境会议通过的《人类环境宣言》所强调的环境对人类生存的重要性一样，"人类环境的两个方面，即天然的和人为的两个方面，对于人类的幸福和对于享受基本人权甚至生存权本身，都是必不可少的"。环境权一方面禁止他人破坏环境，危及自己的生命和生存；另一方面，自己也不得去破坏环境，危及他人的生命和生存。保护生态环境，使人类的环境权得到有效的保护，可以进一步促进人类的生存和发展。人类社会生存和发展需要生物的多样性，需要清洁的水源、清洁的空气，需要一个良好的生态环境。同时，我们也不能剥夺后代人的环境利益，应该为后代人的生存发展创造一个良好的生存环境。

环境权对于人的自由权也有一定的促进作用。自由反映了人生存的意义和人的尊严，"在人认为有价值的各种价值中，自由是最有价值的一种价值"。[①] 古往今来，许多绝学之士倾注了许多的精力去探索自由的真谛、自由与法律之间的关系。正如西塞罗所说："我们都是法律的奴隶，正因为如此，我们才是自由的。如果没有法律所强加的限制，每一个人都可以随心所欲，结果必然是因此而造成自由的毁灭。"[②] 为了保护社会的环境权利，则从多方面对社会经济和生产活动进行了限制，这也体现了保障公民使用环境的自由。例如，为了防止企业随意排放污染物，要求企业在进行生产之前必须进行环境影响评价，对环境影响过大的，环境无法自净的污染物，要求企业安装回收设施，这就以干涉企业生产自由达到保护他人所享有的不受侵犯的自由。人民的环境权通过人民自愿地削减某些自由权而得以实现，人民自愿削减自由权后，经由人民授权，由国家对个人生产、经营活动予以审查、许可，从而使国家为保护环境而对人民某些自由权的限制与禁止具有法律上的正当性与合理性。

环境权的明确有利于维护人类共存的权利。现实中整个地球上的人实际都处于一种休戚相关的关系之中，这就是因环境物质的流动而发生的联系。如处于亚洲的人可能因为南美洲地区原始森林被砍伐，导致气

---

① 付文堂：《关于自由的法哲学探讨》，《中国法学》2000年第2期，第71页。

② ［英］彼得·斯坦、约翰·香德：《西方社会的法律价值》，王献平译，中国人民公安出版社1990年版，第174页。

候异常发生洪水，自身家园遭受破坏而成为环境难民。国际上就发生过一些为维护人类生存而进行索赔的环境保护案例。1941年加拿大一家企业的污染烟尘飘落在美国国土上，造成当地居民的利益受损而遭受索赔。人类对环境问题的关注直接引发了许多国际组织专治于环境问题，制定了许多环境保护公约。

3. 明确环境权的法律定位，可以使公民更好地行使自己的权利，从而对于环境行政诸方面起到指导作用

环境权可以促进环境行政的民主化，开辟公民参与公害防治和环境管理的渠道。环境权可以成为公民对环境行政进行调查、请求发动适当措施的根据，有助于公民以主人翁的姿态，改善环境，改变过去的消极保护为积极的环境建设，因而环境权可以成为公害损害赔偿请求的依据，为环境行政诉讼带来便利。同时，还有助于促使广大民众一起参与管理环境，共同进行环境侵害监督的力度。改变现有的单一靠国家行政机构进行环境保护管理的模式。因为，环境资源的利用可以说无处不在，仅靠国家管理是不够的，它需要广大民众的共同参与，共同监督。这样不仅可以使民众自觉遵守环境保护法规，自觉杜绝环境污染行为，更应包括在环境决策过程中的参与，对环境污染行为处理的监督等各方面。

4. 明确环境权的法律定位，可以使我们的环境得到有效的保护，从而有利于我国经济的可持续发展

环境的保护总是与经济的发展、自然资源的利用分不开的，或者二者是相伴而生的。环境资源是经济和社会发展必不可少的重要的物质条件，合理开发和利用资源对促进经济、社会发展是非常重要的。在合理开发和利用环境资源的过程中应注重对环境污染的控制和治理，环境保护应该同经济、社会的发展相协调起来。

1987年由挪威原首相布兰特朗夫人领导的世界环境与发展委员会在其报告《我们共同的未来》首先提出了"可持续发展"的概念和理论——即经济的发展既要满足当代人的需要，又不对后代人满足其需要的能力构成危害的发展。当代社会总是朝着前进的方向发展，而不是为了防治环境资源的破坏和污染的"零增长"。经济增长总会带来环境的某种破坏，这就需要在环境保护、环境资源利用和经济发展三者关系上

权衡利弊，要求每个人的行为都要考虑到他的行为对其他人的影响（包括对后代人的影响）。这就是在《我们的共同的未来》种提到的"代际公平"问题。环境权法律性质的确立，可以更好地实现环境污染的早期预防及合理地开发环境资源，将环境保护同经济发展协调起来。在注重当代环境资源利用的同时，注重再生环境资源的保护，使经济能持续的发展。

（二）学界有关环境权法律定位的不同观点

1. 人权说

持这种观点的学者认为，公民环境权是一项人权，或是人权的一个组成部分。[①] 在他们看来，环境权存在的理论基础就在于：适合生存的环境是现存道德系统的内在的自然法规范，它是现存的包含着明示环境质量保证的人权规范如生命权和健康权的逻辑结果。环境权具有作为人权的基本属性，是每个人与生俱来的基本权利，也是特定社会的人们基于一定物质生活条件和文化传统而提出的权利要求和权利需要，任何权力机关或个人都不能因年龄、性别、职业、地位等因素的差异而剥夺其所应享受的环境权利。无论法律规范是否出现环境权的概念，环境权的内容一直都是客观存在的，是不以人的意志为转移的。该学说认为，环境权作为一项人权是个人对国家的要求，这种对国家的要求分为积极的和消极的两种，所谓积极的要求就是个人要求国家积极行为依法保护公民的环境权益，它既包括创设各种程序确认和便利公民依法参与环境决策和管理，又包括行政和司法权力的积极行使从而有效地控制环境违法行为。所谓消极的要求就是个人要求国家无论如何也不得侵犯其自由而平等的享受健康和优良生活环境的权利。[②]另外，环境权也不仅仅是个理论上的概念定位问题。今天，人类面临的是一个以生态主义、环境资源可持续发展为基础的发展时代，保护环境成为 21 世纪人类文化和法制系统发展和变化的主流，产生新的人权理论和规则的各种条件已经具备，如果以现有权利来限制环境权的产生更是与历史潮流相悖。所以该

---

① 环境权作为一项基本人权已经得到国际社会的普遍认可，我国学者亦普遍认同环境权是一项人权。参见陈泉生《环境权之辨析》，《中国法学》1997 年第 12 期。

② 黄应龙：《论环境权及其法律保护》，载徐显明主编《人权研究》（第 2 卷），山东人民出版社 2002 年版，第 398 页。

学说认为，根据人权的一般属性，环境权是既合乎理性分析又为立法实践所承认的一项人权。

2. 人权否定说

该学说认为，环境权不是一项人权。因为人权是每个人由于其人的属性且人人都平等享有的权利，它以人类自然属性的要求为基础。① "人权涉及那些现在就必须实现的权利，而不是那种可能十分可爱但将来才能提供的东西。"② 也有人认为，我们对于生存的要求应被"视为期望而不是权利"。据此，环境权不能成为一项人权。保护环境的确需要法律依据，目前法律在这方面存在缺陷，但这并不意味着法律可以扩大其适用范围而容纳有关环境利益的保护。实际上，只要扩大传统的人格权和财产权的保护，以及更新侵权理论，就足以弥补传统法律的缺陷，不需要再确立一项概念模糊的环境权。就此而言，这种观念并没有否定环境利益的正当性与合法性，而只是建议从民法的角度构建环境权，而不能将其作为一项人权对待。③

否定说中还有一部分人认为环境权是其他人权的基础，不是一项独立的人权。此说认为：一切人权的享有与环境问题紧密相连。不仅生命权和健康权，而且政治权利和公民权利以及其他社会、经济和文化权利，都只能在健康的环境中充分地享有。当然，如果走到极端，环境受到损害超过一定的严重程度，那么人们就根本不能享有这些权利。整个人类在这种情况下可能和其他包括人权在内的全部文明一起消灭。环境变得越糟，人权受到损害越大，反之亦然。因此，环境问题与所有人权之间存在着不可否认的依赖性，它不能成为一项独立的人权。④ 也有人认为环境权作为人权或宪法权利无法确定。"每一特定人权必须明确予以定义，尤其是在国家管辖范围内，更是如此。"⑤

更有人认为环境权倾向于概念法学的思考模式，其排斥利益衡量的

---

① ［英］R·J. 文森特：《人权与国际关系》，凌迪等译，知识出版社 1998 年版，第 3 页。
② 同上。
③ ［日］富井利安：《环境法的新展开》，［日］法律文化出版社 1995 年版，第 54 页，转引自吕忠梅《环境法新视野》，中国政法大学出版社 2000 年版，第 107 页。
④ 维德·B. 乌卡索维克：《人权和环境问题》，载［斯里兰卡］C. G. 威拉曼特里编：《人权与科学技术发展》，知识出版社 1997 年版，第 230 页。
⑤ 同上。

观点否定了灵活的解释方法，因而太生硬了。仅以破坏环境为由承认中止请求，在现行法的解释中也太勉强了，应以新的立法对它采取相应的措施。环境保护与产业开发具有同等重要的社会价值，对两者的调整性决定，不应通过司法判断得出，而应首先通过立法和行政的判断，即国家和地方公共团体通过民主的途径进行政策性判断得出。①

总之，否定环境权作为一项人权，要么是其过于抽象而难以定位，要么是因为现有法律制度可以涵摄该种权利的内容。但从本质上而言，它们本身都是承认环境可以成为一项权益的，只是由于人权有特定的内涵，因而否定其与通常意义上的人权（自然权利）的关联。

3. 物权说

持这种观点的学者，将民法理论中的物权用来进行对环境权的分析。他们认为，物权既然是对物直接支配的权利，当然得享受其利益，并且具有排他的绝对效力。归纳言之，物权包括二种情形：一是对物的直接支配，并享受其利益；二是排他的保护绝对性。此二者均来自物的归属，即法律将特定物归属于某权利主体，由其直接支配，享受其利益，并排除他人对此支配领域的侵害或干预，此为物权的本质所在。②环境权与物权有何关联呢？这源于环境权所具备的两个基本特征：首先，环境权是一种环境要素之归属的权利，法律赋予权利人直接支配其环境要素的能力或权能。所谓直接支配，是指物权人可依自己的意思享受物的利益，无待他人的介入。如环境权人可享受清洁空气，无须假借他人之助，若其享受清洁空气的权利遭受侵害，环境权人则可寻求私法上之救济；同样，环境权人也可享受清洁水、阳光等方面的利益，也无须他人的介入；其次，环境权是绝对环境要素之归属的权利。环境权，作为一种物权，是一种环境要素归属的权利，具有绝对性，对任何人皆有其效力。任何人非经物权人同意不得侵害。如果该种权利受到他人侵害，环境权人可以主张物权请求权，排除他人的侵害，以恢复环境权应有的圆满状态。故环境权具有物权的绝对性之特性。

---

① ［日］富井利安：《环境法的新展开》，［日］法律文化出版社1995年版，第54页，转引自吕忠梅《环境法新视野》，中国政法大学出版社2000年版，第107页。

② 王泽鉴：《民法物权》（第1册），中国政法大学出版社2001年版，第34页。

4. 人格权说

该学说认为，所谓人格权是指以权利人自身的人身、人格利益为客体的民事权利。而与环境保护密切相关的是生命健康权。所谓"生命健康权"，是指人们对己身所享有的生命安全、身体健康、生理机能完整的人身权利。包括生命权、身体权和健康权。他们认为环境权是一种人格权，主要是从以下几方面来论述的：其一，环境权的基础是生命权，生命权是自然人以其性命维持和安全利益为内容的人格权。法律上的生命是指能够独立呼吸并能进行新陈代谢的活的有机体，是人赖以存在的前提，也是人们行使其他民事权利的基础。生命的存在和生命权的享有，是每个人的最高人身利益。而有足够的科学证据表明：以目前的速度破坏和污染环境，掠夺自然资源，人类在不远的将来即将毁灭，因此，强调环境权的基础是生命权，就在于强调从环境保全与物种平衡的角度来对待人们的生命权。其二，环境权涉及身体权的权益。身体，是指自然人的躯体，包括四肢、五官及毛发、指甲等。身体是人的生命与健康得以存在的物质载体。身体权则为自然人对肢体、器官和其他组织依法享有完整和支配的人格权。而环境污染与自然资源的破坏，会通过化学、生物或物理的作用方式、侵害人们的器官，构成对人们身体权的侵犯。其三，环境权是一种健康权。健康，是指人体各种生理机能的正常运转，没有任何身心障碍。健康不仅包括器质健康、生理健康，而且包括功能健康、心理健康，对于环境人格权，即主要是指身心健康权。环境人格权是以环境资源为媒介，以环境资源的生态价值为基础，和环境资源的美学价值为基础的身心健康权，[①] 因为如果缺乏清洁的空气和水，缺乏安宁的环境，缺乏丰富多彩的物种，人们的身心会受到极大的影响，人们的身心健康就无从实现。因而认为环境权是一种人格权。因而，该种观点认为，从人格权来对环境权进行定位，不仅更为直接地体现了环境权的本质及价值所在，也有利于促成环境权益保护与传统民法的协调。

5. 生态说

这种观念认为，环境权是一个具有多重价值取向的权利形态，既体

---

① 吕忠梅：《环境法新视野》，中国政法大学出版社 2000 年版，第 247 页。

现人的权利，也反映自然的权利，因为人与其他生物物种种群同处在地球的生物圈内，参与地球环境的物质、能量和信息的交换，遵循生命物质生生死死的演化历程，一同受自然规律的支配。环境权既反映人对自然的权利和义务，也体现了自然对人类的价值和作用，既是对人的尊重，也是对其他物种的尊重，其价值取向不仅包括有生命的人，还包括有生命的其他物种等，从而实现人与自然的共存共容的目的。因此，环境权具有生态属性。① 易言之，这种观点主要是从环境权本身隐含的多重价值来否定其人权属性，因为当环境权一旦包含了动物、生物的权利时，就很难将其确定为一项人权；只有在"生态"这个名目之下，才有可能将生态支配下的人种、物种给予统一的对待。

6. 公益说

持公益说的学者，主要是将环境权作为公益的体现与公益的保障。在他们看来，环境权的内容包括公众的环境知情权、环境决策参与权以及公众诉权。② 公众知情权是公众实施其他环境权的基础和前提，只有公众获得了有关环境方面的情报资料，才有可能积极有效地行使环境决策参与权。公众的环境决策参与权作为环境权的极重要的内容，它的行使或者说权利设置的目的，并非只是为了某一具体公众的个人利益的维护，而是为了维护和实现社会或人类的公共利益或公众利益。同样在公众诉权上也体现公益性。公众诉权与一般的侵权诉讼不同。一般的环境侵权诉讼是公民、法人等主体自身利益受到他人侵害而提起的自益性诉讼，公众诉讼在性质上属于公益性诉讼，公益诉讼以公益的促进为建制目的作为诉讼的要件，诉讼实际的实施者虽或应主张其与系争事件又相当的利益关联，但诉讼的目的往往不是为了个案的救济，而是督促政府或受管制者积极采取某些促进公益的法定作为，判决的效力亦未必仅局限于诉讼当事人。③

从环境权的主体与民事权利的主体所享有权利的属性上看，也可以看出环境权与私人权利的差异：其一，从权利行使的目的上而言，环境

---

① 谷德近：《论环境权的属性》，《法学研究》2003 年第 3 期。
② 朱谦：《环境权的法律属性》，《中国法学》2001 年第 3 期，第 65 页。
③ 叶俊荣：《环境政策与法律》，（台北）月旦出版社股份有限公司 1993 年版，第 233 页。

权的行使目的是为了维护公共环境利益；而民事权利的行使目的是自身的利益；其二，一般的民事权利，基于当事人意思自治原则，可以放弃或转让权利，权利人享有权利，而不承担义务；环境权作为一种保护环境的公益性质的权利，权利人完全可以不行使或放弃环境权，权利主体无论是行使环境权，或是放弃环境权，其直接的结果并不会引起自身利益的增减，受到影响的是公共的环境利益。其三，在权利的救济方式上，民事权利遭受不法侵害后，通常可以通过侵权法来予以救济；环境权的实现既需要环境权权利人的积极作为，同时还依赖于环境行政相对人以及环境行政机关的积极作为，为环境权人实现环境权创造便利的条件。[①] 因而认为环境权是环境法确认和保护的社会权，而非由民法确认和保护的私权。

此外，该学说中还有学者从环境权的立法与一般权利立法的区别，来认定环境权的公益性质。他们认为，环境权的立法并不像一般权利立法那样围绕权利的行使和保护展开，环境权是一种公益权，它是环境问题的产物，是由环境法来确立和维护的，它的行使目的是为了维护公共环境利益。因为环境主体无论是放弃或行使环境权，其直接的结果并不会引起其自身利益的增减，受到影响的是社会公共的环境利益。因此，环境权不是一种私权，它不能代替民法中业已存在的财产权及人格权，否则，将导致民事权利设置的重复、混乱，不利于真正地确立环境权。

7. 环境权否定说

目前，无论是在国际法还是国内法上，对环境都无一个确切的法律定义，因而，无法确定环境权的定义，"如未经确定准确的定义，而以法律或其他方式进行有效调控，如果不是不可能，也是难以想象的"。[②] 以宪法为例，我国台湾地区学者叶俊荣就专门指出，1980 年《韩国宪法》第 33 条规定的"国民有生活于清洁环境之权利，国家及国民，均负有环境保全之义务"这一条款，"乃世界宪法上的异数，而非通则"。[③] 就此而言，"环境权"作为法律概念的使用还不普遍，更难以与

---

① 朱谦：《环境权的法律属性》，《中国法学》2001 年第 3 期，第 66 页。

② 维德·B. 乌卡索维克：《人权和环境问题》，载［斯里兰卡］C. G. 威拉曼特里编：《人权与科学技术发展》，知识出版社 1997 年版，第 232 页。

③ 叶俊荣：《环境政策与法律》，中国政法大学出版社 2003 年版，第 7 页。

宪法中通常规定的人身权、财产权等概念并驾齐驱。

（三）环境权法律定位产生争论的原因

之所以对环境权的法律定位有如此众多的说法，本书认为，主要是由于环境权本身的特性所决定的。环境权在内容、权益上的复合性，造成了人们可以从多个角度来对这一权利进行分析与审视，由此也就形成了不同的学说与观念。

首先，环境权是一项共享权。环境权涉及全体人类的环境公益：在国内法上，它是全体国民的环境权，即公民环境权；在国际法上，它是全体人类的环境权，即人类环境权。无论任何人是否具有某国的国籍，也无论其居于世界的何处，只要环境问题存在，他们的环境权就都应当有法可循，都能依法受到保护。环境权的共享性特征，还决定了环境权的代际特征。后代人虽然还没有出生，但他们的生存和发展同样要依赖于和当代人一样的环境，他们也只能和我们共享同一个环境。从这个特性可以看出，环境权的主体是十分广泛的，它并不是专属于某一个人或某些人的权利。换句话说，作为环境权客体的环境，无论是本国公民、外国公民，还是当代公民都可以享有，甚至包括未出生的后代人也可以和当代人一样享有该种权益。正是因为权利主体的广泛性，因而也就造成了在环境权性质定位上的困难。在以往，任何一种权利的确定都可以指认明确的主体，并从中分辨出人们对权利可能的态度及其所获利益的范围。然而，环境权并不具有如此清晰的性质：集体权益的性质可能掩盖个人特殊的权利诉求；当代人更有可能对后代人的权益加以遗忘。

其次，从个体方面来看，环境权是一种与人的身体健康密切相关的一项权利。肯定在良好的环境下生活的权利，是为了维护人们健康而有尊严地生活的权利。它与人的生存权和发展权有着一定的关系。一方面人类的衣食住行都取之于环境，另一方面如果人类污染和破坏了环境，那么环境就会反过来阻碍经济的发展，甚至威胁到人类的生存。生命的存在和生命权的享有，是每个人的最高的人身利益。并且，环境权涉及身体权的权益。身体是人的生命与健康得以存在的物质载体。而环境污染与自然资源的破坏，会通过化学、物理或生物的作用方式来侵害人们的器官，会构成对人们身体的侵害。而且，如果缺乏清洁的空气和水，缺乏安宁的环境，缺乏丰富多种的物种，人们的身心会受到极大的影响，人们的身心健康会受到摧残。因此，环境权尽管有"公益"性的一面，但同时它又和公民个体的生命健康息息相关。这种公、私混合性质的权利，就很难用一种统一的性质加以固定下来。这正如劳动权一样，既可以属于私法领域中的权利，因为职业的选择同样要体现"意思自治"的原则；但也可以属于公法领域中的权利，因为国家、政府通过政策与法律，必然要对劳动关系予以干预，维护最低限度的公平与平等。

最后，公民的环境权与其他类型的公民权利还有不同的地方。环境权是地球上的每一个人有在适宜于人类健康的环境中生活以及合理利用开发环境资源的权利，包括良好环境权和环境资源开发利用权两个方面，其主体包括各国的公民以及作为各国公民整体的人类，环境法中最核心的权利概念，是公民良好环境权。良好环境权是人类的生态性权利，指当代人和未来世代的人类个体和整体有在一个适合于人类健康和福利的环境中过有尊严的生活的权利，公民环境权是一项概括性权利，具体可以包括清洁空气权、清洁水权、免受过度噪声干扰权、风景权、环境美学权等；[1] 还包括户外休闲权、环境教育权以及环境文化权等。[2] 而这样一种良好环境权，是环境危机下的一个非常态的权利概念。在良好的环境法律关系中，公民却无法通过自己的努力获得一个良好的环境。如果公民良好环境权的制度设计与其他类型的公民权利一样，公民就没有可能通过自己的努力以及借助现有的惯常手段来实现和维护这种权利。也就是说，公民不能通过自己的环境义务来换回一个良好的环境权利。[3] 因此，公民良好环境权关系中，公民只能充当权利主体，我们还需要构建一个义务主体。从义务履行的可能性来考虑，这个义务主体不能是全体公民，而只能是代表全体公民的政府。因此，在一国的法律体系中，环境权很难像民法上的建筑物一样去区分所有权那样，通过分割和共享两种方式去享有，也不能像民事权利那样，区分人格权和财产权那样，分别加以立法。所以，由于环境权与公民其他权利的不同，使

---

① 吕忠梅：《论公民环境权》，《法学研究》1995 年第 6 期。

② 周训芳：《环境权论》，法律出版社 2003 年版，第 183 页。

③ 同上书，第 157—158 页。

人们对它的法律属性的定性上有不同的看法。因此，根据上述可以看出，环境权是一种特殊的权利，它与公民的其他权利有着明显的不同之处。环境问题不仅涉及私人利益，而且往往影响社会公共利益，所以就会出现现在学界中对环境权的法律性质的如此众多的说法。

（四）环境权法律定位争议的简要评价

上述的几种观点，其中人权说、物权说、人格权说，主要是关于环境权私权化方面的，而人权否定说、生态说、公益说则主要是关于环境权社会性方面的。因此，这些说法总括起来主要分为两类：一类是公益性；另一类是私益性。环境权由于是对国家、社会的主张权与请求权，因而环境权的公权性一直是被认同的。至于环境权的私权性则一直是争论的焦点。本书认为，环境权是否应私权化，实际上是理论界对环境法及环境权公、私性质分歧的反映，对环境法及环境权性质有不同的看法，直接导致对环境权应否私权化的不同回答。

对于环境权私权化的争论也与环境法调整手段的演变相联系。在环境法发展的第一个阶段（缓慢发展阶段）即产业革命到20世纪50年代，环境法的调整方式主要是民事侵权救济，注重环境污染和破坏造成的财产权、人身权的损害赔偿。在此阶段主要是以传统的民事法律对环境问题进行调整，没有制定综合性的环境基本法，没有提出环境权的概念，自然也无环境权私权化的提法；即使在当时有某一环境权的雏形，这种环境权也只可能纳入传统的民事权利的体系，而成为其中的一个很小的组成部分，这样，也同样无环境权私权化的必要。从20世纪60年代至80年代，是环境法迅速发展的第二个阶段，这一时期由于环境污染和生态破坏十分严重，行政权力和行政方式开始介入环境保护领域。这种命令控制式的行政手段对于治理行政污染、控制生态破坏起到了短期的明显效果，以致被过分运用而忽视了民事调整手段。虽然这一时期已提出环境权的理论，但环境权的私权化问题却没有引起多大的注意。由于环境问题的复杂性、严重性、综合性，涉及政治、经济、社会、技术等各个领域。单纯运用一种或某几种调整手段，都无法解决现代的环境问题。从20世纪80年代后期起，特别是90年代初期"可持续发展观"的提出，环境法进入全面、深入发展的第三个阶段。由于命令控制型的行政调整手段以末端控制为主，欠缺灵活和效率，有很大的局限性。于是，开始提倡运用综合性的调整手段以适应预防为主的环保战略的实施。正是在这一阶段，人们开始反思行政手段的利弊，一方面不断修正、完善行政调整手段的运行机制，另一方面开始寻求以预防为主、更加高效的其他调整手段如以市场机制为内涵的民事调整手段。这样，环境权的私权化问题逐渐提出并成为理论热点。

近代关于公法、私法的划分，贯穿的一个基本思想就是政治国家与市民社会的相对隔离，公法不能干预私法关系。① 此外，在它们各自的内部，还有各种部门法的划分，在民商分立的国家还有民法和商法的划分。在这些部门之间，从立法体系、审判制度到学科设置，都有严格的界限。这种公法、私法对立和部门法分割的局面，不符合法制的科学性、系统性要求，也不能满足社会问题综合调整的需要。因此，现代立法的趋势，是在承认公、私法划分的相对合理性和各部门法相对独立性的同时，承认并强调公、私法之间和各部门法之间相互渗透和相互配合的必要性。在这种渗透和配合的过程中，产生一些介于公、私法之间和跨部门的综合性法律制度。它们不仅填补了由于公、私法对立和部门法分割造成的空白，也加强了公、私法之间和部门法之间的联系。② 环境法正是这样一种法律的典型代表，这就是所谓的第三领域——社会法。环境法通过立法，一方面使公民参与环境管理的权利空间增大，另一方面也促使公民认真看待自己的权利，形成强烈的权利意识和独立个体意识，尊重他人的权利，不滥用自己的权利，以权利作为维系人与人之间的纽带，以"平等"的身份参与法律活动。③

环境法的性质是社会法，因此环境权的性质是社会权。社会法中既有公法规范又有私法规范，即一方面承认个人的主体地位，推崇意思自治在缔结法律关系中的作用，另一方面则强调国家干预，以社会价值与

---

① 公法与私法的区别，其前提即在于公权力与私权利的严格界分。如果公权与私权混同，那么，公法与私法的划分既无必要，也无可能。韦伯就指出，当国家统治者掌握了所有的法律、所有的管辖权和行使权威的权力之时，"在这样的情况下，我们所说的'公法'，成了个别掌权者的私有财产，私法的'权利'失去了原有的意义"。参见马克斯·韦伯《论经济与社会中的法律》，埃德华·希尔斯、马克斯·莱因斯坦英译，张乃根中译，中国大百科全书出版社1998年版，第41页。

② 吕忠梅：《环境权力与权利的重构》，《法律科学》2000年第5期。

③ 同上。

伦理标准作为衡量法律关系成立与否的要求。当然，社会法也并不是公法和私法的简单相加，更不是说社会法本身可以划分为公法、私法两个部分，而是在相关原则、规则的设定中，综合了公、私法调整社会关系的基本手段，而以统一、协调的方式解决面临的社会问题。因此，与其说私法公法化，还不如说公法社会法、私法社会化，即公法和私法通过社会化而紧密交融在一起，再也不可能完全黑白分明，针锋相对。而在社会化过程中，还诞生出一个独立的法域即社会法，它既有公法和私法的痕迹，又具有公法、私法所不具有的独特品质即社会性。总之，环境权是一种社会权，既涉及私人权利问题，又涉及公共权力问题，具有公、私双重品质。

（五）环境权法律性质的科学定位

要正确认识环境权的法律性质，并不是看有关环境权权利的内容，而是根据规制该权利的法是公法还是私法这一标准来判断的，并且公法和私法的区别是相对的。传统民法和行政法调整社会关系的缺陷使公、私之分的二元法律结构日趋动摇，公法与私法走向相互渗透。在最具公权特色的权利和最具私权特色的权利之间，存在着许多难以区分性质的权利，必须具体情况具体对待。本书认为，环境权是一种集公益性与私益性于一体的权利，环境利益为每个生活于环境之中的人类个体所享有，同时环境利益又不可分割的为生活于环境之中的人类整体所拥有，而且，人们在追求环境公益的同时，环境私益也得到了满足。如国家从环境公益的角度出发，进行合理的环境规划，最终受益的是生活于此的公民个体，环境私益也得到了实现；公民起诉附近的工厂超标污染影响了自身健康生活，追求的是环境私益，但是工厂被勒令停止排污，区域的环境也得到了保护，环境公益也得到了实现。因此，环境权是集公益性与私益性于一身的，不同于其他权利的特殊权利。

1. 环境权的"私益性"

公民环境权，从其思想和主张的发展线索来看，具有浓厚的人权意蕴。国际社会，也有承认环境权是一项人权的规定，1972年联合国人类环境会议上通过的《人类环境宣言》原则一宣称："人类有在一种能够过尊严和福利的生活的环境中，享有自由、平等和充足的生活条件的基本权利。"1987年经济合作组织环境法专家组拟订的《环境保护与可持续发展的法律原则》第 1 条："全人类有能够为了其健康和福利而享有充足的环境的基本权利。"1991 年《关于国际环境法的海牙建议》原则一："国家应该承认对于确保健康、安全和可持续生存与精神福利的个体与集体的基本环境人权。"与国际社会对环境权问题的重视程度相对应，各国国内立法也做出明显地反映。许多国家（如西班牙、葡萄牙等）的宪法明确地确认环境权，或者有些国家以政府负有保护环境义务的形式确认了环境权。

可见，把环境权与人权联系在一起有充分地法律依据。应当承认，把环境权上升到人权的高度一点也不过分。在环境问题成为全球问题并直接威胁人们的生存的情况下，环境权已经成为人们享有其他人权的前提和基础，同时，承认环境权的人权地位，对于保护环境，促进社会经济的持续发展也具有不可忽视的意义。

2. 环境权的"公益性"

作为"私益性"，环境权本质上源于人类作为个体性的"私人性"需求，而作为"公益性"，环境权却源于人类作为社会性的"公共性"需求：第一，人类的"公共性"需求，是指除了人类作为个体性存在所要满足的必要欲望以外，作为社会的一成员所需的其他的、并且必须其他成员协助的那些需求。第二，社会性权利的设置，在于人之为人类这一整体成员的一分子的意志弘扬，尊严实现之需要。

由于环境问题的跨界性、长期性、不易觉察性以及纠纷解决的复杂性等特点，决定了对环境问题处理机制与环境法的建构机制仅从个人本位的法学思潮对其进行考察，存在着诸多不足，因此，学者们经常从团体本位（社会本位）角度，对环境法、环境权进行思索。①

首先，环境知情权、参与权、监督权等这些由环境权原始权利所派生出来的权利，实际上是公共性较强的权利。公众的环境知情权是公众实施其他环境权的基础和前提，只有公众获得了有关环境方面的情报资料，才有可能积极有效的行使环境决策参与权。20 世纪 70 年代以来，各国先后建立与完善环境保护的公众参与机制。从立法上明确公众对环境权信息的知情权，参与环境管理与环保决策的参与权，组织环保组织

---

① 郑少华：《生态主义法哲学》，法律出版社 2001 年版，第 74 页。

的结社权，对环境污染行为者的停止侵害的请求权与对于怠于环保职责的行政部门的履行职责的请求权以及索赔权。如乌克兰共和国《自然环境保护法》第9条规定："公民有权依法定程序获得关于自然环境状况及其居民健康的影响等方面的确实可靠的全部信息。"又如美国的《国家环境政策法》中确立的环境影响评价制度中在确立是否编制报告时，如认为该行为属于通常不要求做环境影响评价的行为，则联邦行政机关要向公众发表一份"无重大影响认定"文件；在决定编制报告书之后，为确定环境影响评价的范围，环保部门要在《联邦公报》上发表一个"意图通告"，把编制意图通知有关各方和公众，在报告书初稿完成后，还必须将它在《联邦公告》上公布。可见，公开贯穿于美国环境影响评价程序的全过程。[①] 同样，在环境影响评价过程中，伴随着公众知情权的实现，公众也有权参与到环境决策之中。因此，公众的环境决策参与权作为环境权的重要内容，它的行使或者说权利设置的目的，并非只是为了某一具体公众的个人利益的维护，而是为了维护和实现社会或人类公共利益或公众利益。

其次，空气、水等环境要素，森林、草原等自然资源都是人类生态系统的重要组成部分，他们都是属于人类所共同享有的物质与能量。尽管我们能从个人本位角度来把握环境权的概念，但就其实质上说，这些资源却是人类社会所共享，因此，环境权的主体与客体都具备了"共有"与"共享"的理念。[②] 我国《宪法》明确规定，矿藏、水流、森林等自然资源，属于全民所有。巴西《森林法》规定森林及林地是全体公民的共有财产。1971年5月日本的法律杂志《法官》上发表了由大阪律师联合会的"环境权研究会"的研究成果——《对确立环境权的建议》。这一"建议"参照了《人类环境宣言》、《东京宣言》及《京都府防止公害条例》、《东德宪法》、《瑞典环境保护法》、《美国国家环境政策法》、《东德国土整治法》等日本国内外的先进范例，旨在从法律理论上构筑更为周密而严谨的环境权。即重新确认大气、水、土壤、日照、通讯、景观、文化性遗产、公园等社会性设施等环境要素，

---

① 王曦：《美国环境法概述》，武汉大学出版社1992年版，第161页。
② 郑少华：《生态主义法哲学》，法律出版社2001年版，第74页。

是和不动产的使用没有联系的，应属于人人平等分配，众人共同拥有的财产，建立"环境共享"的理念。

最后，在环境权的救济方面，它不同于一般的民事侵权。为了使环境不受破坏，能够使环境有效地得到改善，就必须参与到国家环境行政管理的活动中去。也就是说，环境权的实现既需要环境权权利人的积极作为，同时，也要依赖于环境行政机关的积极作为为环境权利人实现环境权创造有利的条件。从这方面来看，在环境权的救济上具有不同于其他权利的"公益性"。

三 环境权的内容

法律权利是包括多种因素、具有丰富内容的概念，我们可以从任何一个要素或层面出发去理解权利和义务。实际上法律权利是有界限的，简言之是相对的，而环境法表现的更为明显。环境权并不是某一种具体的权利，而是一种概括性的权利，是与资源有关的环境权主体权利的集合。"环境权与其他人权一样，是个由多项子权利组成的内容丰富的权利系统。"[①] "正是基于环境权的这一特性，各有关法律在对环境权做出确认的同时一般都使用一些相对性或限定性术语对其加以规范。"[②] 权利主体的权利是以负有相应的环境义务为前提的，或者说"环境权是基本环境法律权利和基本环境法律义务的统一"。

环境权的内容包括实体性权利和程序性权利现在已无太大争议，在联合国人权与环境委员会的草案中就详细而具体地列举了环境权的八项实体性权利和六项程序性权利。环境权是实体性权利和程序性权利的有机结合。

（一）实体性环境权

陈泉生教授认为，在环境权主体广泛的前提下，由于环境权的客体环境自然资源具有生态功能和经济功能，所以环境权包括生态性权利和经济性权利。前者体现为环境法律关系主体享有一定质量水平的环境并生活、生存、繁衍于其中，可具体化为生命权、健康权、日照权、通风

---

① 吕忠梅：《再论公民环境权》，《法学研究》2000 年第 6 期，第 135 页。

② ［日］大须贺明：《生存权论》，林浩译，法律出版社 2001 年版。

权、安宁权、清洁空气权、清洁水权、观赏权等。后者表现为环境法律关系主体对环境资源的开发与利用，具体化为环境资源权、环境使用权、环境处理权等。此外，基于环境权的权利与义务不可分性，陈教授认为环境权的内容还应包括保护环境义务方面的要求，如环境管理权、环境监督权、环境改善权。以上权利既可以由国际法、国家宪法以宣言式的规范作概括性规定，又可由行政法、民法、经济法、刑法等部门法作列举性规定，从而受到更加周密和完整的保护。①

吴国贵认为，环境权的内容包括程序性权利和实体性权利，其中程序性权利是指环境知情权、环境立法参与权、环境行政执法参与权、环境诉讼参与权等；实体性权利除了包括生态性权利（生命权、健康权、日照权、通风权、安宁权、清洁空气权、清洁水权、观赏权等）和经济性权利（环境资源权、环境使用权、环境处理权等）以外，还应包括精神性权利（指环境人格权）。他指出，对精神性权利之所以存在较大争议，是由于精神性权利所承载的价值不同于生态价值和经济价值，它更依赖于人的社会属性和文化的判断，并与人类的主观感受相联系。精神性权利是与自然人紧密联系在一起的权利，作为环境权内容的精神性权利，是在确认人身作为环境权客体的基础上的环境人格权，是自然人所享有环境美学价值的健康心理权而非其他精神价值的权利，其意义是对人的环境精神性利益的合理承认。法律上，人身是人的物质形态，也是人的精神利益的体现。近年来"人身"已经进入了环境法权利客体的研究领域，其客体地位的确立，对于人类身体健康和生命安全以及环境人格权的建立等具有重要意义。②

传统的人格权中与环境保护有关的是身心健康权。人格权理论及制度关于身心健康的保护对于环境保护也是不足的：首先，身心健康权的保护以对人身的直接侵害为构成要件，而环境污染和破坏行为在大多情况下不具备这一特征；其次，衡量是否造成身心健康权侵害的标准是医学标准，尤其是对健康权的侵害是以产生疾病为承担责任的标准，而在

---

① 陈泉生、张梓太：《宪法与行政法的生态化》，法律出版社 2001 年版，第 117 页。

② 吴贵国：《环境权的概念、属性——张力维度的探讨》，《法律科学》（西北政法大学学报）2003 年第 4 期。

环境保护中造成疾病已为环境污染和破坏的最严重后果，环境法要以保证环境的清洁和优美、不对人体健康构成威胁作为立法目标，以环境质量作为承当责任的依据。因此，环境法的权利客体应当包括人身。人身作为环境法的客体，无疑为环境人格权的建立提供了权利客体的基础。环境人格权所体现的建立在人身客体基础上的精神性利益能满足"真正表现为个人利益的集合或公共利益要通过个人利益来体现"的要求。同时，在环境法的实践中，环境人格权要获得立法明确确认的要求已成为现实。因而在某种意义上，吴国贵说，我们找到了环境权内容适度张力维持的依据，把环境权内容的张力维持在精神性权利项的环境人格权上。①

王明远研究员、朱谦教授、吴卫星博士认为，环境权实体内容包括两方面：一是与公民个人生存和健康直接相关并与个人生活密切联系的阳光权、通风权、眺望权、安静权、嫌烟权等。二是与公民个人生存和健康直接相关又与公益性或公共性密切联系的清洁空气权、清洁水权、风景权、环境美学权、历史文化遗产瞻仰权等。②

虽然学者们在实体性环境权的具体权利内容上的认识略有差异，但是总体上对实体性环境权是予以认可的，尤其是环境使用权。环境使用权是最重要的实体性环境权，它的确立给人类使用环境提供了法律上的具体依据。权利的行使需要必要的限制，公民使用环境权要建立在环境使用权的基础上；同时，环境使用权的确立意味着国家和相应的权利主体需承担相应的义务。当公民的环境使用权遭受不法侵害时，法律可以为其提供强制性的保障，因此公民向国家或他人主张环境权便有了法律的基础。

本书认为实体性环境权包括良好环境权和基于生存需要的自然资源开发利用权两项基本内容。环境法追求的基本目的：一是保护生态环境，二是实现环境公平。保护生态环境所带来的结果，是保障了公民的良好环境权；实现环境公平所带来的结果，是确保了公民中的弱势群体

---

① 吴贵国：《环境权的概念、属性——张力维度的探讨》，《法律科学》（西北政法大学学报）2003 年第 4 期。

② 吴卫星：《我国环境权理论研究三十年之回顾、反思与前瞻》，《法学评论》2014 年第 5 期。

的基于生存需要的自然资源开发利用权不受侵犯。环境法的其他权利，应当围绕环境权的这两项基本内容展开①。

第一，良好环境权

《联合国人类环境宣言》规定"人人都有在良好环境里享受自由、平等和适当生活条件的基本权利"，《俄罗斯联邦宪法》赋予其公民"享受良好环境的权利"，《美国伊利诺伊州宪法》明确规定该州"任何人均有健康的良好环境权利"。可见很多法律规范都规定人们有权拥有和享受良好环境。"所谓'良好环境'是一个适宜于人类健康的，满足人类生存和发展需要的，令人心身愉悦、舒适和满足的，与自然相和谐的，有利于人类各方面发展的，符合人类尊严的环境"。良好环境权是为了满足人的健康，精神振奋和愉悦以及对生活的幸福感受等需要，指当代人和未来世代的人类个体和整体有在一个适合于人类健康和福利的环境中过有尊严的生活的权利，具体可以包括：清洁空气权，清洁水权，清洁产品权，环境审美权，环境教育权，环境文化权，户外休闲权等。② 良好环境权应该看作是一项公民环境权，是公民在健康优美的环境中生存的权利，是公民与生俱来的应有权利。③ 国内外学者公认良好环境权是人的基本权利④。良好环境权是指全体公民对良好环境的共享权。环境共享权的主体是作为一个整体的公民，包括当代人和未来世代人。《奥胡斯公约》第 1 条"当代人和未来世代的每一个人生活在一个适合于他/她的健康和福利的环境的权利。"⑤ 设定良好环境权的目的，是为了实现健康、福利、幸福、尊严、娱乐、安全、精神愉悦和精神振奋等利益。公民对自然公园、风景、自然保护区和自然遗迹等享有的权益，还有清洁（清洁空气权、清洁水权）、精力充沛和精神愉悦（户外娱乐休闲权）日照、通风、安宁等利益。

第二，基于生存需要的环境资源开发利用权

---

① 周训芳：《环境权论》，法律出版社 2003 年版，第 169 页。
② 同上书，第 183 页。
③ 吕忠梅：《论公民环境权》，《法学研究》1995 年第 6 期。
④ 张文显：《法学基本范畴研究》，中国政法大学出版社 1993 年版，第 106 页。
⑤ 王明远：《环境侵权的概念与特征辨析》，《民商法论丛》第 13 卷，法律出版社 1999 年版，第 48—50 页。

环境法意义上的基于生存需要的自然资源开发利用权，是环境权的核心内容之一，主要是当今世代人类中的弱势群体为了满足生存需要而对自然资源的财产权利以及从事与自然资源有关的财产性活动的权利，包括（但不限于）土地资源开发利用权、渔业捕捞权、狩猎权、采药权、伐木权、航运权、探矿权、采矿权、放牧权、生态资源收益权、旅游资源开发利用权等。无疑，对土地资源的开发利用权是所有这些权利中最重要的和最基础的权利。离开了土地资源开发利用权，其他一切基于满足人们生存需要而设立的权利就无从谈起。①

从环境法的视角去看待自然资源开发利用权，我们发现，由于环境法的最基本的特征在于其体现了人与自然的和谐关系以及这种和谐关系与人类生存发展的密切相关性，自然资源开发利用权明显地体现出了满足权利主体的生存需要的特点。环境法需要特别关注弱势群体的自然资源开发利用权的原因在于：当今世代人类中的弱势群体，如果丧失了对自然资源开发利用的权利，就会发生严重的生存问题和面临生存危机；而如果保障他们的这一权利，尽管并不一定能够彻底解决其生存问题，但是，却为解决他们的生存问题提供了最基本的自然资源保障。

基于生存需要的自然资源开发利用权具有以下几个方面的法律特征：第一，基于生存需要的目的对自然资源的开发利用权主体只能是公民个人，而不能是企业，更不能是国家；第二，基于生存需要的环境资源开发利用权，与公民良好环境权一起，构成了环境法上的核心权利，在环境法中处于主导性和支配性地位。第三，基于生存需要的自然资源开发利用权不等同于生存权，而是环境法为了保障生存权的实现而设定的特别权利。在环境法上，基于生存需要的自然资源开发利用权是一种实体权利和核心权利，具有很强的社会性、公益性、现实性和可操作性。环境法设立基于生存需要的自然资源开发利用权的结果，是能够更好地保障弱势群体的生存权。第四，基于生存需要的自然资源开发利用权的显性主体是当今世代的公民，其隐性主体是未来世代的人类。换句话说，只有保障当今世代的公民的生存，才有可能保障未来世代的公民

---

① 周训芳：《论基于生存需要的自然资源开发利用权》，《中南林业科技大学学报》（社会科学版）2007 年第 5 期，第 22 页。

的生存。第五，从人类环境权的角度看，由于人类被分为不同的国家和民族，因此，基于生存需要的自然资源开发利用权还会因民族而异，带有明显的民族差异和民族化特性。

（二）程序性环境权

进入 20 世纪 90 年代，以获得环境信息参与环境决策、获得司法救济为代表的程序性环境权（Procedural Environmental Rights）在国际环境法律文件中得到普遍认可。

第一，程序性环境权的国际法依据

基斯教授指出："90 年代通过的国际环境文件一般都没有提到环境权，然而，它们都强调公众的知情权、参与权和获得救济的权利。"① 1992 年联合国环境与发展大会确认了程序性权利在环境保护中的重要地位。《里约宣言》原则第 10 项要求：每个人都应当获得环境信息，并有机会参与到各项决策中；人人都应当能够有效地运用司法和行政程序寻求救济。在《里约宣言》的基础上，1998 年 6 月 25 日在丹麦奥胡斯签订的《在环境问题上获得信息、公众参与和诉诸法律的公约》（简称《奥胡斯公约》）对程序性环境权进行了集中阐释。该公约签订的初衷是为了有力地促进欧盟成员国的环境保护，但在国际社会的高度关注下，公约的拟定谈判突破了欧洲的地理范围，实现了美国、加拿大的参与，并由联合国欧洲经济委员会提出最终草案。该公约在 2001 年 10 月 31 日生效并得到国际社会高度肯定。前联合国秘书长科菲·安南指出："尽管《奥胡斯公约》是区域性公约，但是它的重要性却是普遍性的。它是对《里约环境与发展宣言》原则第 10 项最为详尽的阐释，是迄今为止在联合国主持下的'环境民主'领域最有冲击力的一次尝试。"② 《奥胡斯公约》第 1 条明确规定，缔约国应按照公约的规定，保障公民在环境问题上获得信息、公众参与和诉诸法律的权利，并对程序性环境权的具体内容进行了明确：首先，环境知情权。从三个方面进行规定：知情权主体，有权获取环境信息的

---

① ［法］亚历山大·基斯：《国际环境法》，张若思编译，法律出版社 2000 年版，第 23—24 页。

② Jerry Z. Li "Introduction to and Comments on the Aarhus Convention", 3（1）*Human Rights*（2004）.

"公众"包括自然人、法人、相关协会、组织或团体；公开信息的义务机关，拥有环境信息的行政机关及社会组织有信息公开的法定义务，但不包括立法机关和法院；知情权客体，即环境信息的范围（第2条）；免于公开事项，包括公共利益豁免事项、行政特权豁免事项、私人利益豁免事项等三类；决定期限及费用。其次，环境公众参与权。包括三个方面内容：公众对具体环境活动决策的参与（第6条）；公众对与环境有关的计划和政策决策的参与（第7条）；公众对法律制定及执行过程的参与（第8条）。再次，环境司法救济权。除了在一般性环境损害问题上获得法律救济的权利以外，《奥胡斯公约》还对环境知情权、公众参与权受到侵害时的救济进行了规定。规定当公众的环境知情权受到有关公共机构的不当处理时，有权诉诸法院和其他独立、公正的机构；在公众的决策参与权问题上，要保证公众可以就任何决策的实质合法性和程序合法性提起诉讼并得到司法救济。

第二，程序性环境权在我国的发展和确立

传统环境权理论忽视环境权作为程序性权利的方面，而把它基本上认定为实体性权利，从而一度陷入困境。要摆脱困境，就要重视环境权在程序方面的展现。正如基斯教授所言，公民对环境保护的具体参与是环境权的真正体现：它不仅使个人行使他所享有的权利，还使他在这方面承担起相应的义务。而且，公民因此不再是消极的权利享受者，而要分担管理整个集体利益的责任①，应承认和重视作为程序性权利的环境权。其意义主要在于：首先，程序性环境权是实体性环境权的重要保障，离开了程序保障，实体性环境权在现实生活中便无法实现，从而有被架空之危险。其次，强调环境权的程序权性质，也能契合环境问题的特质——"环境问题的特色之一乃是其经常涉及繁杂的科技背景。部分论者因而主张环境管制最适宜专家政治。然而，环境管制也经常涉及利益的冲突，有待借用民主理念寻求解决。在环境领域中参与式民主的观念并不在于以投票的方式解决所有的问题，而是有受影响民众借由适

---

① 李明华、张经辉：《自然保护区公众参与制度研究》，载《资源节约型、环境友好型社会建设与环境资源法的热点问题研究——2006年全国环境资源法学研讨会论文集》，第761页。

当管道参与决策过程,借以调和利益冲突、促进民主政治的发展及改善政府的决策品质。"①

吴卫星博士认为,公民参与国家的环境决策是程序性环境权的要义。公民参与环境决策权具体包括:其一,环境知情权。环境知情权是公众参与的前提和基础,没有环境咨询的公开和了解,公众便无法真正有效地参与环境决策和环境保护。2014 年修订后的《环境保护法》设立"信息公开与公众参与"专章,该章节开端(第 53 条第 1 款)即明确规定:"公民、法人和其他组织依法享有获取环境信息、参与和监督环境保护的权利",应视为对程序性环境权的立法确认,代表了我国环境法治在保障公民环境权益上的进步。由此可见,我国的《环境保护法》不仅确立了环境保护行政主管部门定期发布环境状况公报的义务,而且也直接赋予公众环境知情权。其二,环境立法参与权。我国环境法应当将《立法法》的相关规定进一步具体化,防止听取意见"走过场",要保障公众参与对立法决策和立法结果的相当影响力。其三,环境行政执法参与权。公众参与的核心是在公众环境权与国家环境权(尤其是国家环境行政权)之间进行平衡,一方面公众直接参与行政机关更好地进行环境管理和环境决策,促进官民关系的融洽与和谐;另一方面公众参与可以对行政权进行有效的监督和控制,保障行政权的合法行使。我国 2008 年修订的《水污染防治法》和 1997 年的《环境噪声污染防治法》以及国务院 1998 年颁布的《建设项目环境保护管理条例》中,都有关于征求建设项目所在地的单位和居民意见的规定,公众参与建设项目环境影响评价基本已制度化。但 2015 年 8 月 12 日的天津瑞海公司爆炸,有的住宅楼距离该危险物的仓库不足 500 米,这说明环境评价实际上公民参与程度很低。另外,《行政处罚法》第 42 条规定,环境行政机关在做出责令停业、吊销许可证或执照、较大数额罚款等行政处罚之前,应当对行政相对人的申请进行听证,以使得相对人可以参与到这些重大的环境行政处罚程序中去。但是,无论是从立法规定还是执法实践来看,公众参与环境行政执法的效果都不是太理想。其四,环境诉讼参与权。"有权利就必有救济","无救济即无权利",我国相关法律在保障公众参与权的有效行使、充分保障

---

① 叶俊荣:《环境政策与法律》,中国政法大学出版社 2003 年版,第 93 页。

公众的救济权方面做了大量的工作，改造了传统的诉讼制度，放松原告资格的限制，承认居民和环境保护社会团体环境诉讼的原告资格，逐步承认和推广环境公益诉讼。这也是近几十年来世界各国环境法制发展的潮流和趋势。公众的环境诉讼参与权，除了直接以原告名义起诉外，还包括环境社会团体支持受害者起诉、公众去法院旁听以监督法院的审判活动等。其五，环境法上的公众参与。此种公众参与是指公众直接或间接进行环保投资，或以自己的消费决策和消费偏好来影响和改变生产者的决策。环境保护需要巨大的资金投入，迫使我们改变原来的环保投资融资理念，改变"环境保护靠政府"的思维定式，使得广大民众和社会组织也成为环保投资融资的主体，吸引民间资本投入环境保护领域，通过法律和政策鼓励特别是通过经济激励引导公众参与环保投资。另外，各国推行的环境标志制度，实际上是通过公众的消费决策（即购买绿色产品）改变和影响生产者的生产决策（即尽量去生产环境友善产品），这是一种通过市场机制发挥保障作用的公众参与，在我国还未得到应有的重视。

我国台湾学者叶俊荣也强调用程序性的权利来保障环境权。他认为，虽然环境问题涉及高科技背景，但因涉及太多利益冲突与决策风险，往往是个政治选择的问题，所以有必要纳入整个民众参与体系与程式。传统的环境权理论将环境权定性为具有宪法位阶且具有财产价值的实体权，因颇难掌握其具体内容，造成了许多困扰，尤其是环境问题不适合以绝对式权利的分配谋求解决，更加深了传统环境权理论的色厉内荏。[①] 环境价值仅是社会价值的一种，环境政策的制定要寻求环境价值与其他社会价值之间的妥协。在我国台湾地区，环境价值长久以来受到忽视或压抑，所以如今应受到某种程度的优厚，以弥补正常政治运作的缺失，这要经由民众参与环境决策管道的开放而逐步达成。对用宪法明文保护环境权问题，叶教授也提出了不同于多数学者的见解。他认为是否需要以宪法明文规定环境权以对其加强保护，同宪法是否需要特别对某种利益或团体予以保障一样，并非概念上的必然，而是由各国国情决

---

① 叶俊荣：《宪法位阶的环境权：从拥有环境到参与环境决策》，叶俊荣：《环境政策与法律》，（台北）月旦出版社股份有限公司 1993 年版，第 14 页。

定的。这种保障的必要性，对政治结构优良、各种利益的代表性合比例的国家来说，比一个各方代表性严重不平的国家要小得多。所以叶教授认为环境权并不必然具有宪法位阶，但若一定要在某国的宪法中规定环境权，此权也"应以肯认民众适度参与环境决策的程序权为妥"。①

对实体性环境权和程序性环境权，黄应龙主张二者不可偏废。他认为，正是由于难以对实体性环境权作单一准确的描述，程序性环境权才在国际上得到了大力的倡导，各国立法大都做出了相应的规定。通过创设环境参与的法律途径，就可能对环境成本和收益的不公平分配做出救济。因而，程序性环境权能将受环境恶化影响的弱势群体（包括妇女、无产者和依靠自然资源生存的地区居民）包容在改变环境的社会决策之中。但另一方面，即使程序性权利得到完全实现，实体性权利得到完好分配，"也完全可能是一个有着民主参与和负责的政府选择短期效果而不是长期的环境保护"，而且"民主完全可能造成环境破坏，甚至在体制结构上更易于造成环境资源的浪费"，所以仅靠程序性权利也不行，实体环境权能够提供比程序环境权更为有效的保护，在限定和倡导社会公众对环境的辩论方面起着重要的作用，二者应有机结合。②

除了公民在良好、适宜、卫生、安静的环境中生活的权利和参与国家环境管理的权利，李艳芳教授还提出了环境自救权，指出公民在长期遭受环境污染危害而又无法依据法律（特别是环境立法不完善或不成熟的条件下）进行公力救济时，往往采用自力救济的手段，如捣毁污染源等迫使污染者停止污染，以减轻受害的范围和程度。这种自力救济通常表现为受害者（一般为人数众多的一定区域的公众）与污染者的直接冲突。在环境立法尚未成熟时，赋予公民自力救济的权利是必要的，这对于受害者来说相当于法理上的"正当防卫"，但对这种自力救济行为的规范尚值得研究。③

环境权内容的发展反映出人类理智趋于成熟，开始注重防患于未然，重视综合治理。环境权由最初的消极权利逐步发展成为积极权利，

---

① 叶俊荣：《宪法位阶的环境权：从拥有环境到参与环境决策》，叶俊荣：《环境政策与法律》，（台北）月旦出版社股份有限公司1993年版，第14页。

② 黄应龙：《论环境权及其法律保护》，《人权研究》第二卷，人民出版社2001年版。

③ 李艳芳：《环境权的若干问题初探》，《法律科学》1994年第6期。

是人权保护的重要体现。当然，处于不同历史时期与不同地域的人们对环境的要求以及对环境的改造能力有所不同，对环境权的具体要求也有所不同。随着经济的发展和物质文化水平的提高，人们对环境的要求也将会有进一步的提高，在新的社会条件下环境权需要做出新的解释，环境权的内容将不断得到充实与丰富。

第二节　环境权的"三维"关系解读

一　环境权与人权的关系解读

（一）人权的基本含义

人权从提出到现在，已经有几千年的历史了。在 13 世纪的文艺复兴时代，著名诗人但丁就第一次明确提出了"人权"。他认为："帝国的基石是人权"，帝国"不能做任何反人权的事"。但丁一开始就赋予了人权神圣的使命，将人权规定为国家应当遵循的基本法则。但丁没有对人权的本身作更多的解释，而且他语境下的"人权"也不具有现在我们所言的"人权"的深刻内涵和如此高的统摄力。现在"人权"的概念，认为人权是普遍的权利，基于人类共通的人性的权利。本书认为：人权主要有三种基本属性，第一，从人权的根据上看，人权是一种道德权利。人权在根本上是道德而不是法律支持的权利，人权可以而且应该表现为法定权利，但法定权利不等于人权；第二，从人权的主体和内容上看，人权是一种普遍权利；第三，从人权概念产生的社会历史过程看，人权是一种反抗权利。

（二）人权文件中有关环境权的内容

在对人权的概念进行简单的论述基础上，本书接下来将把环境权与人权联系起来。首先，本书将引用一些人权文件的原文，从这些人权文件，我们不难发现，环境权是包括在人权保护范围之内的：首先是弗吉尼亚权利法案。1776 年 6 月 12 日弗吉尼亚会议通过的弗吉尼亚权利法案，这比被马克思誉为世界上第一个权利宣言的美国《独立宣言》还要早 22 天。它的第一条就规定了：人人生而具有的天赋的、神圣的、不可剥夺的权利。这些权利就是享有生命和自由，取得财产和占有财产的手段，以及对幸福和安全的追求和获得。其次是世界人权宣言。1948

年的联合国大会通过的《世界人权宣言》第22条：每个人、作为社会的一员，有权享受社会保障，并有权享受他的个人尊严和人格的自由发展所必需的经济、社会和文化方面各种权利的实现，这种实现是通过国家努力和国际合作并依照各国的组织和资源情况。

从以上两个人权文件中，我们可以发现，在古典人权体系中，人权的核心是生命权、财产权和自由权。随着社会的发展，人权的核心已经演变成对人的尊严的保护。对此，国际社会提出的"第二代人权"——经济、社会、文化权利和"第三代人权"——民族自决权、发展权、环境权、国际和平和安全权就很好地体现了这种变化。并且，现代人权已经开始强调保护每一个个体的人的尊严，而不是笼统的人类尊严。就其中人的尊严中最重要的是人的生存权和发展权。这和环境权的核心——生存权、对资源开发利用的权利是一致的。由此可以看出，人权的基本概念中就包括了对公民环境权的确认。

(三)"环境权"满足作为一项人权的构成要件

在通过用人权文件来说明环境权的人权属性之后，本书还将进一步从权利构成要件上来分析环境权是一项人权。从法理上来说，任何一项人权都可以从以下四个方面加以验证：一是利益需要的产生，即形成人权需求的主体的内在观点；二是需要得以满足的可能性，即具有实现主体需要的外在可能；三是需要不被恰当地满足，即在主体与客体之间发生错位与分离，难以达到同一；四是主体的要求外在化，即主体的内在需要在不被满足而又有满足的可能的前提下，转达为外在的诉求，从而唤醒了主体的权利意识，人权由此而被提出甚至被规范秩序所固化①。环境权的存在满足以上四个方面的要求，其一，环境和资源危机使得各国自上而下基本都认识到保护环境和资源的重要性，而且存在越来越多的要求制止环境侵害，还公民以干净、清洁的环境的愿望，这就符合"形成人权需求的主体的内在观点"的要求。而且世界上很多国家也开始这样实践了，许多国家以宪法或宪法性文件对环境权加以确定，在执法的很多方面也体现了这一点。其二，"有可能得到满足"。人类现在

———————

① 汪习根：《法治社会的基本人权——发展权法律制度研究》，中国人民公安大学出版社2002年版，第107—108页。

采用各种措施来保护和改善环境，在科技层面，各国鼓励开发环保技术，努力开发和利用洁净的能源，对于严重污染环境的资源开发利用不断加以限制；在社会法律层面，加大保护环境的立法力度，尤其是在近几年，环境保护的法律和法规是各国立法的重点。同时，实践也证明这种局面已经得到改善。其三，"需要不被恰当的满足"，人们对清洁、干净环境的渴望，特别是发展中国家面临着经济发展与环境保护及自然资源利用的矛盾，人们在选择保护环境与有效利用资源与发展经济之间存在着错位与分离。其四，"可能转化为外在的诉求"。对于这一点，现在很多国家中都出现环境权侵权诉讼的个案。如 1990 年 9 月厄瓜多尔宪法保障法庭依据《厄瓜多尔宪法》第 19 条第 2 款所规定的"无污染的环境的权利"判决的"石油厄瓜多尔案"。1993 菲律宾最高法院根据健康和生态的宪法性权利，判决菲律宾政府必须保护全体居民免遭热带雨林被大量砍伐的判决"热带雨林"诉讼案等①。

（四）"环境权"满足基本人权的构成要件

本书还认为，环境权不仅仅只是一项人权，还是一项基本人权。所谓基本人权，就是指那些不可或缺、不可剥夺、不得转让的权利②。而"环境权"是否是一项基本人权，必须要证明环境权是否符合基本人权的三个条件，一是该权利"主体是否应该具有普遍性"，这是衡量人权之为基本人权的标准之一③。二是该权利在权利体系中是否处于上位的地位。三是该权利对"人之所以为人"具有不可或缺性。本书认为，"环境权"也基本满足此三个成立条件：其一，环境权既是一项法律权利，同时也是一项自然权利，是"天赋"的，即"与生俱来"的，不是由国家特许而产生的特殊利益，这种权利的提出不是凭借某种特有的身份，而是基于平等地尊重他人这一道德原则，是"普遍适用"的，即为一种"普遍权利要求"，它不是个别或局部的权利保护；其二，"环境权"在整个利用自然资源与保护环境的权利中处于逻辑结构的上位层次，在地位上、次序上优于一般人权，在此领域起全局性、根本性

---

① 汪习根：《法治社会的基本人权——发展权法律制度研究》，中国人民公安大学出版社 2002 年版，第 307—308 页。

② 同上书，第 160 页。

③ 同上书，第 119 页。

作用，包括日照权、清洁空气权、清洁水权、享有自然资源权等内容。它是既有政治、经济、文化权利的基础上不断发展与分化，并高度抽象与提升而形成的一项人权，又具有派生与包含一系列具体人权形式的独特价值。因此，与其他人权形式相比较，环境权是一个高居于其他人权之上的基本人权。[①] 其三，"因为该项权利的剥夺就意味着主体生存基础的丧失，所以每个人可以不因其年龄、性别、职业、地位以及犯罪状况等因素而剥夺其与生俱来所享受的环境权利"。[②]

实际上，环境权是其他人权享有的先决条件。生命权和健康权只有在健康的环境中才能有保障。环境变得越糟糕，人权受到的损害越大。其他政治权利和公民权利，当环境损害超过限度时，生存条件都无法保证的情况下，人们享有这些权利更无从谈起。因而，环境权是人权必不可少的组成部分，是人权理论不断发展的结果。环境权并不依附于其他人权，其他人权的保障反而依赖于环境权的确认和享有。

（五）环境权成为一项人权的理由

第一，环境权的核心是法律所保护的公民因对环境资源的利用所取得的物质上和精神上的利益，在一定意义上可以说，环境权是以环境资源的物质性为基础的，环境权关系是以环境资源为媒介而产生的一种法律关系。那么环境权的属性也就是建立在环境资源的物质属性这一基础之上，环境资源所强调的是它的资源属性，我们就必须考虑资源的稀缺性和价值的多元性，传统民法对以土地为资源的基本形式的环境资源在没有环境保护的情况下已经设置了基本的法律制度框架——土地所有权制度，确认了土地资源及其附属的空间、植被和生长于其间的动物的经济价值，并围绕所有权的移转和保护建立了债权制度和侵权行为制度。现在，环境法所要求的是对环境资源的生态价值的肯定，实际上是对环境资源的经济价值与环境价值的重新定位，在这两个相互冲突的价值面前，法律所面临的任务是如何建立新的平衡，通过权利的重新配置解决由于价值冲突所造成的紧张局面。[③] 在人类当前的社会发展条件下，这

[①] 涂小雨：《构建社会主义和谐社会中的环境权问题探析》，《学习论坛》2006 年第 12 期，第 79 页。

[②] 陈泉生：《环境法原理》，法律出版社 1997 年版，第 107 页。

[③] 吕忠梅：《环境法新视野》，中国政法大学出版社 2000 年版，第 133 页。

种新的平衡必须是建立在已有平衡的基础上的，它不是也不可能是对已有秩序的彻底破坏。因此，环境权的建立必须是在已经形成的权利体系中增加的一项新的权利。

第二，环境权本身具备了人权的本质属性。首先，法治学说或者基本权利理论的一个重要观点是，基本权利都是自然权利。任何基本权利在特定的社会历史背景下都包含着伦理的因素。而环境权正是人与生俱来的不可剥夺的自然权利，它在根本上是由道德而不是由法律来支持的权利。所以，在环境法制不健全的情况下，人们仍然可以将环境权视为一项自然权利或应有权利，不能因为没有实证法的规定而否认它的客观存在。其次，任何人不能离开或者摆脱环境，没有环境权也就没有人的生存条件，在法律上人与环境是不能截然分开的。再次，环境权的主体对于其赖以生存发展的整体环境不具有选择性，主体不能将整体环境权转让给其他主体。由于环境权本身的特性，使得它不具有可转让的性质。最后，环境权与其他人权一样，也是一个由许多子权利组成的内容丰富的权利系统。

第三，环境权的产生是人类社会发展的必然。从世界人权法的发展与实践来看，人权原则和具体权利都经历了一个由理论到实践的发展过程，在19世纪的个人主义、自由主义和消极法治主义的观念下，为了保护个人的自由、平等而建立的以个人为本位的法律理论强调公民的政治权利高于一切，资产阶级革命无不高举自由、平等的旗帜，强调它们是"天赋人权"，因而，公民的政治权利成为最早写进人权宪章的内容。随着社会的进步和发展，市民社会和政治国家对立的日益尖锐和市场万能神话的破灭，20世纪兴起了法团主义、国家干预为主和积极法治的观念。在这种观念影响下，为保护社会公共利益、社会公平而建立了以社会利益为本位的法律理论，强调社会进步是个人利益的保障、国家责任在于维系社会的发展，西方国家对市场机制的变革又莫不以发展和建立广泛的社会福利为目标；而在发展中国家，贫穷、饥饿、疾病始终是伴随左右的影子，生存与发展更是他们的第一需要，在他们的市场机制并不完善、自然资源潜在的比较优势无法发挥的情况下，国家或政府也担当着重要的责任，此时，才产生了关于社会、经济、文化的人权理论和人权文件。①

二　环境权与人类权的关系解读

人类权是全人类共有的、统一的权利。即人类作为一个整体或地球上的所有居民共同享有的权利。"人类权"看似一个新概念，但其客观内容始终普遍存在于全人类的生活中。

环境权首先是一种基本人权，但由于作为环境权对象的各种环境要素具有全球性的整体统一性和不可分割性，因此环境权是地球上各个国家所有的人的集合，即全人类作为一个整体所享有的权利。

（一）人类环境权的内涵

人类环境权的经典定义是《斯德哥尔摩人类环境权利宣言》中的表述——"人类有权过尊严和福利的生活，享有自由、平等和充足的生活条件的基本权利，并且负有保护和改善这一代和将来的世世代代的环境的庄严责任"②。这个定义之所以经典是因为确定了人类为环境权的主体，内容概括了人类所享有具体权利和所承担的义务，反映了人类对于自由平等充足的生活环境的诉求，也规定了当代人对后代人所应当承担的责任。

徐祥民教授认为，"环境权是一种自得权，它是以自负义务的履行为实现方式，保有和维护适宜人类生存、繁衍的自然环境的人类权利"③。这个对于环境权的定义十分贴近人类环境权的定义。人类环境权在人类环境危机的境遇中应运而生，是环境公平和环境正义原则的产物，是一种代际权和多代人的权利，反映了当代人和后代人对于环境保护的共同诉求。但是，完全将环境权等同于人类环境权的观点也是有失偏颇的。

周训芳教授认为，"人类环境权是指一国的全体国民和全世界人类共同享有的人身和财产上的环境利益"④。实际上，人类环境权更像是

---

① 吕忠梅：《再论公民环境权》，《法学研究》2000年第6期，第133页。

② 万霞：《国际环境法资料选编》，中国政法大学出版社2011年版，第6—7页。

③ 徐祥民：《环境权论——人权发展历史分期的视角》，《中国社会科学》2004年第4期，第138页。

④ 周训芳：《论可持续发展与人类环境权》，《林业经济问题》2000年第2期，第9页。

一个国际法层面的概念，而公民环境权则是国内法上的概念，二者是从不同角度出发所下的定义。严格意义上说，"公民"所涵盖的主体小于"人类"所涵盖的主体，而且"公民"的概念总是与"国家"密不可分，是带有政治色彩的概念，相比之下，"人类环境权"这一概念更富有自然权利属性意味。

可见，目前学术上对于环境权和人类环境权的理论界限是模糊的，有必要厘清二者之间的关系。本书认为，环境权可以分为广义的环境权和狭义的环境权，广义的环境权是个包容性非常大的理论体系，包括个人环境权、单位环境权、国家环境权以及人类环境权等。从这个角度来说，环境权是人类环境权的上位概念。而狭义的环境权则主要是指国内法上的公民环境权或者自然人的环境权，并没有将人类纳入环境权的主体范围，这点可以从国内部分学者关于"环境权"的概念表述可以得知。但是反过来讲，人类环境权所涵盖的主体包括了全人类，那么具体到公民也是人类的范围，这样，二者的实际权利主体又有重合的部分。由于国际法本身不具有严格的强制力，因而如果不将人类环境权的一些国际法原则在国内法层面上加以转化，那么保护人类环境权就将成为一句空谈。然而目前国内立法对环境权并没有给出明确细致的规定，也就造成了现行法律框架下环境权利保护的缺位，这与可持续发展的要求严重不符。人类环境权首先是一个整体概念，公民环境权是人类环境权的基础。一国的环境法首先应明文规定公民的环境权，才有可能对公民环境权进行整体保护，也才有可能在国际环境合作中确立人类环境权概念，实现对全人类环境权的整体保护。

因此，本书认为，人类环境权是指一国的全体国民和全世界人类共同享有的人身和财产上的环境利益，是指全人类共同享有和利用人类环境资源的权利，是一项具有连带性特点的权利。人类环境权是一项不存在国界之区分的权利，并通过全世界各国之间的各种国际合作的形式加以解决，从而，它包括共同继承共有遗产权、平等享有共有财产权、与后代人共享人类环境资源权、与其他生命物种共同拥有整个地球权等权利。在国内环境法中，体现为全体国民的整体环境权利；在国际环境法中，体现为全世界人类的整体环境权利。在人类环境权关系中，权利和义务是一个统一的整体。一般来说，没有无权利的义务，也没有无义务的权利。即使是未来人，他们享有对环境的继承权，对当代人无法履行义务，但仍需对他们的未来人负责。人类环境权的主体包括国家、国际组织、公民、法人及其他组织。人类环境权的客体则为整个地球的生物圈，甚至外层空间。[①] 其不仅包括各国管辖范围以外的环境要素，如公海、南极、臭氧层等，而且也包括各国管辖范围之内的某些环境要素，如位于某国境内的对全人类有重大意义的世界著名文化或自然遗产等。当然，它还包括空气、阳光等全人类生存和发展必不可少的环境要素。[②] 由此可见，人类环境权是一项超越国界，需要通过国际合作来得以实现的权利，它包括以下几点内容：

第一，平等享用环境资源权。地球是人类共同拥有的惟一家园。因此，地球上的环境资源是全人类的共有财产。在环境资源面前，人人平等，每一个人都有享受良好环境和合理利用资源的权利。同时，地球上的环境资源不仅仅属于当代人，而且也属于后代人，否则，人类社会就无法持续发展。鉴于此，当代人绝不能一味地、甚至是自私地追求当代人的环境权益，而应当在获取当代人环境利益的过程中，为了使后代人能够同样获取环境利益而保护好环境资源，为后代人的发展，留下适当的机会，从而使环境资源得以永续利用，人类社会可以持续发展。

第二，共同继承人类遗产。世界上至今仍然保存着某些具有特殊价值的文化和自然遗产，这些文化和自然遗产是人类智慧的结晶和人类社会进步的成果。它属于全人类共同拥有的财产。无论它处于何国何地，均应使之受到国际性的保护，以便使其能够永久保存，为全人类共同享用。

第三，与地球上的生命物种和谐共处，维持生态系统平衡。众所周知，人类作为地球生态系统中的一个富有智慧和知识的成员，只是自然界的一部分。在自然界还生存着成千上万的其他物种，它们与人类同处于地球生态系统中，共同维持地球生态系统的平衡。当代科学研究已经证明，多种多样的物种是生态系统不可缺少的组成部分。生态系统中生物之间、生物与非生物环境之间的物质循环、能量流动、信息传递，有

---

① 陈泉生：《论环境权的种类和内容》，《法学研究》1996年第2期，第55页。

② 唐澎敏：《论环境权》，《求索》2002年第1期，第52页。

着相互依赖、相互制约的辩证关系。当生态系统丧失某些物种时，就可能导致生态系统的失调，甚至使整个系统瓦解，从而危及人类的生存和发展。由此可见，人类作为自然界的一部分，是与其他生命物种共同拥有地球的，人类应当尊重其他生命物种，与大自然和谐相处，才能维持自身的生存和发展。

（二）人类作为环境权主体的法律依据

整个人类作为环境权的主体，是通过特定形式表现的世界各国和人类全体的共同利益和共识，全人类或人类这一概念包括各个国家的人的集合，当代人和后代人的集合。因为地球上生物圈、各种环境资源甚至外层空间并不是祖先留给我们的，它属于我们的后代，环境权应为当代人和后代人共同享有。同样"地球义务对国际社会的每一位成员都有约束力，国际条约越来越多地把人类作为国际法的正当的主体"。[①] 在20世纪60年代末罗马俱乐部首先提出了"全球问题"，而其中把环境问题作为一个最典型的全球问题。因为环境问题如臭氧层的破坏和全球气候变暖等往往会危及整个人类及其子孙后代的生存条件和利益，环境污染和破坏也会跨越国境而殃及别国甚至全球，整个地球正在形成一个"没有绝对国界的世界"，一个相互依赖的世界。"人类只有一个地球"，需要全人类的共同努力，这些共同的环境问题以及环境的共享共管性促使人类环境权的诞生。实际上，人类环境权已经得到许多国际法律文件的确认。例如，《内罗毕宣言》（1982年）指出："许多环境问题是跨越国界的，在适当情况下应为了大家的利益，通过各国间的协商和协调一致的国际行为来加以解决。"[②]《21世纪议程》在序言中指出："人类处于历史的关键时刻。我们面对着国家之间和各国内部永存的悬殊现象，不断加剧的贫困、饥饿、病痛和文盲问题以及我们福祉所依赖的生态系统的持续恶化。然而，把环境和发展问题综合处理并提高对这些问题的注意，将会使基本需求得到满足、所有人的生活水平得到提高、生态系统受到更好的保护和管理，并带来一个更安全、更繁荣的未来。没有任何一个国家能单独实现这个目标，但只要我们共同努力，建立促进

---

① 周柯：《生态环境法论》，法律出版社2001年版。

② 金瑞林：《环境法学》，法律出版社2001年版。

可持续发展的全球伙伴关系，这个目标是可以实现的。"①

一些国际条约也已明确国际环境保护和可持续发展必须考虑全人类的环境利益和人类子孙后代的环境利益，甚至明确赋予全人类、人类后代而不仅仅是当代人对人类共同环境资源或继承人类共同遗产的环境权。例如1959年签订的《南极条约》，1969年联合国大会通过的《各国探测和利用外层空间活动的法律原则宣言》，1982年联合国大会通过的《联合国海洋公约》等等规定南极、月球或其他天体、公海是人类共同继承的财产，《人类环境宣言》强调："地球上的各种自然资源……应……为了当代人类及子孙后代的利益而加以保护"，"为这代和将来的世世代代保护和改善环境，已成为人类一个紧迫的目标"。

一些国家的国内法也明确规定环境保护和可持续发展必须考虑全球环境利益和子孙后代的环境利益，赋予子孙后代环境权，像《美国国家环境政策法》（1969年）、俄罗斯《联邦环境保护法》（1991年）、《伊朗伊斯兰共和国宪法》（1979年）等都用不同的方式承认人类包括后代人作为环境权的主体，享有良好生活环境的权利。

（三）人类作为环境权主体的必然性

专家认为，"随着第三代人权的兴起，国际法必当出现一个新的法律主体，即整体的人类本身"②。人类成为环境权主体更为实际的意义是为环境法律法规的制定提供合法性依据，通过法制来规范人们的生产和消费，促进社会的良性循环发展。人类是环境权的权利主体，相对应的义务主体是其他环境权主体。"国际条约越来越多地把人类作为国际法的正当的主体"③。但是，是否一定要赋予"全人类"权利主体地位依然存在争议。这个争议集中在两个问题上，一是"全人类"是否包括"后代人"？本书认为，后代人与当代人应该一起构成人类环境权的主体，当代人必须为后代人预留足够的满足其需要的份额，这是当代人对后代人应尽的义务。可能这样的权利义务规定不对等，但当代人与后

---

① 叶俊荣：《环境政策与法律》，中国政法大学出版社2003年版。

② Mohammed Bedjiaoui（ed）. Internet Law. A Chievement and Prospects ［M］. Martinus Ni-jhoff ublishers. 1991：13.

③ ［美］爱蒂丝·布朗·魏伊丝：《公平地对待人类未来：国际法、共同遗产与世代公平》，汪劲、于方、王鑫海译，法律出版社2000年版，第52页。

代人在享受环境的过程中有一个时间先后的问题，对于未来的环境状态是不确定的，因此，这个不确定的风险不应该由后代人单独承担，基于实质公平和风险分担的原则，当代人多承担义务也是合理的。二是现有国际社会条件下，难以形成一个表达全人类环境诉求的意志机构。现今确实还没有一个把人类整体作为一个社会存在的具体的制度实践，但生态环境保护的全球性，可持续发展的全球共识性，使得赋予"全人类"权利主体地位即使作为一种理念存在，其积极意义也是不容忽视的。

三　环境权与可持续发展权的关系解读

（一）可持续发展的含义

"可持续发展"，比较权威的定义是世界环境与发展委员会在其报告——《我们共同的未来》中提出的"既满足当代人的需要，而又不对后代人满足其需要的能力构成危害的发展"①。本书认为，单纯地只要求对后代人的"需要"不构成危害是远远不够的，这仅是一个差不多接近于底线的要求标准。当代人应该主动为后代人预留份额，以满足后代人的"需要"。为了实现满足后代"需要"的目的，就必须对当代人的"需要"加以限制。当代人与后代人在时空上是分离的，但在事实上却是紧密联系的，在自然法则中二者也是连续的。当代人的行为会影响到后代人，即便这种影响的范围和程度无法完整预知，但这种影响必然存在，因此，可持续发展不能单纯要求对后代人的需要不构成危害，还应该要求当代人积极改善环境，创设有利的生存条件。

自可持续发展的定义被正式提出以来，在实践中不断被总结升华，早已超出了最初的环境保护的范围，被赋予了更为具体的内涵。可持续发展的出发点和目的地是一致的，都是为了人类的生存和繁衍，实现当代人和后代人对环境代管的顺利交接。正如蔡守秋教授所言，"可持续发展是一种新的发展方式和发展模式，是崭新的发展哲学和发展理论"②。"可持续发展"这个概念较好地把保护环境与促进发展联系在一

---

① 世界环境与发展委员会：《我们共同的未来》，王之佳、柯金良等译，吉林人民出版社1997年版，第52页。

② 蔡守秋等：《可持续发展与环境资源法制建设》，中国法制出版社2003年版，第21页。

起。可持续发展不能单纯看"物"的增长业绩，而应该强调以"人"为中心，在协调经济、社会与环境三者的关系中充分实现人权①。这种协调性，并不是扩大生命权与健康权所形成的保护力就能达到的。作为独立权利的环境权解决的不是人类的"生存"问题，而是要解决人类如何"生活"的问题，是对如何提升全人类的生活品质提出的要求。本书从法学角度探讨可持续发展理论，分析可持续发展与环境权的一致性，并立足于我国实际，从对环境权的保障出发，探讨了可持续发展在我国的具体实施策略。

（二）环境权与可持续发展的一致性

环境权与生存权、发展权密切相关。发展中国家是全球环境问题的主要分布区和承担者，那里贫困问题、人口问题、污染问题（Poverty，Population，Pollution，即所谓 3P）往往交织在一起。一方面，穷人是环境问题的受害者，他们缺乏清洁的饮用水，每年有数以百万计的人特别是儿童死于与水污染有关的疾病；环境恶化不仅意味着饥饿和死亡的扩大，还是引发社会动乱、大批难民流离失所的祸根。另一方面，穷人又是环境破坏的制造者，贫困驱使穷人滥伐森林、过度垦牧、盲目开发矿产以谋生，"那里发展的迫切性比较大，而减少破坏性的副作用的能力却较小"。② 环境破坏又加剧了当地居民的贫困化，从而形成了"贫困—环境退化—贫困加剧"的恶性循环。因此，环境问题强烈关涉反贫困问题、发展问题。

摆脱贫困，就必须谋求发展，实现发展的权利。而实现发展权的条件，对一个国家来说，一是创造有利于发展的稳定的政治和社会环境；二是对本国的自然资源和财富享有主权，并负责地制定适合本国国情的发展政策；三是使全体人民和所有个人积极、自由和有意义地参与发展，不断改善全体人民和所有个人的福利。对国际社会而言，一是坚持主权平等、相互依赖、各国互利与合作的原则；二是在此基础上建立公正合理的国际政治经济新秩序，使发展中国家能平等、自由地参与国际

---

① 肖巍：《作为人权的环境权与可持续发展》，《哲学研究》2005 年第 11 期，第 9 页。

② 世界环境与发展委员会：《我们共同的未来》，王之佳、柯金良等译，吉林人民出版社 1997 年版，第 6 页。

事务，真正享有均等的发展机会；三是消除影响发展的各种国际性障碍。但是，某些国家仍然把它们的人权标准强加于人，或以此作为提供援助的附加条件，甚至借口人权干涉别国内政，无视发展中国家更为紧迫的生存和发展问题。

没有发展，既解决不了生存问题，也解决不了环境问题；但任何发展都要付出环境代价，环境代价过于沉重又必然导致发展的不可持续。在环境与发展之间，在实现环境权与实现发展权之间，"世界的领袖们现在面对这样一个现实，不是在摆脱贫困和阻止环境退化这两项任务中进行选择，因为除非在追求一个目标的同时追求另一个目标，否则两个目标就都无法实现"①。尽管事实上并不存在一种普遍适用的发展模式，但所有发展都应当是可持续的（sustainable）这种观念已经得到了最广泛的认同，它要求对发展必须有所限制，不能以造成环境严重破坏的方式来谋求发展。

可持续发展不是一个保护环境的权宜之计，而是经济、社会和生态相协调的发展，它要求在发展计划中充分考虑环境因素，充分考虑世代人们公平地享有发展成果和良好环境的权利；当代人不能为了满足自己的需求而牺牲后代人的权利，每一代人都有责任维护这种权利。当代人作为环境受益人享有环境权，同时又作为受托人负有为后代人保护环境的义务；后代人同样有权申论这样的主张（当代人其实也是前代人的后代），人类的环境权利就是应该这样传承下去。

在国际上，环境权目前还主要表现在"宣言"、"决议"等形式上，并没有法律约束力。"它的各项广泛而一致的准则得到了普遍的认可，但它的国际决策权力却十分有限——也就是一种促进型机制。"② 各国的环境立法情况很不相同，环境权的实际操作还存在不少争议，但是"一切人权的享有与环境问题紧密相连。首先不仅生命权和健康权，而且政治权利和公民权利以及其他社会、经济和文化权利，都只能在健康的环境中充分地享有"。当环境损害超过限度时，人们就无法享有这些

---

① ［美］莱斯特·R.布朗、克利斯托夫·弗莱夫、桑德拉·波斯特尔：《拯救地球——如何塑造一个在环境方面可持续发展的全球经济》，科学技术文献出版社1993年版，第7页。

② ［美］杰克·唐纳利：《普遍人权的理论与实践》，王浦劬等译，中国社会科学出版社2001年版，第251页。

权利：环境变得越糟，人权受到的损害越大，坚持可持续发展的理由，经济、科技和其他一切领域生态上的健康发展，对于保护环境及进一步促进人权是绝对必要的条件。①

近年来表述的发展概念，包括"人类发展"（human development）和"可持续发展"都与人权概念联系在一起。"环境问题无疑为人权问题增加了一个新的方面。首先，它再次表明所有人权是相互密切联系的；其次，人权问题实际上与人类社会的一切其他进程特别是从经济发展到科技进步的进程不可分割。人类社会进一步发展最可接受的模式是可持续的发展。""所有人权应以均衡的方式予以调整及享有，或以可持续的方式表述更好。……环境法及与其密切相连的辩证不可分的可持续发展法之迅速发展有助于国际法的发展，特别是有助于人权法的发展。"② 值得一提的是，可持续发展要求兼顾世代人们的环境权益，以体现代际的公平；但如果忽视造成环境危机的历史原因，忽视解决环境问题的现实前提，包括人口控制、社会公正、国际合作与全球治理，可持续发展也是无法实现的；代际公平归根结底还是要由当代人来代理，这就必须联系代内的公平，即一部分人的发展不应损害另一部分人的利益。如果相当一部分人连最起码的生存要求都无法满足，又怎么谈得上维护后代人满足其需要的能力呢？这就是为什么联合国 44/228 号决议（1989）动员各国采取果断而紧急的行动保护地球，指出全球环境不断恶化的主要原因是不可持续的生产方式和消费方式，特别是发达国家的生产方式和消费方式。发达国家过去向全球作了最大宗的环境"透支"，它们的发达已经牺牲了别国的环境权益，因此在帮助发展中国家实现环境权方面应该负有特殊的责任。③

无论富人（国）穷人（国）都拥有平等的发展权和环境受益权，目前则理应优先考虑穷人（国）发展的权利；而公平地分享发展成果之所以重要，不仅仅出于道义，同样对保护人类的环境事关重大。"一

---

① ［美］C. C. 威拉曼特里：《人权与科学技术发展》，知识出版社 1997 年版，第 229—230 页。

② 同上书，第 246—247 页。

③ 肖巍：《人权视野的可持续发展》，《上海师范大学学报》（哲学社会科学版）2007 年第 5 期。

个以贫穷为特点的世界将永远摆脱不了生态的和其他的灾难。为满足基本需求，不仅需要那些穷人占多数的国家的经济增长达到一个新的阶段，而且还要保证那些贫穷者能得到可持续发展所必需的自然资源的合理份额。"① 可持续发展的理念为环境与发展的统一提供了一个基本框架，这是对所有国家的要求，"不管是富国还是穷国，实现可持续发展需要改变每个国家的国内和国际政策"②。30 多年前，《人类环境宣言》指出，"为了这一代和将来的世世代代，保护和改善人类环境已经成为人类一个紧迫的目标，这个目标将同争取和平、全世界的经济与社会发展这两个既定的基本目标共同和协调地实现。"③ 10 多年前，《里约环境与发展宣言》再次强调，"为了公平地满足今世后代在发展与环境方面的需要，求取发展的权利必须实现"；"为了实现可持续的发展，环境保护工作应是发展进程的一个整体组成部分，不能脱离这一进程来考虑"；"为了缩短世界上大多数人生活水平上的差距，和更好地满足他们的需要，所有国家和所有人都应在根除贫穷这一基本任务上进行合作，这是实现可持续发展的一项不可少的条件"。④ 并要求在国际、国家两个级别上进行目标是可持续发展的改革。

但是，在里约会议以后的 10 多年时间里，全球环境问题有增无减，森林面积又减少了 2.2%；世界主要江河一半以上水流量大幅减少或被严重污染，全球 40% 的人口严重缺水；过度耕作使 23% 的耕地严重退化，土地荒漠化危及 100 多个国家 10 亿人的生计；有 1/4 的哺乳动物和 12% 的鸟类濒临灭绝。世界上至今仍有 12 亿人口每天仅靠不到 1 美元度日，8 亿多人营养不良，24 亿人缺乏基本的卫生设施。而仅占世界总人口 1/5 的发达国家，其收入占世界总收入的 60%，个人消费占85%，这些高收入人群消费了世界 58% 的能源、45% 的鱼肉和 84% 的纸张。人类现在对地球资源的使用已超出了其承载能力的四分之一。扭

---

① 世界环境与发展委员会：《我们共同的未来》，吉林人民出版社 1999 年版，第 10—11 页。

② 同上书，第 48 页。

③ 《联合国环境与可持续发展系列大会重要文件选编》，中国环境科学出版社 2004 年版，第 128 页。

④ 同上书，第 123—124 页。

转世界环境恶化，促进人类发展的努力之所以总体上成效不大，主要原因是缺少政治意愿，环保资源太少，缺乏协调行动，生产和消费方式严重浪费。人们在金融、投资和技术等方面的政策只考虑短期利益，却很少与可持续发展的要求协调一致。① 2002 年，在南非约翰内斯堡召开的可持续发展世界首脑会议（WSSD）通过了《约翰内斯堡可持续发展宣言》和《可持续发展世界首脑会议实施计划》，提出"承担起一项共同的责任，即在地方、国家、区域和全球各级促进和加强经济发展、社会发展和环境保护这三个既相互依存又相互加强的可持续发展支柱"。② 这次首脑会议制定了更加明确的目标，在多数项目上确定了行动时间表，特别是要求化计划为行动，把可持续发展与消除贫困结合起来解决环境问题。至于如何评价这些旨在增进基本人权的工作落实情况，我们还须拭目以待。

（三）加强环境权保障，实现可持续发展

目前，中国经济遭遇"可持续发展能力低"的挑战。资源匮乏和生态恶化成为制约中国经济可持续发展最大的"硬约束"。可持续发展是指既满足现代人的需求又不损害后代人满足需求的能力。可持续发展思想的产生，最主要的就是生态环境和资源满足不了传统经济发展的需要。因此，可持续发展思想的核心内容之一，就是要获取公民的环境权，建立以环境权利为基础的可持续发展经济体制，实现生态环境与社会经济的协调发展。在中国可持续发展能力提高的同时，需要从以下 3 方面加强环境权，实现可持续发展。

第一，规设"公民基本环境权"

由于我国宪法缺乏将环境权作为基本权利的确认，环境保护基本法对公民环境权在立法上规定不具体，使得公民环境权的行使不够灵活，呈现一种纲领性模糊化的规定、抽象性的权利预设。因此，"公民环境权"在我国环境保护法律体系中始终处于一种"理论界摇旗呐喊，立法实务界充耳不闻"的状态。要使公民环境权成为一项公民真正享有

---

① 安南发表《21 世纪议程》执行报告：《世界环境状况堪忧》，《人民日报》2002 年 1 月 30 日。

② 《联合国环境与可持续发展系列大会重要文件选编》，中国环境科学出版社 2004 年版，第 1 页。

的实体权利,健全我国公民环境权,将公民环境权作为一项具有人权属性的基本权利来认识。立法者应当在环境法律创设上进一步体现以人为本理念,强化对公民环境权的法制保障,进一步具体公民环境权的实体内容。

一是逐步推进环境权入宪。在逐步推进环境权入宪的同时,还应当通过民事基本法将公民环境权作为一种基本民事权利予以确认,并对其内涵和外延进行具体的界定,使其与公民的生命权、健康权、人格权一样,在民事权利体系中有自己的一席之地,获得民事法的恰当护佑。

二是以法律的形式明确界定公民享有的权利。包括宁静权、日照权、眺望权、通风权、清洁水权、清洁空气权、环境美感享受及环境资源权、环境使用权、环境处理权等一系列在良好、适宜、健康环境中生活的权利。

三是建立健全环境知情权与公众参与的结合制度。保障公民的环境知情权、环境参与权和环境监督权,使公民对环境行政的参与渠道不断拓宽。

四是完善公民环境知情权的各个要素。在做出重大决策时,应当十分注重环境权在政策中的良好体现,尽量协调生态环境与社会经济效益的相互关系。

五是建立健全环境权的司法救济。从立法上和制度上保障环境侵权的救济制度,构建公民环境权的"双轨"保护机制。

第二,健全和完善"传统环境权利"

从实践的角度考虑,环境资产权利在现实操作中也有一定的困难。由于环境是全人类的共同财产,而不是属于某个公民的具体财产,依据传统的民法观念,我国公民无权对与自己无关的财产权利提出诉求。所以当公民环境权受到侵害时无法行使诉讼请求权,即公民无法根据民事法律来保护自己的环境权,民事实体法缺乏对公民环境权具体内容的明确规定,致使保护界限不清、力度不足,造成了公民在行使环境权时的法制尴尬。

但从环境概念的含义出发,对占据某一环境空间的主体而言,在一定程度上环境就是一种资源,是主体生存与发展要素的直接来源,开发利用环境是长期以来主体所拥有的传统权利。在现代市场经济体制中，一些主体更是通过向其他社会成员提供某种排他性的环境服务方式，将环境资本化运营，使环境成为一种资产。而且，人类社会史表明，一旦把属于环境一部分的土地作为生产手段而私有化，土地本身及其附属的地表流水、地下资源、地上的森林及空间（包括大气）就会根据其归属或被占有企业或个人的私有利益而被任意利用。在私有制下，环境作为财产可以进行买卖，或者付给地租——使用权费后，就能够自由使用。在这样的社会制度下，私营企业或个人对环境的改造及破坏就被视为依据财产权而行使经营权或生活权。因此，在当前环境问题研究中，表现为环境要素占有的环境产权需求已逐渐成为产权研究与制度建设中一个不可回避的热点问题。

目前，一些国家环境政策也表明，作为废弃物容纳场所使用的环境的产权是可以建立的。确定这样的产权可以由私人商定，或者由政府调整市场经济的制度框架进行。当前，已确定的一个方式是采用可转让的污染物质排放税，即排污费。可以说，在环境领域，有关污染物的排放方面已逐步建立了产权体系。因此，健全和完善"传统环境权利"并不是完全不可行的途径。

第三，保护"生态世界的自然环境"

与基本环境权利相反，"生态世界的自然的权利"主体是"自然环境、野生生物"而并非"人类"。生态世界既是经济活动的载体，又是生产要素，建设和保护生态环境也是发展生产力。长期以来，人们认识到片面追求经济增长必然导致生态环境的崩溃，单纯追求生态目标也处理不了社会经济发展的诸多问题，只有确保"自然—经济—社会"复合系统持续、稳定、健康运作，方有可能同时实现这两个目标，从而实现人类社会的可持续发展。因此不论"非人类生物"是环境权的主体还是客体，我们都必须维护用以维持生存与发展的生态世界的"主体—客体"关系。力求经济社会发展与生态建设和保护在发展中动态平衡，实现人与自然和谐的可持续发展。

总之，我们要从以公共权力为主转向以公民权利为主，赋予公民环境权，把环境权作为基本人权和环境资源产权，建立以环境权利为基础的可持续发展经济体制，实现生态环境与社会经济的协调持续发展。

本章小结

从环境权概念的产生和发展来看，它反映了人类认识的不断深化。环境权是人类在对人与自然的关系全面反省之后对自身正确定位的产物，它反映了人类对人与自然的关系从无知到盲目自信最后达到正确认知。从环境权保护的范围来看，它是一种更为崇高的权利意识，是人类的进一步觉醒。"环境权"理论的发展，充分说明人类已开始超越狭隘的人类中心主义，向生态整体主义过渡。作为一项新型的基本权利，环境权已为世界许多国家所接受和认可。因此，随着公民环境意识的不断觉醒，环境权的立法确立就越发显得重要起来；尤其是在我国，随着环境破坏的日益严重以及我国公民环境意识不断加深，在宪法以及环境保护法中确立环境权制度显得尤为重要，这不仅是完善法制、加强环境保护的需要，更是可持续发展的重要保障。本章从环境权的产生和发展入手，阐释了环境权的一般概念，明确了环境权的法律定位，论证了环境权的内容，即环境权既是一项实体性权利，又是一项程序性权利。最后通过分析中外学者关于环境权研究，解读了环境权与人权、人类权和可持续发展权的关系。

第三章　循环经济"三维八度"解读

自工业革命以来，"大量生产、大量消费、大量废弃"的线性发展模式不断挑战自然生态有限承载能力，这种线性发展模式的不可持续性内在需要符合可持续发展要求的循环经济发展模式的出现。从美国循环经济实践、德国循环经济立法到日本循环型社会建设，循环经济的实践发展经历了一个从经济领域的循环运行到整个社会系统的循环型建设的探索过程。循环型社会是人与自然和谐共存的社会形态，是完全符合可持续发展主体要求的发展模式。循环型社会是实现可持续发展的有效路径，是人类摆脱当前所面临的资源环境困境的唯一选择。

第一节　循环经济基础理论

自然环境的有限性、非增长性和不可替代性决定了人类社会的发展必然受到自然生态系统有限承载能力的制约。为实现经济社会的可持续发展，人类必须按照自然生态系统的运行规律安排自己的生产生活，根据自然资源有限赋存和环境有限承载能力开展各种活动，从而与自然界的各种物质运动协调起来。然而，工业革命以来，在不科学的发展理念的指导下，各国忽视生态环境的要求和限度，大规模、掠夺式的开发利用环境能量和资源储备，导致环境污染、资源匮乏、生态破坏等问题日益严重。自然生态系统与人类社会系统之间的矛盾与冲突不断加剧。一方面，人类经济活动范围不断扩大，对自然资源的需求迅速增加，已超过了自然资源再生能力，使得人类经济活动需求的无限扩大与生态系统负荷过重而供给能力相对缩小之间的矛盾日益尖锐与不断加深；另一方面，社会生产生活排放废弃物数量迅速增长，实际上已经超过了生态系统的净化能力，使得排污量迅速增长与生态系统净化能力及环境承载力下降的矛盾日益尖锐与不断加深。20 世纪中叶以后，随着社会工业的快速发展，人类赖以生存的生态环境遭到破坏和自然资源的高度消耗等问题使得人们不得不对现有的经济生产方式进行思考和改变，于是循环经济的发展模式走入人们的视野内。

一　循环经济的产生与发展

目前学术界公认的早期的循环经济萌芽出现在 20 世纪 60—70 年代环境保护思潮兴起的时代。美国经济学家鲍尔丁（Kenneth E. Boulding）的——宇宙飞船理论指出，我们的地球只是茫茫太空中一艘宇宙飞船，需要靠不断消耗自身有限的资源而生存，人口和经济的无序增长迟早会使船内有限的资源耗尽，而生产和消费过程中排出的废料将使飞船污染，毒害船内的乘客，此时飞船会坠落，社会随之崩溃。惟一使之延长寿命的方法就是实现宇宙飞船内的资源循环，将分解出的尚存营养成分的物质再利用，尽可能少地排出废物。同样的，地球虽然拥有更丰富的资源，也会因资源的全部消耗而面临毁灭。因此，必须改变原始的经济增长方式，要从"消耗型"改为"生态型"；从"开环式"转为"闭环式"，实现对资源循环利用的循环经济，地球才能得以长存。

1968 年 4 月，意大利的"罗马俱乐部"提出了人类经济增长的极限问题。《增长的极限》第一次提出了地球的极限和人类社会发展的极限的观点，对人类社会不断追求增长的发展模式提出了质疑和警告。当时正是世界经济特别是西方社会经历了"第二次世界大战"以来经济增长的黄金时期而达到新一轮增长的顶峰，也正处于"石油危机"的前夜。《增长的极限》一书的问世正是对人类行为的警告。然而，随之而来的更多是各种批判和质疑，经济学家们更是对此大加鞭挞。即便是石油危机的爆发和随后西方世界经济增长的放缓，当时仍然没有引起经济学界对于《增长的极限》一书的重视。彼时，经济学家们更愿意根据其主流经济学的逻辑做出解释。虽然，作者们只是指出人类社会发展可能会达到这样一种极限状态，但是，他们对达到极限和增长终结的时间根据数据做出了估计，假如，人们当时能够对增长的极限观点给予更多的重视，也许发展到今天的资源和环境问题不会这么严重。

20 世纪 70 年代，康芒纳（Commoner）《封闭的循环》把人类对循环经济的认识引向深入。康芒纳强调运用生态学思想来指导经济和政治事务，摒弃现代社会的线性生产过程，而主张无废物的再生循环生产方式；强调追求适度消费而不是过度消费，要求人们"以俭朴的方式达到富裕的目的"，这种富裕不是纯粹物质生活的富裕，更重要的是精神生活的高度充实①。但是，在 20 世纪 60、70 年代，循环经济的思想更多地还是先行者们一种超前理念，并未得到世人积极的响应。

世界经济的发展在 20 世纪 70 年代之后放慢了脚步。一些令人担忧的危险征兆，例如粮食短缺、气候变暖、臭氧层被破坏等，开始出现。受这些因素的影响，1992 年在巴西里约热内卢召开第一次全球环境与发展峰会，通过了《里约宣言》和《21 世纪议程》，正式提出走可持续发展之道路。循环经济主张采取"低开采、低消耗、低排放、高效率、高利用"经济发展模式，主张把经济活动组成一个"资源投入—产品生产和消费—再生资源"的反馈式的高级物质循环型的发展模式，以实现人与自然的和谐，它符合可持续发展的理念，是最终实现可持续发展的必要道路。

作为一种新型的经济发展模式和经济理论范式，循环经济强调生态中心主义，体现出人类社会与自然环境之间关系的演化。循环经济是对传统的发展理念、经济模式和经济学基础的严峻挑战。因此，对循环经济的理论也是百家之言，各有特色。

二　循环经济的概念及内涵

对于循环经济（Recycle Economy）的概念及内涵，目前学术界尚未有统一的认识，归纳起来大致有三种观点。

一是从人与自然的关系角度界定循环经济，主张人类的经济活动要遵从自然生态规律，维持生态平衡。从这一角度出发，循环经济的本质被规定为尽可能地少用和循环利用资源。持这一观点的学者主要有诸大建、吴季松等。诸大建教授认为循环经济一词是对物质闭环流动型

① ［美］巴里·康芒纳（Barry Commoner）：《封闭的循环：自然人和技术》，吉林人民出版社 1997 年版。

（Closing Materials Cycle）经济的简称，是针对工业化运行以来以高开采、低利用、高排放（简称两高一低）为特征的线性经济而言的。它要求把经济活动组织成为"自然资源—产品和用品—再生资源"的反馈式流程，所有的原料和能源都能在这个不断进行的经济循环中得到最合理的利用，从而将经济活动对自然环境的影响控制在尽可能小的程度。吴季松认为，循环经济就是在人、自然资源和科学技术的大系统内，在资源投入、企业生产、产品消费及其废弃的全过程中，不断提高资源利用效率，把传统的、依靠资源净消耗线性增加发展的经济转变为依靠生态与资源循环来发展的经济。

二是认为循环经济是一种新的经济形态。解振华将循环经济看作一种新的生产方式，认为它是在生态环境成为经济增长制约要素、良好的生态环境成为一种公共财富阶段的一种新的技术经济范式，是建立在人类生存条件和福利平等基础上的以全体社会成员生活福利最大化为目标的一种新的经济形态。① 这类观点特别强调"资源消费—产品—再生资源"的闭环型物质流动模式，资源消耗的减量化、再利用和资源再生化都仅仅是其技术经济范式的表征，其本质是对人类生产关系进行调整，其目标是追求可持续发展。如曲格平认为，所谓循环经济，本质上是一种生态经济，它要求运用生态学规律来指导人类社会的经济活动，也就是在人类的生产活动过程中，控制废弃物的产生，建立起反复利用自然的循环机制，把人类的生产活动纳入自然循环中去，维护自然生态平衡。② 曹凤中认为，循环经济就是把清洁生产和废弃物的综合利用融为一体的经济，它要求运用生态学的规律来指导人类的经济活动，按照自然生态系统物质循环和能量流动规律重构经济系统，使经济系统和谐地纳入自然生态系统的物质循环过程中，建立起一种新形态的经济。③ 张坤认为，循环经济的核心是以物质闭环流动为特征，运用生态学规律把经济活动重构、组成一个"资源—产品—再生资源"的反馈式流程和"低开采—高利用—低排放"的循环利用模式，使得经济系统和谐

---

① 解振华：《大力发展循环经济》，《求是》2003 年第 13 期。

② 曲格平：《发展循环经济是 21 世纪的大趋势》，《机电产品开发与创新》2001 年第 6 期。

③ 曹凤中等：《循环经济本质的探讨》，《黑龙江环境通报》2008 年第 3 期。

地纳入自然生态系统的物质循环过程中，最大限度地提高资源与能源利用率，从而实现经济活动的生态化，达到消除环境污染、提高经济发展质量的目的。[①] 日本学者加藤三郎认为，循环型社会是为确保社会的持续性，在有限的地球上，使伴随人类进行一切活动时所消费的物质和能量资源得以反复，或是在以各种各样的形式利用这些资源的同时，具有使废弃物达到最少化的意志和能力（体系）的社会。[②]

三是从生产的技术范式角度定义循环经济，主张清洁生产和环境保护，使生产过程的技术范式从"资源消费—产品—废物排放"的开放（或称为单程）型物质流动模式转向"资源消费—产品—再生资源"的闭环型物质流动模式。其技术特征表现为资源的再利用、再循环和再生化，其核心是减少废弃物和废弃物的资源化。这类观点认为循环经济是一种新经济形态，但它们所说的经济形态实际上是技术层面上的物质循环模式，而没有涉及生产关系和生产要素问题。如朱坦认为，所谓循环经济就是节约资源、有效利用资源，全社会通力合作，充分利用先进技术，将在生活、消费和生产过程中产生的废物，变废为宝，杜绝以往将废物随意排放、堆放、污染环境的现象，以最小资源追求最大的生态效益和经济效益，从而保护我们人类赖以生存的环境[③]。王成新等人认为，循环经济是在经济发展中，遵循生态学规律，将清洁生产、资源综合利用、生态设计和可持续消费等融为一体，实现废物减量化、资源化和无害化，使经济系统和自然生态系统的物质和谐循环，维护自然生态平衡[④]。余德辉认为，循环经济是对物质闭环流动型经济的简称，是以物质、能量梯次和闭路循环使用为特征的，在环境方面表现为污染低排放，甚至污染零排放。循环经济把清洁生产、资源综合利用、生态设计和可持续消费等融为一体，运用生态规律来指导人类社会的经济活动，其本质是生态经济，其根本之源在于保护日益稀缺的环境资源，提高环

① 张坤：《循环经济理论与实践》，中国环境科学出版社 2003 年版，第 15—17 页。
② ［日］加藤三郎：《循环社会创造之条件》，日刊工业新闻社 1998 年版，第 13 页。
③ 朱坦：《津沽环保专家谈循环经济》，《天津日报》2003 年 6 月 8 日。
④ 王成新、李昌峰：《循环经济：全面建设小康社会的时代抉择》，《理论学刊》2003 年第 1 期。

境资源的配置效率。① 马凯认为，循环经济是一种以资源的高效利用和循环利用为核心，以减量化、再利用、资源化为原则，以低消耗、低排放、高效率为基本特征，符合可持续发展理念的经济增长模式，是对大量生产、大量消耗、大量废弃的传统增长模式的根本变革②。

虽然，不同学者有着自己不同的表述和理解，但不同观点的共同点都是基于对可持续发展的理解，探讨解决社会、经济与人口、资源、环境之间冲突矛盾的途径。并且都是通过借助生态学的观点理解循环经济，强调循环经济的整体性、系统性、联系性，其目的在于通过生态系统的物质能量的闭路循环，利用自然资源及环境容量，实现人与环境的和谐统一，使能源、资源能够得到高效合理的开发与利用，减少废物排放，确保子孙后代发展的资源基础和空间，实现经济活动生态化转变。反映在我国立法上，我国《循环经济促进法》第2条规定："本法所称循环经济，是指在生产、流通和消费等过程中进行的减量化、再利用、资源化活动的总称。"减量化，是指在生产、流通和消费等过程中减少资源消耗和废物产生。再利用，是指将废物直接作为产品或者经修复、翻新、再制造后继续作为产品使用，或者将废物的全部或者部分作为其他产品的部件予以使用。资源化，是指将废物直接作为原料进行利用或者对废物进行再生利用。发展循环经济应当在技术可行、经济合理和有利于节约资源、保护环境的前提下，按照减量化优先的原则实施。在废物再利用和资源化过程中，应当保障生产安全，保证产品质量符合国家规定的标准，并防止产生再次污染。

综上所述，循环经济和传统线性经济体现了两种不同的思维模式和活动方式，有着本质的区别：传统经济是一种由"资源—产品—消费—污染排放"的单向式流程组成的经济，它的特征是高开采、高投入、高排放、低利用的"三高一低"模式，在这种线性经济模式中，人们通过生产和消费把地球上的物质和能源大量地提取出来，然后又把污染物和废弃物大量地排放到空气、水系、土壤、植被等这类被当作地球

---

① 王金南、余德辉：《发展循环经济是21世纪环境保护的战略选择》，《经济研究参考》2002年第6期。

② 马凯：《贯彻落实科学发展观大力推进循环经济发展》，《宏观经济管理》2004年第10期。

"阴沟洞"或"垃圾箱"的地方，不断地加重地球环境的负荷，来实现经济的增长，对资源的利用也是粗放的和一次性的，通过把资源持续不断地变成废物来实现经济的数量型增长。从根本上说，当前的人口爆炸、资源短缺、环境恶化等三大危机，正是人类自己制造的这种线性经济的必然后果。而循环经济则是一种与自然、环境和谐发展的经济模式，一种善待地球的可持续发展新模式，它充分考虑了自然界的承载能力和净化能力，模拟自然生态系统中"生产者—消费者—分解者"的循环途径和食物链网，将经济活动组织成为"资源—产品—消费—再生资源"的物质反复循环的闭环式流程，所有的原料和能源都在这个不断进行的经济循环中得到最合理和持久的利用，从而将人类活动对自然环境的负面影响控制在尽可能小的程度，逐步从根本上消解长期以来环境与发展之间的尖锐冲突，其特征是低开采、低投入、低排放、高利用的"三低一高"模式。

因此，本书认为，循环经济就是以"减量化、再利用、再循环"为原则的一种可持续的经济发展模式，它是与线性经济相对的以"资源—产品—再生资源"的循环流动经济，目标是在资源利用中做到高效、节约、循环，使得资源在最大的范围内得到有效利用，利用过程中产生的废弃物得到循环使用，生态环境的破坏减少到最低，最终使得人类和资源、环境和谐持续发展。循环经济的本质是一种生态经济，要求运用生态学规律（物物相关规律，能量守恒定律，环境承载能力有限规律等）来指导社会的经济活动，将清洁生产、资源综合利用、生态设计和绿色消费等融合在一起，实现废物的减量化、再利用和再循环，追求人与环境的和谐发展，经济的可持续发展。

三 循环经济的特点

循环经济的本质是一种生态经济，是按照生态学的规律，将清洁生产、资源综合利用、生态设计和可持续消费等结合在一起，实现废弃物减量化、循环再利用，达到经济效益、社会效益和环境效益的统一。作为一种现代化的经济发展模式，循环经济具有如下特点：

1. 符合生态规律的经济模式

循环经济的发展理念，是以生态学规律（物物相关规律，能量守恒定律，环境承载能力有限规律等）为指导的可持续的发展观，它要求发展经济与保护环境同等重要，经济的发展要以不破坏环境为前提，把经济效益和环境效益统一起来，使得资源得到充分利用，来突破经济发展中的资源约束问题和环境污染问题。

2. 提高资源的配置效率的经济模式

循环经济与传统的生产方式最大的不同在于：传统生产方式是一种"资源——产品——污染排放"单向流动的线性增长模式，在这种模式下，资源被疯狂的开采利用，大量的废物任意排放，环境污染严重，长期以这种模式发展下去，资源终究被耗竭，环境也影响人类的生存，经济发展自然不能有效增长。而循环经济是一种与传统生产方式截然不同的生产方式，它强调在生产时以"资源——产品——再生资源"的闭环反馈模式，注重资源的高效利用、清洁生产和产品的循环再利用，来实现资源利用的最大化和环境污染的最小化，从而使人类得到可持续发展。

3. 以产业发展的集群化和生态化为原则的经济模式

循环经济的发展，要求产业发展要以集群化和生态化为原则，按照生态学的生物链中的"生产者、消费者、分解者"的角色，分别把不同的企业集中在一起形成产业生态园区，在这个园区内，形成类似于生物界中的食物链的不同的工业链，通过这些链条中的企业物质的相互利用，企业的资源和能量多级利用、高效利用，使得污染物达到零排放，资源和能量充分利用，从而做到源头的污染减少，资源、环境协调循环。

4. 消费方式可持续化的经济模式

在发展循环经济时，要求公众积极地参与其中，以绿色消费的观念进行生活消费，绿色消费即适度消费、可持续消费，选择有利于公众健康的绿色产品，减少一次性消费，使用二手用品，注意消费后对垃圾的科学处理，形成可持续消费的观念。同时，在消费时，要做到物尽其用，使产品的使用期限最大化。

四 循环经济的理论基础

循环经济的产生与发展必然有其相关领域的科学理论基础。本节从生态学、工业生态理论和经济学等几个方面分析循环经济对这些学科的借鉴。

（一）生态学相关理论

生态学是研究自然界结构和功能的科学。这里把人类也当成自然界的组分之一。生态学是研究生命系统与环境系统之间相互作用的规律及其机理的自然科学①。为了深入分析人类与环境相互关系，英国生态学家斯坦利又提出了生态系统的概念，他认为：生态系统是一个的"系统的"整体。这个系统不仅包括有机复合体，而且包括形成环境的整个物理因子复合体。这种系统是地球表面上自然界的基本单位，它们有各种大小和种类②。斯坦利对生态系统的组成进行了深入的考察。

生态学一个最基本的原理是循环再生原理。该原理认为：自然生态系统的结构和功能是对称的，它具有完整的生产者、消费者、分解者结构，可以自我完成"生产——消费——分解——再生产"为特征的物质循环和能量信息流动。一个健康的自然生态系统，能通过系统自身的有效调控实现生态圈的良好发展。循环经济系统内的资源、环境、人口、社会和经济等要素之间存在着普遍的共生关系，形成一个人与自然相互依存、共荣共生的复合生态系统。因此，从可持续发展的角度看，要求循环经济的发展遵循生态系统的循环再生原则、生态阈限法则的前提下，重新耦合生态复合系统的循环再生结构，以实现资源、环境与社会经济协调共生的功能，保持生态系统的稳定和高效性，实现系统发展的可持续性。

（二）工业生态学相关理论

工业生态学又称产业生态学，是在生态学和系统论基础上，研究社会生产活动中自然资源全代谢过程、组织管理体制以及生产、消费、调控行为的动力学机制、控制论方法及其与生命支持系统相互关系的系统科学。在传统的、一般的开放系统中，物质资源经过一系列的过程最终结果是变成废物垃圾，这些废物垃圾成为污染环境的罪魁祸首。而工业生态学所研究的就是通过人工过程对开放系统的运作机制进行干预和改变，把开放系统变成循环的封闭系统，使废物转为新的资源并返回到新

---

① 张扬等：《循环经济概论》，湖南人民出版社 2005 年版。
② ［美］唐纳德：《人类生态学》，郭凡、邹和译，文物出版社 2002 年版。

一轮的系统运行过程中①。

工业生态学在微观、中观和宏观上的理论工具，如生命周期评价（LCA）、面向环境的设计（DFE）、资源分析、代谢分析、产业共生分析、食物网分析等，为循环经济在企业层面开展清洁生产、工业园区的工业生态园建设、区域层面以及区域间的发展提供了大量的可以操作的分析和应用工具。工业生态学关于工业生态园区的理论，甚至可以直接地被移植到循环理论和实践中。

生态工业园（EIP）的建设和完善是工业生态学在实践上的最重要部分。生态工业园也称工业生态群落，是一个包含自然、工业和社会的地域综合体，是以工业生态学理论为依据设计而成的一种新型工业组织形式，是一种实现资源、环境、经济、文化和社会和谐共生的有效途径。园区内的各个企业通过交换副产品和能源梯级利用，可以降低原材料和能源的消耗，减少废弃物排放，从而有利于保护资源和环境，实现园区在经济、社会和环境的全面协调可持续发展。

从循环论的观点来看，当今社会所遭遇资源危困和环境恶化等问题的根源，是产品生产系统中物质循环不通畅，导致资源利用率低下，废弃物大量排放的结果。由于产品代谢、资源流转在时空尺度上的阻滞、资源利用的低效，系统耦合在结构上失谐、功能上错位，社会行为在经济与生态关系上的失调和冲突，导致了产品系统带来环境污染和生态破坏。显然，生态工业园区能在其区域范围内解决资源流转阻滞和能源低效利用问题，从而实现在生产环节的资源高效利用和废弃物低排放目标。

（三）经济学相关理论

循环经济作为一种经济运行形式，"经济"是其重要的组成部分，经济学中的很多理论构成了循环经济的理论基础，并且为循环经济研究提供重要的分析工具。

第一，资源环境经济学

传统经济学忽略产品在生产和消费过程中产生的废弃物对生态环境产生的负面影响，产品的成本构成中只考虑了劳动、资本等直接成本，

---

① 王兆华、尹建华、武春友：《生态工业园中的生态产业链结构模型研究》，《中国软科学》2003 年第 10 期。

而不包括自然资源的成本及其对环境的影响。为了弥补传统经济学的缺陷，资源经济学和环境经济学将资源成本和环境影响纳入研究范畴。

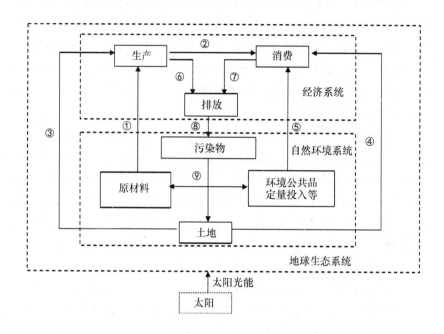

图 3-1 资源、环境与经济复合系统模型①

现代资源经济学和环境经济学将资源子系统、环境子系统与经济子系统结合起来，建立了资源、环境与经济复合系统。如鲁传一就在其所著的《资源与环境经济学》中，构建了资源、环境与经济复合系统模型，如上图所示，自然环境系统不仅仅为人类提供了赖以生存和发展的空气、水和风景等公共消费品，还提供了经济生产所需的原材料、能源等自然资源，同时，还为废弃物排放提供了环境容量。

在这个复合系统中，环境系统为人类经济系统提供原材料和能源，而经济系统则向环境排放废弃物或污染。在人类经济子系统中，物质流动不再是线性的，在子系统内部可以重复使用；废弃物的处理可以在子系统内自我调节，而且这种自我调节不是简单的减少物质存量，而是改

---

① 鲁传一：《资源与环境经济学》，清华大学出版社 2004 年版。

变物质存在形式和功能的资源化利用。这个系统考虑了环境成本，把环境成本纳入生产成本，成为决策的重要参数。

长期以来，人们一直认为自然资源和环境是大自然的馈赠，没有价值，可以任意开发利用。在市场经济的条件下，价格是调控市场需求和供给的唯一机制，使得"没有价值"的资源和环境不能参与市场调控。这就造成了人们对资源和环境真实"价值"的忽略，导致过度消费资源、环境不断恶化。这显然是传统经济发展方式的弊端，也正是循环经济发展所解决的问题。

资源环境经济学以现代经济学为基础，力图在现代经济学的框架体系中进一步解决资源和环境的成本和价格问题，如让经济主体来支付资源税、排污费和碳税等额外的成本，以期降低产品产量，进而降低资源消耗、减少污染排放，但是在经济发展模式的本质上并没有改变"先污染，后治理"传统方式。因此，资源环境经济学只是在一定程度上为循环经济研究奠定了重要理论基础。

第二，生态经济学

生态经济学是由美国经济学家肯尼斯·鲍尔丁（Kenneth E. Boulding）在 20 世纪 60 年代中期最先提出的，生态经济学的本质特征是最大限度地节约资源和保护环境，这与循环经济的目标在本质上具有一致性。1976 年日本坂本藤良所著的《生态经济学》成为世界上第一部较为系统的生态经济专著。

50 多年过去了，经过各国学者的不断完善，生态经济学已经成为现代经济学的重要分支，把经济系统与生态系统之间的物质和能量循环、信息交流与价值增值等问题作为重点研究领域。

生态经济学把生态系统和经济系统看作是一个复合系统，重点研究生态环境和经济活动的相互作用机理，为环境保护、资源管理和经济可持续发展提供理论指导和分析工具。它既为宏观战略选择提供理论基础，又为微观的生产、管理和消费等行为提供指导。

赫尔曼·E. 戴利在其所著的《超越增长：可持续发展的经济学》①中详尽分析了生态系统与经济系统的关系，认为两者是一种母系统与子

---

① 赫尔曼·E. 戴利：《超越增长：可持续发展的经济学》（Beyond Growth：The Economics of Sustainable Development），诸大建、胡圣译，上海译文出版社 2006 年版。

系统的关系。戴利指出，在传统经济学中，经济系统被视为一个孤立的系统，没有考虑与周围的环境物质和能量交换，在这个孤立的系统中，流动的是"一种从交换物的物理维度和交换的基本要素中抽象出来的交换价值"，没有任何东西是来自和依靠周围环境的，自然也就不会有资源耗竭和环境污染等问题了。戴利批判到，传统经济学的缺陷就在于忽略了自然资源耗费和环境污染等问题，关注的主要是增长理论。

社会经济系统与自然生态系统一样，也存在物质生产者、消费者和分解者。但两者不同的是，社会经济系统是一个开放的复合系统，与外界存在大量的物质交换和能量循环。然而，现行的社会经济系统分解者的功能并不健全，与生产者、消费者的功能不相匹配，造成资源利用率低下，废弃物无法转变成可利用的再生资源，污染也无法消解。因此要对分解者进行结构改造以提高其功能。

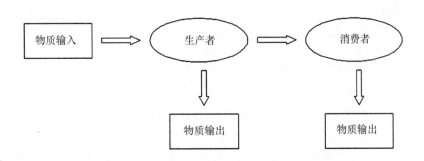

图 3 - 2　现行社会经济系统的运行模式①

理想的社会经济生态系统应该是一个半开放系统，与外界只有能量交换。在这个系统中，分解者与生产者和消费者相互匹配，完成物质循环、能量流动和信息交流的功能（见下图）。这一模式是循环经济运行模式的理想形态，在这个理想形态下，也能实现循环经济的相应目标。

这两种运行模式的区别主要在于物质和能源的利用方式。在现实经济中，究竟是采用哪种物质和能源利用方式，取决于各种物质、能源及

①　卢红兵：《循环经济与低碳经济协调发展研究》，博士学位论文，中共中央党校，2007 年。

其服务的实际相对市场价格。市场价值是人类经济社会中物质流和能量流的实际驱动力量。因此，为了能够由现行不可持续的运行模式向循环经济运行模式转变，确保循环经济运行模式得以在当前的市场经济条件下实现，就必须采取各种政策工具或技术创新手段，使系统内分解者所产生的物质输入的价格不高于由系统外自然界物质直接输入的价格，这样，分解者产生的再生物质就比系统外投入的原生物质更具成本优势，分解者产生的再生物质就能充分地进入再生产过程，从而使物质循环在经济上得到有效实现。

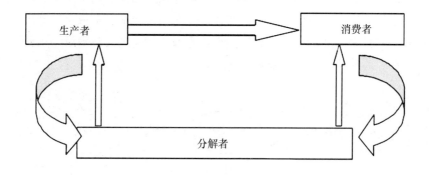

图 3 - 3　循环经济的运行模式①

第二节　循环经济"三维八度"解读

一　循环经济的过程维度

循环经济并不简单地等同于废物资源化，在经济流程中提高资源利用率或者产出率是其根本目标，而废物再生利用则只是减少废物处理量的一种方式，它是按照"减量化（Reduce）、再利用（Reuse）、再循环（Recyle）"（即"3R"）这样一个运行过程来发挥作用的，这就是循环经济的过程维度。这一过程维度与人们在环境与发展问题上所历经的三个认识和实践过程完全吻合：首先，随着资源危困和环境污染的加剧，

---

① 卢红兵：《循环经济与低碳经济协调发展研究》，博士学位论文，中共中央党校，2007 年。

人们抛弃了以资源大量消耗和环境破坏为代价来追求经济增长的理念，要求采用末端治理方式来使废物净化；随后，由于环境污染和资源浪费本质上具有一致性，净化废物的目标就上升到废物资源化利用；最后，因为废物的利用会增加产品的生产成本，而环境与发展协调的最终目标应该是实现从末端治理到源头控制。人们在人类经济活动中所采用的思维模式不同会导致不同的资源利用方式：第一种是线性经济和末端治理相结合的传统使用方式；第二种是仅仅通过简单的资源化手段实现资源更为充分利用的资源恢复方式；第三种则是遵循全部 3R 原则且强调实现低排放甚至零排放目标的源头控制方式。显而易见，只有最后一种资源利用方式才是真正意义上的循环经济模式。发展循环经济的目的，不仅仅是要减少废弃物，而是为了从根本上减少经济发展对自然资源的消耗和环境损害。它们作用的过程如下图所示：

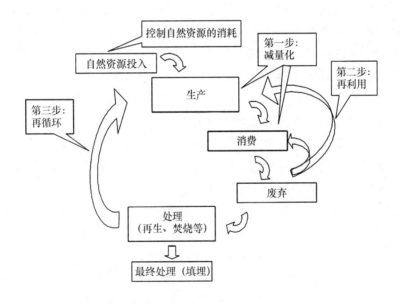

图 3 - 4　循环经济过程维度示意图①

（一）减量化

循环经济的"资源—产品—再生资源"的循环式流程的首要环节

---

① 孙佑海、赵家荣：《中华人民共和国循环经济促进法解读》，中国法制出版社 2008 年版。

就是"减量化",减量化就是减少原料和能源的投入,达到原来的生产、消费目的,使得在经济活动的源头中节约资源和减少废弃物的产生,从而应对资源耗竭的危机和保护生态环境,减少环境污染。

在生产中,想要达到减量化就需要制造商通过设计新的更高效的制造工艺、使用高性能的新材料等方法来减少产品的物质使用量,节约资源和减少污染。就煤炭资源方面来说,煤炭的开采企业常常仅是追求开采的数量,忽视煤炭的质量,往往造成了大量的煤炭资源的浪费,同时忽视对环境的污染。减量化就要求开采企业开发更加有效地、污染少的开采技术,使得开采出的煤炭能够得到充分的有效利用,同时对环境的影响降到最低。最传统的重工业钢铁制造业,在钢铁的制造过程中对煤炭资源的使用是非常高的,其中煤炭的消耗量和浪费情况也是很突出的,想要达到减量化就需要钢铁制造企业淘汰落后陈旧的冶铁技术,设计更先进的技术来减少煤炭的使用和提高煤炭的利用率;寻找可以代替煤炭的污染更少的新型资源,使得减少煤炭资源对环境造成的污染破坏。对于使用钢铁的上游企业,做到减量化就需要研究可以替代钢铁的污染少的材料,用新型材料来代替钢铁在工业的运用,从根本上减少了下游钢铁制造企业的煤炭资源的使用,也使得以煤炭资源为主的其他企业也做到减量化。每一个企业从源头减少资源的使用,不仅使本企业的资源消耗量减少,而且使得上游、下游企业中的资源消耗量也得到有效的控制。因此,减量化原则是每个企业都需要遵循的原则,只有每个企业的遵循,才能使得不同的资源在企业中得到真正的减少使用,经济的发展才不受资源短缺的限制得到持续发展。

在消费中,需要人们改变过度消费的习惯,树立绿色消费的意识和观念。在消费时选择更加环保和绿色的产品,从产品包装上说,现在的包装大都是以塑料为主,而塑料包装对环境的污染是十分厉害的,那就需要选择可循环使用的纸袋包装,减少塑料包装的使用,减少对环境的污染,还有过度包装的问题也是由于人们的消费观念造成的,人们现在为了显示自己的地位而追求产品的外包装的富丽堂皇,造成了产品包装的浪费,以常见的月饼包装为例,厂家每生产1000万盒月饼,包装耗材约需要400棵到600棵直径10厘米的树木,而每年厂家投在月饼包装上的费用就高达 25 亿人民币，占月饼成本的 30% 以上，[①]正是消费者注重高档包装的消费观念，才使得厂商过度包装商品。想要改变过度包装的问题就需要改变人们的消费观念，不要追求那些华而不实的包装，这样才能使产品的生产者不再重视产品的包装，从根本上减少包装的使用和不必要的浪费；从人们的消费观念上说，现代人的消费往往是不以需求为准的过度消费，超出需求的消费往往会被浪费掉，而想做到减量化就需要人们改变消费观念，在消费中，做到适度消费、绿色消费，选择商品的数量要以自己的需求为准，选择的种类以可循环利用的为准，使得商品物尽其用，减少浪费，从而减少垃圾的产生和对环境的污染。消费观念的改变不仅使得产品的利用率得到提高，产品进入流通环节的数量减少，而且使得生产者的生产数量和过度包装得到有效的控制，从而实现资源的减量化和对环境的保护。

减量化是循环经济的首要环节，是一种预防性措施，只有在生产和消费中严格遵守此原则，减少进入生产和消费过程中的物质量，才能预防废弃物的产生，减轻对环境的污染，才是循环经济的良好发展开端。对于减少生产和消费中的物质量的技术支撑有很多种，企业需要做出很多努力，作为国家同样也要做出支持和推动，有了国家的政策引导和鼓励，企业才更好地发展循环经济。

2003 年我国《清洁生产促进法》实施，以清洁生产作为经济和环境协调发展的技术支撑，将清洁生产以法律的形式确定下来。该法将清洁生产定义为："不断采取改进设计、使用清洁的能源和原料、采用先进的工艺技术与设备、改善管理、综合利用等措施，从源头削减污染，提高资源利用效率，减少或者避免生产、服务和产品使用过程中污染物的产生和排放，以减轻或者消除对人类健康和环境的危害。"从定义中可以看出清洁生产是"减量化"的最好体现，清洁生产就是从减量化目标出发，采用新的技术来减轻污染和资源的使用量。在新的技术支持基础上，国家对在清洁生产工作中做出显著贡献的企业和个人建立了清洁生产表彰奖励制度；对于从事清洁生产研究、示范和培训工作的单位，实施了国家清洁生产重点技术改造项目和《清洁生产促进法》第

---

①　鲍健强、黄海凤：《循环经济概论》，科学出版社 2009 年版，第 57 页。

29 条规定的自愿削减污染物排放协议中列举的技术改造项目，列入国务院和县级以上地方人民政府同级财政安排的有关技术进步专项资金的扶持范围的单位和个人，由政府给予表彰和奖励。同时，国务院也制定有利于实施清洁生产的财政税收政策。有了法律和政策的支持，企业才能更好地以减量化为目标进行生产，循环经济模式才能被企业接受和实践。

在技术、法律和政策的支持下，企业对循环经济模式的认识越来越增强，人们对循环经济也有了正确的认识，只有在企业和个人的共同努力下，才能真正地做到循环经济的减量化，控制资源的使用，减少污染物的排放，减轻对环境的污染，从而使得循环经济的开端发展好，为以后的环节打好基础。

（二）再利用

减量化是循环经济的第一个环节，再利用是发展循环经济的第二个环节。发展循环经济时，在减少了源头的资源投入量之后，就要求在生产中选择可以被再利用的材料按照行业标准进行生产，使得生产出的产品和包装等可以让人们以不同的方式反复利用，尽可能延长产品的使用期限，推迟被淘汰的时间，即使是用过的二手产品也可以被人们再次得到利用。

一次性用品使用是再利用环节最大的障碍，一次性用品在现代社会中广泛使用，比如一次性筷子、一次性餐盒、一次性水杯，虽然人们正在享受着一次性用品带来的方便、快捷，但是一次性用品带来的问题却是不可忽视的。就一次性筷子而言，首先是筷子的材料问题，一次性筷子是由木头做成的，导致了对森林资源的疯狂掠夺。我国每年消耗一次性筷子 450 亿双，耗费木材 166 万立方米，需要砍伐大约 2500 万棵大树，减少森林面积 200 万平方米 ①。其次是一次性筷子隐藏的卫生问题，一次性筷子在制作过程中须经过硫黄熏蒸，所以在使用过程中遇热会释放二氧化硫，侵蚀呼吸黏膜，损害呼吸功能；同时制作过程中会用过氧化氢漂泊，过氧化氢具有强烈的腐蚀性，对口腔、食道，甚至肠胃造成严重腐蚀，打磨过程中使用的滑石粉，消除不干净，在人体内慢慢

---

① 互动百科词条《一次性物品》，互动百科网，http：//www.baike.com.

累积，会使人患上胆结石，损害消化功能；在制作过程中有许多的小作坊的环境也不卫生、筷子也不达标，会使得使用筷子的人们的健康得不到保障。[①] 最后，使用一次性筷子也带来环境污染问题，一次性筷子被人们使用完后随意地丢弃，产生了大量的垃圾，同时，在生产中产生的废水被大量随意排放会污染水资源。如同一次性筷子一样其他的一次性用品，也都带来了浪费资源、破坏环境和危害健康等问题。一次性用品的危害如此之大，不仅会破坏环境，而且会给人类自身的健康带来危害，那么再利用原则就应该被我们真正地遵行。

在生产中，想要做到再利用，就需要制造者以标准尺寸进行设计、生产，使用便于更换的零部件，拒绝使用一次性的零部件，使得消费者在使用过程中的破损产品可以通过维修继续使用；提高产品组成各部件的使用寿命，使得产品的使用期限延长；注意回收废旧产品，对废旧品进行回收、拆解，将其中可以利用的部件用于产品的再生产。例如在家电制造业中，在制造者进行设计产品时就需要考虑到产品制作完成后进入流通领域是所要面临的问题，包括维修问题和再次利用问题。首先，家电的制造商可以使用标准化的电路，不论是计算机还是电视机，当维修和升级时可以只需更换新的电路，而不必更换整个产品。其次，在家电的包装上，可以考虑设计成日常生活中使用的器具，在消费者使用完产品后，包装可以被再利用而不是一次性丢弃。再次，家电制造商要注重在本企业内部设立专门回收家电部门，主动对进入流通领域的废旧家电进行回收、拆解、修理和组装，其中包括回收其有用的部件，分解其中的金属资源等，如手机中可以分解出金、银、铜、钴等十几种贵重和稀有金属，这些材料可以被用来制造热水器、水壶、长椅、牙科治疗器械，如果企业内部进行回收利用不但节省企业再生产的资源成本而且会使得其中可利用资源得到再利用。同时，生产中还要标注可回收的家电，给消费者以提示、防止消费者使用后的随意丢弃，以便消费者送入回收处理方再次被利用。

在消费中，想要做到再利用，就需要要求人们改变以往的消费方式，在消费时拒绝使用一次性物品，比如减少使用一次性筷子，在条件

---

① 互动百科词条《一次性物品》，互动百科网，http：//www. baike. com.

允许的情况下可以自带餐具，在外出购物时，自带购物袋，反复使用，减少一次性塑料袋的使用；在使用产品的过程中出现问题时，对其先去维修继续使用而不是直接扔掉；在扔掉一样物品之前，考虑是否可以对它进行再利用，能够起到其他作用，比如可再次利用的纸板箱、玻璃瓶等包装物；提倡节约型的消费方式，坚持使用旧的但仍可以使用的物品，不要因其废旧而就随意更换，增长物品的使用期限，比如不再追逐潮流购买新款手机而频繁地更换手机；提倡二手货市场化，对于自己不需要的物品尚可以使用的物品返回市场体系供别人使用，例如，在发达国家，一些消费者常常购买二手或稍有损坏但并不影响使用的产品，因此二手产品的市场需求量大，出现了大量的好心会和救世主等慈善组织，专门从事二手产品的回收和出卖活动。

作为支持再利用的法律，最重要的立法内容见诸我国《循环经济促进法》。该法第四章对再利用做了专门规定，如"各类产业园区应当组织区内企业进行资源综合利用，促进循环经济发展。企业应当按照国家规定，对生产过程中产生的粉煤灰、煤矸石、尾矿、废石、废料、废气等工业废物进行综合利用。企业应当发展串联用水系统和循环用水系统，提高水的重复利用率。企业应当采用先进技术、工艺和设备，对生产过程中产生的废水进行再生利用。"同时规定，税务机关对利用废弃物生产产品和从废弃物中回收原料的企业，依据国家的有关规定，减征或者免征增值税。从以上法律规定中可以看出，再利用是发展循环经济的重要环节，在循环经济中有着重要作用。国家通过将具体和普遍的措施上升到法律高度，写入法律之中，用法律来指导、规范企业在生产中的再利用实践。实践再利用目标最重要的做法就是产业园区的建设，在园区内通过不同类型的企业之间的原料和生产废料的循环利用，使得资源能够得到再利用，从而在生产中做到再利用。

再利用是循环经济的第二环节，是在减量化的基础之上对生产生活的又一要求，属于过程性方法。通过加强生产企业标准化生产、升级生产技术设备和鼓励消费者购买可重复使用的用品、发展二手市场，来延长产品的使用寿命、减少废弃物的任意丢弃和垃圾的产生，保护生态环境。

（三）再循环

再循环是循环经济的最后环节。废弃物的产生不可避免，这就需要将其转化为再生原材料，重新进入循环过程，再次生产出原产品或次级产品，对于不可被再次作为原材料重复利用的，就对其分类回收，经过处理后再次利用，这就是再循环。将放错位置的废弃物通过处理转化为原料投入到再生产过程中来减少资源的使用量和污染物的排放量，这样就可以减轻处理垃圾的压力和节约新资源的使用。

再循环的主要对象是废弃物，包括生产废弃物和生活废弃物。废弃物的主要危害表现为：一是占地过多和污染土壤，废弃物往往会被堆放到城市郊区，这样就会侵占大量的农田，堆放的废弃物还会分解产生大量的有毒有害物质，危害土壤的有害物质。二是污染空气，在运输和露天堆放废弃物时，废弃物中的有机物分解产生恶臭，并向大气释放出大量的氨气、硫化物等污染物，其中含有许多致癌物。三是污染水体，废弃物中的有害成分经雨水冲刷流入地面水体，在堆放或填坑过程中产生大量的酸性和碱性有机污染物，会将废弃物中存在的重金属溶解出来，若被冲入河流和大海中，会随着河流和大海的流动，将污染物带到更多的地方，污染更多地方。四是有害生物的巢穴。废弃物往往会引来老鼠和苍蝇等有害生物，废弃物成为他们繁殖、生存的良好场所，而这些有害生物会到处移动，传播疾病，影响人类的健康。废弃物的危害之大，使得我们要将其资源化，从而减轻废弃物对环境的危害，让废弃物变废为宝，给人们带来更多有益的用处，必须提倡废弃物资源化来发展循环经济。

在生产中，再循环的方法可以分为两种：一种是原级再循环，即将废弃物资源化后生产与原来同类的新产品，例如造纸企业，回收废旧报纸，将旧报纸经过处理二次利用生产出再生纸；钢铁企业，通过废旧铁制品制造新钢铁。这种资源化的方法比较简单，是最理想的资源化方式，由于制造者在生产中使用的原料是回收的废旧物品，所以使得制造商的成本减少，获得更大的经济效益，同时生产工艺的物耗和能耗都比较低因而具有良好的环境、经济效益。第二种是次级再循环，即将废弃物作为生产与其性质不同产品的原料进入到其他产品的生产过程中。例如将堆放的垃圾经过发酵处理，生成的气体可以被利用的燃料，用于家庭的日常生活的燃料或是在制造业中被利用，垃圾处理厂在处理垃圾时从中分解出可以被再次利用的物品。一般原级再循环要比次级再循环更多地利用废弃物，原级再循环在形成产品中可以减少 20%—90% 的原材料使用量，而次级再循环却只能减少 25% 的原材料使用量。①虽然两种方法有差距，但都实现了废弃物的再循环和资源充分共享的目的，达到了减轻环境污染、节省资源和减少生产成本的多赢效果。

在消费中，消费主义是需要人们改变的。消费主义追求的是时尚、高档、原生态的产品，盲目地消费使得形成了拒绝购买、使用再生资源制品的消费现状，从而使得循环经济的整个过程得不到完全的实现，因而只有改变消费主义，消费者不再拒绝购买再生资源制品，支持废弃物的再循环，才能使得再循环原则真正得到施行。例如，人们在日常工作、学习中，购买使用以再生纸为材料制作的纸张的复印纸、记录本等等，不再一味追求原生态的产品；在消费使用后要注意废弃物的回收，不要随意丢弃，要根据其是否能够被回收利用而将其送入回收站；在丢弃废弃物时要根据是否可分解等性质进行分类然后再丢弃，这样就可以使得废弃物处理人员方便进行分类处理。从生活中的点滴行为逐渐改变消费主义，使得消费行为符合经济发展的再循环原则，从而使得循环经济发展的全过程得到闭环实施。只有在消费者接受购买更多再生资源制品的情况下，才能使得生产者为了经济利益进行再生资源制品的生产，资源的再循环才可以得到真正施行。

在法律体系中，支撑废弃物再循环的单项法律也在慢慢制定，逐渐在国家的立法中被重视。例如《废弃电器电子产品回收处理管理条例》的制定施行，就是为规范废弃电器电子产品的回收处理，促进废旧电器电子产品循环化。该法中对废弃电器电子产品的处理，是指将废弃电器电子产品进行拆解，从中提取物质作为原材料或者燃料，用改变废弃电器电子产品物理、化学特性的方法减少已产生的废弃电器电子产品数量，减少或者消除其危害成分，以及将其最终置于符合环境保护要求的填埋场的活动，不包括产品维修、翻新以及经维修、翻新后作为旧货再使用的活动，体现了在废弃电器电子产品处理中再循环的实现。此外，为了鼓励和保障更多生产者加大对废弃电器电子产品的回收力度，国家建立废弃电器电子产品处理基金，用于废弃电器电子产品回收处理费用

---

① 刘炜：《科学发展与循环经济模式构建》，中国经济出版社 2009 年版，第 67 页。

的补贴。电器电子产品生产者、进口电器电子产品的收货人或者其代理人应当按照规定履行废弃电器电子产品处理基金的缴纳义务。国家鼓励电器电子产品生产者自行或者委托销售者、维修机构、售后服务机构、废弃电器电子产品回收经营者回收废弃电器电子产品。除了该法，再循环在其他资源性单项法律中也有要求，但是现今的立法尚不能够全面支持废弃物再循环实践，今后需要继续完善。

再循环是循环经济的一种末端治理方式，属于终端控制方法，通过再循环利用，使得废弃物可以再利用，既减少废弃物的最终处理量，也使得废弃物重新进入生产，从而形成闭环式经济发展模式，最终达到减少资源和能源的使用量，实现环境污染最小化。

当然，在循环经济的过程维度中，再生利用存在着某些天然局限。废弃物的再生利用相对于末端治理虽然是重大的进步，但再生利用本质上仍然是事后解决问题而不是一种预防性的措施。第一，废物再生利用虽然可以减少废弃物最终的处理量，但不一定能够减少经济过程中的物质流动速度以及物质使用规模。例如，塑料包装物被有效地回收利用并不能有效地减少塑料废物的产生量。相反，由于塑料回收利用给人们带来的进步错觉，反而会加快塑料包装物的使用速度以及扩大此类物质的使用规模。第二，目前进行的再生利用本身往往是一种环境非友好的处理活动，因为运用再生利用技术处理废弃物需要耗费矿物能源，需要耗费水、电及其他许多物质，并将许多新的污染排放到环境之中。第三，一般来说，物质循环范围越小，从生态经济效益上说就越合算。这就是说，清洗与重新使用一个瓶子（再利用原则）比起打碎它然后烧制一个新瓶子（再循环原则）更为有利。因此，物质作为原料进行再循环只应作为最终的解决办法，在完成在此之前的所有循环（比如产品的重新投入使用、零部件的维修更换、技术性能的恢复和更新等）之后的最终阶段才予实施。因此，可以说综合运用好这三个环节是资源利用的最优方式。

二　循环经济的空间维度

循环经济是实施可持续发展战略的重要经济模式，根据循环经济层级性理论，在循环经济发展的过程中应体现不同层次和不同阶段的要求，实行渐进式的循环经济推进战略。按照不同层次，循环经济可分为企业层面的微观循环、区域层面的中观循环和社会层面的宏观循环，前一层次是后一层次的基础，后一层次是前一层次的平台。

（一）微观循环经济

微观循环经济，是循环经济体系中的最小的组成单位，在微观循环经济中的主要的主体是企业。微观循环经济就是指的每一个企业在自己的生产中以循环经济思想进行生产活动，通过推行清洁生产工艺、废物回收利用和推行污染零排放等制度，实现生产全过程的物质和能量的循环利用，从而减少资源和能源的消耗量，控制污染物的排放。

美国的杜邦化学公司模式是微观循环经济的代表模式。20 世纪 80 年代末，杜邦将工厂当做试验新的循环经济理念的实验室，创造性地把 3R 原则发展成为化学工业实际相结合的"3R 制作法"，以达到少排放甚至零排放的环境保护目标。该公司通过组织场内各工艺之间的物质循环，延长生产链条，减少生产过程中物质和能源的使用量，同时放弃使用某些破坏环境的有害化学物质、减少某些化学物质的使用量以及发明回收本公司产品的新工艺，大大减少废弃物和有毒物质的排放，最大限度地利用了可再生资源，提高了产品的耐用性。到 1994 年，该公司已经使生产造成的塑料废弃物减少 25%，空气污染物排放量减少了 70%[1]。同时，它们在废塑料如废弃的牛奶盒和一次性塑料容器中回收化学物质，开发出了耐用的乙烯材料维克等新产品，将循环向更高的层面延伸。

杜邦化学模式是循环经济在企业生产中的应用，它的理论基础是生态经济效益理论。生态经济效益理论是 1992 年世界工商企业可持续发展理事会（WBCSD）在向里约会议提交的《变革中的历程》报告中提出的新概念。生态经济效益的本质是要求组织企业生产层次上物料和能源的循环，减少产品和服务的物料使用量，减少产品和服务的能源使用量，减少有毒物质的排放，加强物质的循环使用能力，最大限度可持续地利用可再生资源，提高产品的耐用性，提高产品与服务的服务强度。

---

[1] 陈立、唐勇：《试论循环经济与现代政府作用》，《首都经济贸易大学学报》2004 年第 4 期，第 5 页。

循环经济的指导理论其一就是生态经济效益理论，循环经济的最终目的就是在追求经济效益最大化的同时，环境和资源的破坏最小化，实现经济效益、环境效益和资源效益的统一，符合生态经济效益的追求目的。[①]

从杜邦公司的循环模式可以看出，在企业内部发展循环经济的生产过程中，要以生态经济效益理论为指导，实施清洁生产，即在从生产原材料的选择到材料的利用工艺再到最终产品的生产完成的全过程都需要以减少污染和提高资源的利用率的原则来指导生产，从源头防止污染。国外清洁生产制度有很长历史，最早可以追溯到 1976 年欧共体在巴黎举行的"无废工艺和无废生产国际研讨会"，在此次会上提出了"消除造成污染的根源"的思想，清洁生产制度正是从这种思想发展而来。在 1979 年，欧共体理事会宣布推行清洁生产政策，清洁生产制度正式出现。此后欧共体环境事务委员会为推行清洁生产制度，多次拨款支持建立清洁生产示范工程，清洁生产理念逐渐被世界各国所认知，1992年联合国环境与发展大会将清洁生产制度纳入 21 世纪议程优先发展的领域。[②] 我国在 2002 年颁布了《中华人民共和国清洁生产促进法》，是第一部专门规定了企业实行清洁生产、以发展循环经济为目标的法律。在这部法律中对清洁生产的推行、实施、鼓励措施都有详尽的规定，为我国的清洁生产制度在企业中的实行给予指导和支持。

清洁生产制度发展到现在，其主要内容包括三个方面和两个过程，其中三个方面是指：第一，清洁的能源。指对能源的利用，采用清洁利用的方法，寻找能够替代不可再生资源的新能源，开发各种节能技术。第二，清洁的生产过程。指减少使用有毒有害的原材料，采用无毒无害的原材料；采用高效的设备，减少废弃物的产生；对物料进行内部循环利用，使得产生的废物可以直接循环到其他产品的生产中；减少生产过程中的各种不安全因素，如易燃易爆、高辐射等；开发新的无污染的生产工艺，防止污染产生。第三，清洁的产品。指产品的设计要考虑到节约原材料和能源，减少稀缺和昂贵原材料的使用；产品在使用过程中以

---

① 李玉基、俞金香：《循环经济基本法律制度研究》，法律出版社 2012 年版，第 23 页。
② 董骁、冯肃伟：《论循环经济》，上海人民出版社 2009 年版，第 44 页。

及使用后对人体健康和环境的破坏因素；产品的包装合理和可再利用；产品的使用期限和使用功能合理。

两个过程是指两个"全过程"控制：其一，产品的生命周期全过程控制，即从原料的选择加工、提炼到产品产出、产品使用直到报废的全过程采取各种措施，实现整个生命周期资源和能源消耗量最小化。其二，生产的全过程控制，即从产品的开发、设计、生产到运营管理的全过程，采取措施提高效率，减少对生态环境的破坏和污染。[①]

从清洁生产的内容可以看出，清洁生产与传统的"先污染、后治理"的思想不同的是与之相反的"预防为主，减少污染"的思想，是以生态经济效益为指导的生产方式，追求的是在生产环节做到废弃物的零排放和资源的高效利用，以减少对环境的污染和获得更高的经济效益。想要做到清洁生产，就需要改变原有的生产工艺和改进生产技术。在这项技术革新过程中，美国的"总统绿色化学挑战奖"就是对研究绿色化学领域中取得成绩的科学研究者的一项奖励，"总统绿色化学挑战奖"是由美国总统克林顿在 1995 年 3 月 16 日宣布设立的，并于1996 年在华盛顿国家科学院颁发了第一届奖项，是绿色化学产生后世界上设立的第一个绿色化学奖项，对世界的影响极为重大。总统绿色化学挑战奖，为个人、团体和组织设立了不同的五个奖项，通过对这五项奖的竞争为绿色化学技术的研究提供支持，体现出美国对绿色化学的重视。我国目前虽然没有设立专门的针对化学领域的奖项，但是从美国的"总统绿色化学挑战奖"中获益匪浅，我国的科研学者也在积极地学习美国的经验，通过给予发展清洁生产的企业税收方面的优惠和减免政策，对清洁生产中有贡献的个人和企业予以奖励，支持企业的生产的改革等措施，探索和研究我国在清洁生产领域中的需要改革之处。

在国家的奖励制度和法律法规的支持下，企业发展循环生产的积极性受到大大地鼓舞，微观循环经济的建设更加完善，个体的微观的单位发展完善后就需要有更大范围内的交流，在这个交流的范围就由单个的企业扩展到一定区域内的不同企业、产业之间，同样在这个空间内，也需要循环经济模式。

---

① 鲍健强、黄海凤：《循环经济概论》，科学出版社 2009 年版，第 104 页。

（二）中观循环经济

在一个县、园区、社区内的不同企业或产业之间以循环经济的思想指导下形成的资源共享和循环利用的循环经济发展模式，就是中观循环经济。中观循环经济的表现就是生态工业园区，生态工业园区与传统工业园区的不同之处在于生态工业园区内，存在不同的企业，按照循环经济理念，通过企业间的物质、能量和信息的集成，形成不同企业的资源共享和副产品的互换，使得上游企业生产过程中产生的废物可以成为下游企业生产过程中的原料得以利用，实现物质的闭环循环和循环利用，从而形成生态化的产业链，达到资源的最大化利用。

中观循环经济的典型代表是丹麦的卡伦堡生态工业园区，卡伦堡工业区以发电厂、炼油厂、制药厂和石膏制板厂为核心，通过贸易方式把其他企业的废弃物或副产品作为本企业的生产过程的原料，形成类似于自然生态食物链的工业生态系统，最终实现园区的污染的零排放。其中，燃煤电厂位于这个园区的中心，对热能进行了多级使用，对副产品和废物进行综合利用。电厂向炼油厂和制药厂供应发电过程中产生的蒸汽，使炼油厂和制药厂获得生产所需的热能；通过地下管道向卡伦堡的居民供热，由此关闭了镇上 3500 座燃烧油渣的炉子，减少了大量的烟尘排放；将除尘脱硫的副产品工业石膏，全部供应给附近的一座石膏板生产厂做原材料。同时，还将粉煤灰出售出去，供铺路和生产水泥之用。炼油厂产生的火焰气通过管道供应给石膏厂，用于石膏板生产的干燥，减少了火焰气的排放。其中，一座车间进行酸气脱硫生产的稀硫酸供给附近的一家硫酸厂，炼油厂的脱硫气则供给电厂燃烧。同时，园区还进行水资源的循环利用，炼油厂的废水经过生物净化处理，通过管道向电厂输送，用做冷却水，这样使得整个园区的需水量大大减少。[①]

通过卡伦堡生态工业园区可以看出，中观循环经济不仅减少了废物产生量和处理的费用，还能产生很好的经济效益，形成经济发展和环境保护的良性循环。中观循环经济构建的思想是工业共生的思想，在《工业共生》一书中将工业共生定义为："工业共生是指不同企业之间的合作，通过这样合作，共同提高企业的生存能力和获利能力，同时，

---

① 董骁、冯肃伟：《论循环经济》，上海人民出版社 2009 年版，第 45、46 页。

通过这种共生实现对资源的节约和环境的保护。在这里这个词被利用来着重说明相互利用副产品的工业合作关系。"工业共生的思想是体现生态学上的共生共存、协调发展的生态规律,自然界的协调发展是由于存在不同的分解者和消费者而形成的食物链,食物链中的生物按照生态规律生存,形成平衡的生物圈。生态工业园区就是仿照自然生态系统食物链和食物网,使一家企业的废物,变成另一家企业的原料,形成共生工业链,实现系统物质流和能量流综合协同的封闭循环,这就是企业间的共生原则。在生态工业园区内,不同企业间的安排就是以工业共生思想为指导,企业间按工业食物链和闭路循环实现园区、企业和产品的三层次的生态管理,通过园区内不同企业的不同种类、不同品质、不同大小的物流、能流、信息流进行集成、分析,形成物质充分循环利用,能量交换梯级使用和环境源头治理的生态产业链和生产网。因此,在一个生态工业园区内,需要各企业之间构建不同的生态产业链,包括不同类型的企业,这些企业中有充当生产者的,也有消费者的还有分解者的,通过生产、消费、分解不同的物质使得上下游企业之间的物质原料和废物可以充分地循环使用。

生态工业园区是中观循环经济的表现,从根本上体现了循环经济的思想,以节约资源、清洁生产和废弃物循环利用的原则为指导,是3R原则的中观体现,园区内的资源之间的生态食物链就是"资源——产品——再生资源"的循环思想的体现。例如,煤炭用于热电厂发电,产生的废渣可以用于制作水泥的原料,通过处理废气又可以供给居民供热使用,这样的生态工业园区的模式就是将循环经济的思想充分利用,将资源的加工链延长,最大限度地开发和利用了资源,同时又保护了生态环境,实现了工业产品的全过程的循环利用。在生态工业园区内,通过生态食物链的传输,使得每一环节的废弃物的产生限制到最小,减少对生态环境的破坏,同时又使得能源的反复利用,减少了对资源的利用,促进了能源的消耗利用。

我国各地生态工业园区的建设如火如荼,其中典型的企业有广西贵糖集团。贵糖集团是以制糖、造纸、酒精、水泥、轻质碳酸钙等生产环节的综合利用产业组合而成的大型综合性企业。在企业内形成了以利用制糖滤泥制水泥、用酒精废液制甘蔗专用复合肥、废渣造纸、造纸黑液碱回收等循环利用的生产链条，这个链条是以甘蔗制糖产业为中心扩散出的不同的企业组成的生态系统，链条中上游企业生产过程中产生的废物作为原料用于下游企业，企业之间通过中间产品和废弃物的交换相互衔接，形成一个完整、闭合的生态工业网络，使得资源得到最大配置，减少污染。

生态工业园区的建设是中观循环经济的体现，是在一定区域内实现了循环经济，实现了区域内的循环经济的发展，就需要向更广阔的空间范围内发展，即在全社会推行循环经济，使得全社会内都能得到循环发展、可持续发展。

（三）宏观循环经济

宏观循环经济是循环经济模式最大层面的循环，它不仅停留在社会经济系统中生产、流通、消费环节当中，还将人们的消费方式、生活方式与生产方式相衔接，全面地贯彻循环经济的 3R 原则，变革人们的社会生活方式和消费方式，是一种全社会的循环发展。

比较有代表性的宏观循环经济是日本的循环型社会发展模式，日本的这一模式是通过完善法律制度、基础信息体系和公共基础设施，促进技术研发，推进循环型社会商务活动以及社会动员机制的建立，将循环经济的理念贯穿于社会经济活动之中而实现的。2000 年 6 月，日本颁布了建设循环型社会最重要的基础法《促进循环型社会形成基本法》，明确指出要脱离"大量生产、大量消费、大量废弃"的传统经济社会模式，建设循环型社会，促进在生产、流通、消费、废弃整个过程中对物资的有效利用和循环利用，限制资源的浪费、降低环境的负担。此后，又相继颁布了《固体废弃物管理和公共清洁法》《促进资源有效利用法》等第二层次的综合法。在具体行业和产品的第三层次的立法方面，2001 年 4 月，施行《家电循环法》，规定废弃空调、冰箱、洗衣机和电视机由厂商负责回收；2002 年 4 月，又颁布《汽车循环法案》，规定了汽车厂商回收废旧汽车的义务，进行资源再利用；5 月底，又颁布《建设循环法》，目标是到 2005 年，建设工地的废气水泥、沥青、污泥、木材的再利用率达到 100%[1]。进而，1995 年颁布《促进容器与包

---

[1] 杜兰红、乔红斌：《浅谈煤矿循环经济实施规划》，《辽宁建材》2006 年第 4 期。

装分类回收法》、2000 年颁布了《绿色采购法》等。通过上述一系列法规的相继实施，日本逐渐形成了循环型社会的多层次法律体系，推动了人们将零排放作为企业追求的新型经营观念，推动了人们厉行节约、绿色消费的循环社会建设。① 日本的企业如索尼、松下电器等都依法采取了有效措施，基本实现了"产业垃圾零排放"的目标。在生活垃圾的处理上，日本立法规定必须对其进行分类，将可以重新利用的资源集中到一起，在指定的时间放到指定的地点，有关人员会将其回收送到指定地点再次加工利用。

通过日本循环性社会的建设，可以看出宏观循环经济是以社会的整体包括生产者和消费者的全体社会成员为对象的建设，是需要每一个社会主体都以循环经济思想生产生活，目标是构建资源节约型社会和环境友好型社会。在宏观循环经济中，只有消费者和生产者充分地以循环经济的 3R 原则进行生产生活，才能在整体社会中实现循环经济。消费者需要改变传统的不可持续的消费模式和习惯，倡导可持续消费，延长产品的使用价值，主张节约消费和绿色消费，重视垃圾的分类回收，从根本上改变对资源的利用方式，实现可持续发展。生产者则要通过改进生产技术和设备等措施，以减少废弃物的产生和加强产品的性能，还要加强对废弃物的循环再利用以实现资源的再利用和资源的最终减少。政府作为社会的公共管理部门，在发展循环经济时要充分发挥其对社会的管理作用，首先是要制定符合循环经济的各项法律，指引社会主体按照循环经济的指导原则进行生产、生活；其次是制定与发展循环经济的相关配套的政策和措施，使得在企业进行循环经济时可以更加有保障；最后政府要加大对循环经济的宣传，使得消费者可以了解循环经济，在生活中改变传统的消费观念，绿色消费。

宏观循环经济的模式就是可持续思想和公众参与理论的体现，公众参与的理念要求不仅仅是生产者在生产中以循环经济的原则进行生产，更需要消费者参与到循环经济的发展当中。只有消费者的消费观念改变了，才能反作用于生产者，使得生产者更加绿色生产，如消费者改变对产品包装的消费观念，不再一味追求产品的外包装，这样才使得生产者

---

① 董骁、冯肃伟：《论循环经济》，上海人民出版社 2009 年版，第 47 页。

不再过度包装，否则生产者为了迎合消费中的消费观念过度包装，造成资源的大量浪费。同样一次性消费的问题也同样导致资源的大量浪费，一次性产品往往不能再被利用，用完就丢掉，也会产生大量的垃圾，对环境的破坏也是极其严重的，因此改变一次性消费观念，延长产品的使用价值，对于资源的节约和循环再利用是非常重要的。

宏观上做到循环经济才是循环经济发展的最终目标，也是循环经济的意义所在，如果只有微观上做到循环经济，那只能是最片面、最基础的循环经济，不能成为可持续发展的目标，也不能是社会得到更持续、健康的发展。只有发展宏观循环经济才能使得人们严肃正视传统不可持续消费模式和习惯带来的资源问题和环境问题，才能使人们得以在有限的资源和环境承载能力下可持续地发展下去。

微观循环经济、中观循环经济和宏观循环经济组成了循环经济的空间维度。在这三个空间内，也需要按照由小及大的规律，从微观到中观再到宏观方面逐渐地实践循环经济，只有在这三方面做到循环经济才能使得循环经济真正实施，社会才能得到全面可持续发展。

三 循环经济的历史维度

在人类历史的发展过程中，经历了不同形式的文明社会，很长一个时期处于农业文明，这一时期，由于人类对自然地认识和改造能力比较低，只是依赖自然维持着基本的生存需求，物质条件比较贫乏，因此对自然有着敬畏之情，在农业生产中，农民完全尊重自然规律，形成了人与自然和谐共处的思想，保持着自然界脆弱的生态平衡。随着科技的不断发展，人类对自然地认识越来越丰富，更产生对自然改造的意识。15世纪，当培根第一次提出了"知识就是力量"的口号之后，人类开始充分的改造自然，从自然界掠取资源为人类的财富创造提供原料和基础，工业文明就此掀开了序幕。在20世纪的工业革命的推动下，人类的生产更是以前所未有的速度向前发展，工业生产在技术的支持下大大地提高了效率，生产力大大提高。但是在人们享受工业文明带来的成果和财富的同时，也面临着巨大的资源和环境挑战。早在19世纪恩格斯就指出"人类不要过分陶醉于我们对自然界的胜利，对于每一次这样的胜利，自然界都对我们进行报复。每一次胜利，在第一线都确实取得了我们预期的结果，但是在第二线和第三线却有了完全不同的、出乎意料的影响，它常常把第一个结果重新消除。"① 所以，人类在改造自然的过程中不能急功近利。如果只注重眼前的利益，不顾由此可能产生的深远的影响，就会破坏自然生态环境。当今世界，资源、能源越来越短缺，环境污染加剧，全球性的生态危机日益凸显。人们深深地意识到了人在改造自然过程中不能为所欲为。

如今人们在感受到大自然对我们的报复后，人们不得不思考未来经济发展的方向和模式，许多新的理念就相继产生，如可持续发展、走新型工业化道路的思想、科学的发展观，这些理念倡导从不同的角度和不同的方式来迎接资源和环境挑战，循环经济发展模式应运而生。

（一）传统工业社会的不可持续性

传统工业社会的"高投入、高能耗、高排放、低效率和难循环"的"大规模生产、大规模消费、大规模废弃"的不可持续的增长模式在给人们带来巨额物质财富的同时，也给人类的可持续发展带来了障碍。经济社会进入了资源短缺、环境污染、生态破坏、加速浪费的封闭式、不可持续状态，让全球陷入经济危机之中。循环经济是对传统工业文明反思的结果，传统工业社会存在不可持续性。

首先，传统工业文明是对自然资源无节制地掠夺性开发，使得自然资源濒临极限，是高耗能的经济发展模式。传统工业文明之初，由于生产力水平和科技发展水平的限制，人们对地球资源的认识不全面，错误地坚信自然界有源源不断的资源，人类索取自然资源的能力仍然不足，提高获取自然资源的利用能力就可以有充足的资源。但是，随着科学技术和生产力水平的不断发展，认识到人类对自然资源的利用从最初的动植物等可再生资源到石油、煤炭、铁等不可再生资源，而这些不可再生资源一旦耗竭就无法再生。加上市场主体追求物质财富的无限增长，国家极力摆脱之前的贫穷状况，把发展经济作为首要目标，对自然资源和环境的开发利用不太重视，从而使得市场主体大规模地掠夺性开采利用，忽视了生态环境的破坏、自然资源的耗竭和环境的污染等问题，形成了高消耗、高排放、高污染的线性经济发展模式，使得人类的发展陷

---

① 恩格斯：《自然辩证法》，人民出版社1984年版，第305页。

入不可自拔的危机中。

就我国的能源而言，据统计①，我国煤炭剩余可采储量为 1661 亿吨，可供开采不足百年；石油剩余可采储量为 23 亿吨，仅可供开采 14 年，天然气剩余可采储量为 6310 亿立方米，可供开采不过 32 年，当然这种估计的准确性也值得商榷，因为忽略了新的矿藏能源的不断探明。根据目前的经济发展和人口增长趋势预测，21 世纪初期中国国内能源的缺口量会超过 1 亿吨标准煤，2030 年约为 2.5 亿吨标准煤，到 2050 年将达到 4.6 亿吨标准煤。②除煤炭资源尚能满足 21 世纪的需求外，国内的石油、天然气很难满足 21 世纪的需求，之后的能源消费不得不大量依靠进口。如果再以这样高耗能的经济发展模式发展，地球上的自然资源终将被我们用完，到时我们的后代还将怎样生存，人类只能是走向毁灭。

土地资源和水资源的存量也已达到极限。耕地给我们提供了生存的粮食基础，是人类生存和发展的生命线，但是经过人们无节制的开垦利用，土质肥沃的土地基本已经垦殖完毕，剩余的多为土壤贫瘠的山地、丘陵、沙地和盐碱地。水资源也是同样如此，目前有 12 亿人用水短缺，30 亿人缺乏用水卫生设施；每年有 300—400 万人死于和水有关的疾病。预计到 2025 年，水危机将蔓延到 48 个国家，约 35 亿人将为水所困。③

其次，传统工业模式是高排放的经济发展模式，对环境的污染巨大。传统工业化以来，人类进入了使用煤、石油和天然气等化石燃料时代，导致了能量形式的改变，促进了生产方式的变革，极大地提高了生产力。生产力的发展则加剧了对化石燃料的更大需求，大量化石燃料的燃烧又不可避免地使二氧化碳等温室气体的排放量大幅度增加，从而产生了"温室效应"。

在生活、生产过程中，大量燃烧矿物燃料，如工业排放的烟尘、汽车尾气中的二氧化碳、硫化物、氮氧化物等进入大气，在阳光作用下引

① 吴博任：《漫谈化石能源》，《环境》2006 年第 1 期，第 84—85 页。
② 王淮海：《我国能源结构与资源利用效率分析》，http://finance.sina.com.cn。
③ 解振华：《领导干部循环经济读本》，中国环境科学出版社 2005 年版，第 8 页。

起光化学烟雾，严重污染大气，尤其是污染城市大气环境；农业生产中大量使用化肥、杀虫剂，过量的硝酸盐排入水体，污染水域，引起江河湖海水体富营养化，使水产业经济日益衰退；人类大量开发和利用磷酸盐矿物，用作生产磷肥、杀虫剂和洗涤剂的基础原料，结果使得大量的磷化合物排放到自然环境中，导致土壤、地下水和食品污染。

煤的大量燃烧，特别是燃烧含硫量高的煤炭，释放的硫化物引起大气中二氧化硫、三氧化硫浓度的急剧增加，加大了硫化物在自然界的积累量，造成了全球范围的环境污染问题，特别是烟雾和酸雨，正成为破坏生态环境的主要杀手。除了大气污染之外，大量的固体、液体废物的排放，产生了更多人们没有料想到的生态与环境问题。最主要的严重后果是自然生态循环被打破，世界各国再不联手应对气候变化，地球生物圈在几十亿年形成的有序自然循环将日益弱化。到那时，发达与欠发达，抑或是发展了的与发展中的国家，将在同一种命运中面对地球的另一次自我、自然的调节，走向另一次自然均衡。

20 世纪 30 年代到 60 年代，发生了震惊世界的"八大污染"[①] 事件，为人们敲响了警钟。通过"八大污染"事件可以看出，由于大量以煤炭为主要燃料的重工业企业，把生产过程中产生的含有粉尘、二氧化碳、二氧化硫等有毒有害的废气排放到空气中造成的。这"八大污染"事件正是传统工业对大气的污染的反映，充分地显示出对生态环境的破坏，对人类健康的损害。

多次发生的全球性环境破坏事件充分显示了传统工业社会给环境带来的破坏和对人类生存的严重危害。而从局域性的环境污染事件到全球性环境问题的出现，说明了此种危机越来越严重，危害后果越来越广泛，破坏程度越来越严重，从最初的环境污染现在已经发展到严重影响生态平衡、人类的发展，若继续以传统工业社会的模式发展下去，经济得不到持续发展，人类的生存更是会受到威胁。

总之，传统工业社会的"资源——产品——污染排放"的单向、

---

①　1930 年 12 月 1—5 日比利时马斯河谷烟雾事件、1948 年 10 月 26—31 日美国多诺拉烟雾事件、1952 年 12 月 5—8 日伦敦烟雾事件、1943 年 5—10 月美国洛杉矶光化学烟雾事件、1953—1968 年日本水俣病事件、1955—1968 年日本富山骨痛病事件、1955—1961 年日本四日市哮喘病事件、1963 年 3 月日本米糠油事件。

线式、封闭型的资源、能源高投入、高消耗、高排放使环境污染，资源耗竭，生态平衡破坏，甚至危害人类的健康，影响人类的可持续发展，而化解这些环境灾难最终还是要靠人类自身遵循自然生态循环的基本原理，构建循环经济模式。

（二）循环经济模式的可持续性

面对资源和环境的双重问题，循环经济给出了最好的解决方法，循环经济是可持续发展理念的体现，是一种全新的生产观，它倡导尽可能地节约自然资源、提高资源的利用率和减少废弃物的排放；循环经济是一种全新的消费观，它提倡适度消费，在消费的同时考虑废弃物的再利用和资源化；循环经济是一种全新的发展观，它提倡人与自然的和谐可持续发展，从而真正地解决了人类面临的资源和环境问题。下面就从三个方面来讨论其可持续发展性。

第一，循环经济模式代表环境与经济发展和谐相处的生产观

循环经济的"资源—产品—再生资源"的模式，是以"减量化、再利用、再循环"的3R原则为指导原则的循环性经济流程。循环经济下的生产，是一种"低消耗、高利用，低污染"的生产方式，可以做到节约资源，高效利用资源，降低对环境的污染，是对传统工业产生的"高消耗、低利用、高污染"的资源和环境问题的有效解决。传统工业带来的资源和环境问题是影响人类未来发展的不可小觑的问题，资源短缺和环境污染会使人类因没有资源可被利用、恶劣的生产环境和不平衡的生态环境等走向毁灭，循环经济则面对这些问题提出了一条新的经济模式，追求人类可持续的发展，从改变传统经济方式来促进经济和社会的发展，以经济和环境的和谐相处为原则，发展循环经济，是人类的必然选择。

第二，循环经济模式代表一种全新的消费观

循环经济下的消费观，是杜绝一次性消费、过度包装和过度消费的绿色消费，它要求人们彻底改变传统的消费观念，产生新的消费观。在杜绝一次性消费方面，减少一次性物品的使用、延长一次性物品的生命、多次消费，使用替代一次性物品的材料、对环境友好的材料，从而减少对资源的消耗和垃圾的产生，有利于废弃物的回收利用；在面对过度包装方面，推行绿色包装，即能够减量利用、再生利用或自然降解，

并在产品的全生命周期中对人体和环境不会造成危害的适度包装，从而减少过度包装产生的垃圾和对环境的污染；在面对过度消费方面，倡导绿色消费，即科学、文明和理想的消费，不再盲目地跟风消费，节约消费，购买绿色产品，从而减少对资源的浪费，反作用与生产者，促进生产者改变生产方式清洁生产。

第三，循环经济模式代表一种可持续发展的全新的发展观

循环经济以可持续发展思想为指导，通过"减量化、再利用、再循环"三原则的贯彻实施，在实现节约资源和保护生态环境的目标下发展经济，清洁生产，使得能够为后代人的发展提供充足的资源；通过对生产工艺的改进，减少污染物的排放，使得生态环境的受到危害最小化，为未来的发展奠定良好的环境基础；通过改变传统消费观念，绿色消费，使得消费者在消费过程中，减少消费垃圾的产生，垃圾通过循环再利用返回到生产中去，真正地为后代人发展的资源和环境提供保障，充分地为后代人的发展留有权利。

循环经济的全新生产观、消费观、发展观，在生产中可以做到最小消耗资源，在消费中可以做到绿色消费，应对限制发展的资源短缺和环境破坏问题，获得最大的经济效益同时对资源和环境的影响最小，使得经济能够可持续、健康的发展，在未来的发展中被人们确认和选择，成为未来经济发展的必然选择和坚持道路。

本章小结

循环经济是以可持续发展为原则的经济发展模式，其强调以"减量化、再利用、再循环"为原则指导生产和消费，力求在源头上做到清洁生产，减少资源和能源的消耗量，减少污染物的排放；在消费中做到绿色消费、适度消费，改变以往浪费、盲目地消费观念，从而作用于生产者，使得生产者可以在生产中以增强产品的服务为目的；在处理废弃物时注意对其循环再利用，从而对资源再次利用，实现资源的循环，通过生产者、消费者的共同努力，实现循环经济，是适合未来发展的全新经济发展模式。

本章从循环经济的起源出发，概括了循环经济的定义，阐述了循环

经济的特征和理论基础，通过简介循环经济的空间维度、时间维度（包括对微观、中观、宏观循环经济的阐述）和历史维度，将循环经济带来的改变和发展做了充分的讲解，说明了循环经济的可持续性，是未来发展的必然选择，是解决资源问题和环境问题的可行措施。

第四章 循环经济法的法理阐释

——基于环境权角度

人以及环其之境是为"环境"。正因为环境是人类生存和发展的首要条件，所以环境权便作为一种新兴的权利蓬勃而生。具体而言，环境权是指公民享有在良好环境中生存和发展的权利，正如前文所述，环境权主要包括公民在适宜、健康环境中生活的权利；公民参与国家环境管理的权利；公民对破坏环境的行为有检举、监督及控告的权利。由此可见，环境权如同公民劳动权、受教育权一样，是与每一位社会公民休戚相关的。循环经济作为解决生态环境保护与经济发展的最佳模式，是保护环境权的最行之有效的措施，而环境权的有效行使可以促进循环经济法的建设。

第一节 循环经济法本体论

所谓本体论，我国学者俞宣孟先生认为，是指运用以"是"为核心的范畴，逻辑地构造出的哲学原理系统[①]。简单来说，本体论就是关于"是什么"的研究，我们这里讨论的循环经济法的本体论，是基于环境权的角度，阐释循环经济法"是什么"的问题。

一 循环经济法的概念界定

发展循环经济不仅涉及经济、社会各领域，而且牵涉企业、公众、政府等各方面主体，因而需要从法律制度层面对循环经济的建设予以规范和保障。

---

① 俞宣孟：《本体论研究》，上海人民出版社 2005 年版，第 27 页。

第一，循环经济法的内涵界定。

国内外学者有关循环经济法定义论述很少。一些发达国家已经建立循环经济法制，其模式与规范不尽相同，相关理论阐述也有差异。国内有的著作专论循环型社会法，但也没有为它下完整的定义，揭示应有的本质属性。目前在国内学者中，对循环经济法做出明确定义的是蔡守秋教授，他根据循环经济的含义、特点、内容和范围，把循环经济法定义为：循环经济法是指有关调整因循环经济活动所形成的社会关系的各种法律法规、法律规范和法律渊源的总称。[①]　有学者将循环经济法具体界定为"是指为实现可持续发展和生态经济安全，调整需要由国家干预的在保护和充分利用可循环资源、防治污染，涉及资源—生产—分配—交换—消费—再生资源等综合性社会关系的法律规范的总称"[②]。笔者认为可以将循环经济法理解为：调整有关循环经济活动的各种法律规范的总称。它是在国家构建循环经济这一经济发展模式过程中，对社会经济活动给予指导、鼓励、提供帮助和服务，引导和促进社会经济往循环的可持续发展的方向发展时所产生的。其调整对象是在发展循环经济、建立循环型社会中所产生和存在的社会关系。[③]　循环经济法主要调整如下活动与行为：关于发展循环经济的管理活动、资源开发利用活动、清洁生产活动、流通活动、服务活动、绿色消费活动、废物回收活动、循环利用活动、无害化处置活动、循环型产品的再商品化活动等。这种关系可分为两大类：一是从事循环经济相关管理活动的部门与从事生产、服务和消费的社会组织和个人在发展循环经济时产生的社会关系；另一类是从事生产、服务和消费的社会组织和个人之间在发展循环经济时产生的社会关系[④]。

从经济过程的角度看，循环经济法通过减少资源消耗、产品的再使用、废弃物的再循环，最大限度地减少废物排放，减轻环境负荷。而经济过程不只是一个物质流动过程，而是一个物质流动和社会生活相伴随

---

① 蔡守秋：《论循环经济立法》，《南阳师范大学学报》2005 年第 4 卷第 1 期，第 2 页。
② 蒋亚娟：《循环经济法：期待被开启的生态"安全阀"》，《宁波大学学报》2006 年第 19 卷第 5 期，第 131 页。
③ 李昌麒：《经济法学》（第三版），中国政法大学出版社 2007 年版，第 65 页 。
④ 漆多俊：《宏观调控法研究》，《法商研究》1999 年第 2 期，第 34 页。

的复合过程。经济过程的有序进行，离不开经济主体的参与，更离不开有关制度规则的规范和保障。经济过程中发生的各种关系，如所有权、使用权、转让权等，都不是经济主体与客观存在物如土地、资源等之间的关系，而是经济主体之间所发生的社会关系，是通过法律制度而形成的人与人之间的关系，是一种权利义务关系。因而，从社会过程的角度看，循环经济法通过对循环经济活动中形成的各种权利义务关系进行规范，使社会各主体按照循环经济的要求安排生产和生活，推进循环经济的顺利进行，最终实现经济、社会和生态环境的可持续发展。①

第二，循环经济法的外延界定。

对循环经济法的外延我们可以做进一步的描述：

1. 循环经济法是调整和规制与循环经济有关的社会行为的法律规范的总和。

2. 循环经济法的具体规范限定在行政法、经济法、环境法的范围内。

3. 循环经济法不是特指某一部法规，而是指有关循环经济的各种法规所形成的体系。在这里，循环经济法与循环经济法律制度是可以互换使用的，但为了简明起见，笔者选择用"循环经济法"这一语词来表达。

4. 选择使用循环经济法的概念，主要是出于研究上的便利考虑，把体现循环经济理念的具有共同价值取向的法律规范归入一个整体的研究范畴。

二　循环经济法的特征

任何一部法律，从其诞生之日起，都会有其自身的特点与内涵，循环经济法作为一部新的法律，主要是对经济运行过程中所发生的与能源、环境保护有关的关系进行调整，通过上述对循环经济法概念的界定，我们不难归纳出循环经济法的特点，具体表现为：

---

① 循环经济的发展产生了一些新的经济社会关系，需要法律进行相应的调节和规范。新的经济关系要求新的法。参见［德］H. 科殷《法哲学》，林荣远译，华夏出版社 2002 年版，第 166—167 页。

第一，循环经济法具有国家干预性。

循环经济要解决的是经济与环境协调发展的问题。经济学分析指出，资源配置的两大手段——市场调节和政府干预，在环境资源配置中的缺陷即"市场失灵"和"政府失灵"是环境与经济发生冲突的根源。环境问题具有外部经济性，属于"市场失灵"的部分，需要政府进行干预，促使企业环境内部化而非转嫁给他人和子孙后代，从而保障人类影响不超过生态系统的承载力；[①] 但在环境政策的制订、建设项目决策和环境管理中忽视正当的环境利益等情形，则属"政府失灵"的部分。循环经济法应当从其诞生之日起就要为实现"政府适度干预经济"而努力，"政府之手"适度干预促使环境外部不经济内部化，实现环境资源有效利用和清洁的空气、清洁的水等公共物品的"生产"，从而达到社会期望的环境目标，促进经济社会的可持续发展。

第二，循环经济法调整的各类主体包括国家、地方政府、企业、社会公众及其中介组织。

发展循环经济，建立循环型社会涉及社会生活的各个方面及组成环境整体的各个环境要素，它是由经济和环境问题本身的复杂性、广泛性、伴生性所决定的。由于环境问题往往是在社会经济发展过程中产生的，它涉及多重社会"合法"利益的冲突与选择，而这种利益的选择、协调与平衡，离不开国家政策的作用。从某种意义上讲，一部循环经济法实际上是环境与发展的平衡器、各种社会利益的协调器，它既有助于保持社会、经济发展与环境、资源保护的平衡，又有利于协调经济利益集团和环境公共利益群体的复杂关系。促进和发展循环经济不是一个单纯的经济活动，它必须纳入经济社会发展的整体架构之内。由直线型经济转变为循环型经济是一个大的社会变革，需要政府、企业和公众的联合推动。在推进循环经济和循环型社会建设的进程中，政府行动至关重要，但不能再沿袭过去计划体制下一味强调"命令＋控制"的手段，应促进企业和社会的自主行动以及与政府的志愿合作，促进建构环境资源循环利用的市场机制。其行动模式可以以促进（胡萝卜）、规制（大

---

① 王蓉：《循环经济立法的理论分析和实践思考》，《法制日报》2003 年 4 月 26 日。

棒）与合作（橄榄枝）为中心展开。① 由于循环经济立法的复杂性和管理的高控制成本，以及私人部门要求更多的灵活性、自我调节和成本效率，新的政策手段应特别强调"利益诱导型——如经济手段"、"关系友好型——如伙伴关系"、"服务引导型——如行政指导"以及"公民（公众）参与"多种政策的组合。

第三，循环经济法调整的内容是各类主体所进行的减量化、再利用、资源化活动。②

循环经济的原则是"减量化、再利用、再循环（Reduce，Reuse，cycle）"，亦即著名的"3R 原则"。减量化原则（Reduce）是指通过重新设计经济运行中的物质和能量流程而减少进入经济循环系统的物质和能量的总量。再利用原则（Reuse）是指在系统中尽可能地多次或者以多种方式重复利用系统内的物质和能量从而使其在脱离系统前为经济的正常运行发挥最大的作用。再循环原则（Recycle）又称资源化原则，是指在物质和能量离开经济系统后将产生的废弃物作为本系统的原料进行再利用而不仅是做简单的无害化处理。循环经济的 3R 原则互相协调、互相配合，分别从经济系统的输入端、过程中和输出端对系统的物质和能量流动进行控制，以尽量降低经济系统对外部环境的依赖和影响，从而进一步实现节能减排，保护环境，促进经济的可持续发展，实现循环经济法的立法宗旨。

三 循环经济法的性质界定——循环经济法是环境法

目前对于循环经济法的定位尚未统一，学界众说纷纭，主要有"经济法说"、"环境法说"、"独立部门法说"、"综合部门法说"以及"部门法待定说"几种观点。经济法说认为，循环经济法关乎社会整体利益，需要政府依法进行宏观调控；其遵循的生态效率与经济法中的"经济性"具有一致性；依据立法内容、理念、性质、法律价值等其当归属于经济法；归属于经济法能从社会经济内部协调发展与经济的关系，从根本上杜绝污染问题。环境法说认为，循环经济法的立法目的、

---

① 何翔舟：《政府管理角色的转变》，《政治学研究》2005 年第 3 期。
② 蔡守秋：《论循环经济立法》，《南阳师范学院学报》（社科版）2005 年第 1 期。

内容大都与环境资源的开发、利用、治理、保护及其管理有关。其遵循的生态规律和 3R 原则主要是环境资源法坚持的规律和原则；归属环境法有利于减少循环经济法的立法成本，可采取与原有的环境法体系相协调的方式发展循环经济法。独立部门说认为，循环经济法有特定的调整对象、目的、任务以及产生、发展和存在的特定原因。综合部门法说认为，人们不能只关注循环经济法的某个特征，而应认识到循环经济是个兼具有各部门法特点的综合类法。部门法待定说认为，各国在循环经济立法进程中主要致力推动经济增长模式转变，使社会得以可持续发展，至于循环经济法属于哪个部门法，并不是主要讨论方向；划分循环经济法的部门性质将导致法律系统性、有效性的缺失。现在法律的发展趋势已逐渐抛弃了传统部门法分门别类的理论范式。

以上各观点有共识也有分歧。共识是它们均认为循环经济法并不具有单一的法律性质，即循环经济法与环境法、行政法、经济法、科技法等关系密切，至于最后为何形成诸多不同观点、产生很大分歧则是由于对循环经济法的指导思想、价值理念、原则、调整对象、内容、特征等的认识存在差别所致。如果认为循环经济主要通过"3R原则"的贯彻来保护环境与资源，以实现经济与环境的协调和谐，则循环经济法被归入环境法；如果认为循环经济法应该解决环境资源配置中的"市场失灵"与"政府失灵"问题以实现经济效益，则其应归入经济法；如果认为循环经济不仅要用市场手段、更应该依靠行政手段去规范，则其应归入行政法。如果认为循环经济法的各种性质均不得偏废，则主张将其归入综合法。虽然每种观点都一定程度上反映了循环经济法的性质，但是循环经济法的性质界定不仅对循环经济法律制度的建立完善，更对人类协调经济发展与环境保护具有深远意义，所以准确界定其性质是必要的。循环经济法有着自己固有的法律性质，不因人们对其认识界定不同而改变它的固有性质。本书认为，考虑到概念、历史发展、法理、具体实践等诸多方面的因素，循环经济法归属环境法可谓顺理成章。

第一，环境法的调整对象涵盖了循环经济法。有学者认为循环经济法有特定的调整对象，它只调整因循环经济活动所形成的各种社会关系，这是它区别于其他法律部门的一个根本特点，为此它可以作为一个独立的法律部门①。循环经济的核心是减少资源开发，高效利用资源以保护和改善环境，实现人类可持续发展。循环经济活动中形成的各种社会关系，也就是人们在减少资源开发的同时有效利用资源，保护和改善环境中形成的社会关系。这与环境法的调整对象，以实现人类社会的可持续发展为目的，用以协调人与环境关系，并调整人们在开发、利用、保护、改善环境的活动中产生的各种社会关系并没有实质区别，只是循环经济法在表达上更具有特殊性、具体性，突出了开发利用资源的科学方法即减量开发，高效循环利用等内容。而环境法的表达则更趋一般性、抽象性，但二者阐述的对象是一个，均为环境和资源。环境法与循环经济法的调整对象是普遍与特殊、整体与部分、包含与被包含的关系。如果因为循环经济法在开发、利用、保护资源方面的理念、手段比环境法高明一些就否认它属于环境法，则有犯白马非马错误之嫌。

第二，环境法与循环经济法的核心理念一致。法律理念是人们关于法的宗旨及其实现途径的基本观念②。循环经济法的理念是人们关于循环经济法宗旨的基本观念以及关于循环经济法宗旨实现途径的基本观念。学界对循环经济法的基本理念的具体内容有两种认识：一种认识认为，循环经济法的理念为"人与自然和谐"。如有学者认为："生态文明是一种至高无上的价值，符合循环经济法的立法宗旨和经济发展的客观诉求，应当成为《循环经济法》的基本理念。"③ 也有人认为"在循环经济法中应当体现资源本位法和行为本位法相统一，财产法和人文法相统一的理念（其实质是人与自然和谐的理念，因为资源、财产等属于自然范畴，行为、人文属于人的范畴）。"④还有人提出了循环经济的六大理念："循环的系统观，人与自然和谐的价值观，遵循生态规律的自然观，最优化的经济观，清洁的生产观，绿色的消费观。"⑤其核心是通过约束人们的生产、消费等经济行为，以实现人与自然的和谐。另一

① 陈泉生等：《循环经济法研究》，中国环境科学出版社 2009 年版，第 32 页。

② 杨紫烜：《经济法》，北京大学出版社、高等教育出版社 2010 年版，第 52 页。

③ 李玉基：《生态文明：循环经济法的基本理念》，《甘肃政法学院学报》2008 年第 3 期。

④ 王裴民：《论循环经济法的性质与理念》，《河南省政法管理干部学院学报》2009 年第 5 期。

⑤ 唐晓纯：《解读循环经济的六大理念》，《当代经济研究》2005 年第 6 期。

种认识认为循环经济的法律理念是社会本位。如有人指出"循环经济法体现了人类可持续发展的需求，它的理念是以社会为本位的法律理念。"①还有人提出"循环经济法理念与经济法理念有交叉和重合之处，循环经济法属于经济法范畴"。② 由此认为循环经济法理念与经济法理念一致，循环经济法属于经济法。那么怎样从循环经济法的理念中分析它的法律属性呢？这就需要在诸多理念中找出最适合循环经济法内涵的核心理念。以该核心理念判断循环经济法的属性，指导循环经济的立法和实践。在循环经济法的诸多法律理念中，"生态文明"或"人与自然和谐"是循环经济法的核心理念。

学界通过对循环经济法理念的认识推导出了循环经济法归属的两种情形：一种观点认为循环经济法的核心理念是社会本位，循环经济法属于经济法。这种观点值得商榷，它未正确总结出循环经济法的核心理念，但其逻辑推理是正确的。第二种观点认为循环经济法的核心理念是"生态文明"或"人与自然和谐"，但由此得出的结论却是循环经济法属于经济法或循环经济法是经济法和环境法的综合法。他们的理由是循环经济法的理念与经济法或环境法的理念有交叉和重合，所以可将循环经济法归入经济法或综合法。这种推理存在逻辑和定性上的不足。认为循环经济法因此属于经济法的观点是看到了循环经济法与经济法在理念上的联系却未看到它们在理念上的本质区别；认为循环经济法属于经济法和环境法的综合法的观点是看到了循环经济法、环境法、经济法理念的共性，但未看到此共性在三个法中所起的不同作用。

决定事物性质的因素是事物的主要矛盾或矛盾的主要方面，"生态文明"或"人与自然和谐"的理念是经济法的一个理念，但不是其核心理念，故循环经济法在核心理念上与经济法存在差异，所以不能据此认为循环经济法属于经济法。然而"生态文明"或"人与自然和谐"的理念却是循环经济法和环境法的核心理念。虽然在实然方面各国循环经济法和环境法在贯彻该理念中存在水平上的差异，但在应然方面，绝

---

① 魏恒荣、洪怡静：《循环经济法及其理念辨析》，《治淮》2008 年第 1 期。
② 李玉基：《生态文明：循环经济法的基本理念》，《甘肃政法学院学报》2008 年第 3 期。

大多数国家都非常重视该理念，在循环经济法和环境法中均将可持续发展，协调人与自然的关系作为其立法目标和理念。循环经济法和环境法的核心理念完全一致，所以在法律理念角度上将循环经济法归属于环境法。

第三，环境法与循环经济法的主要法律价值和原则竞合。法律价值是人（主体）与法（客体）的关系中体现出来的法律的积极意义或有用性①。法律价值是法律理念实现的桥梁，反映了法律理念，但法律价值是比法律理念更具体一些的概念。法律原则是指贯穿于法律规范之中的，在法的实践中必须遵循的高级准则。循环经济的价值，学界基本认为具有："环境安全价值""资源效率价值""生态和谐价值"以及"正义、秩序价值"等。对于循环经济的原则多总结为："预防优先原则""合理处置原则""产品再利用或资源化原则"（实为循环利用原则）、"清洁生产与经营原则"，（实为循环利用原则）、"科学规则与合理开发原则"等。其中除循环利用原则未在环境法中体现以外，其他循环经济法的价值和原则与环境法并无本质差别，对此学界争议不大。但是主张循环经济法属于经济法的观点则认为循环经济法在其法律价值方面与经济法竞合。比如有人认为："就经济法的目的性价值而言，循环经济理念较好地体现了经济法维护经济和社会可持续发展的立法目的。就经济法的工具价值而言，循环经济通过对物质和能量运行进路的适当设计而实现利益的适当分配，体现了经济法维护利益安全和保障实质公平的价值理念。"②即循环经济法和经济法的价值理念一致，都是实现可持续发展，体现安全和实质公平，由此得出循环经济法的经济法属性。这些基本价值是法律的共同价值，并不能因此推断循环经济法属于经济法。但各部门法均有自己的核心法律价值且各价值又有其侧重点，这些价值的特殊性使得部门法之间产生了差别。循环经济法的核心价值是"生态文明"或"生态和谐"，循环经济法的其他价值如"环境安全""生态效益"等价值服务于该核心价值。经济法的核心价值是"经济法主体利益的协调发展"，而"安全""公平"等价值服务于其

---

① 张文显：《法哲学范畴研究》，中国政法大学出版社 2003 年版，第 192 页。

② 黄丽娜：《浅议循环经济法的部门归属》，《法制与社会》2008 年第 36 期。

核心价值。在核心价值问题上经济法与循环经济法并不一致，循环经济法关注"人与自然的协调"，经济法关注"经济主体之间的协调"。在非核心价值方面循环经济法与经济法的侧重点也不同。如经济法的"效率价值"侧重经济发展的整体效率，追求利益最大化，而循环经济法的"效率价值"则指生态效率，追求利益的最优化。再如"安全价值"，循环经济法追求的是生态安全，不仅要保障人类安全也要保障环境安全。而经济法则重点保障经济主体及国家整体利益安全即人类安全。由此，对循环经济法价值与经济法的价值比较时，不仅要看价值的字面表达，更要看价值的内涵；不仅要比非核心价值，更要比核心价值，因为事物的性质取决于主要矛盾及矛盾的主要方面。通过对循环经济法与经济法的核心价值及其他价值的比较，二者的法律价值并未竞合，所以从法律价值方面看循环经济法也不属于经济法而属于环境法。从法律原则层面论证循环经济法属于环境法的方法也是如此。

第四，环境法与循环经济法的法律内容和特征绝大部分重合并将进一步重合。法律的内容和特征也是判定法律部门属性的一个标准。学界有许多人从循环经济法的内容和特征分析其属性，研究结论有四种：循环经济法虽然包含经济法的某些内容，具有经济法的某些特点，但基本或本质上应该属于环境资源法的范畴[①]；依照循环经济法调整的主要内容和特色，其应当属于经济法；循环经济法兼具环境法、经济法和行政法三个法律的内容和特征，同时是以可持续发展和生态环境保护为主，它属于综合法[②]；循环经济法虽然包含经济法、环境法、行政法和科技法的某些内容，兼具经济法、环境法、行政法和科技法的某些特征，但它不属于上述四者，而是一门独立的新兴法律部门[③]。

上述观点的共性均认为循环经济法兼具多个部门法的内容和特征，但结论却完全不同，其原因依然是没有抓住各部门法内容和特征的实质，只看到了诸法之间的联系和同一性，未看到诸法之间的根本不同。从本质内容和特征考察，循环经济法与环境法无本质差别，循环经济法

---

① 蔡守秋：《论循环经济立法》，《南阳师范学院学报》（社会科学版）2005 年第 1 期。
② 王灿发：《循环经济立法的必要性及其定位》，《东南学术》2006 年第 3 期。
③ 陈泉生等：《循环经济法研究》，中国环境科学出版社 2009 年版，第 31 页。

沿用了环境法的大部分内容和制度并将继续使用,这是不争的事实。而二者内容的不同之处,如 3R 的循环理念、生态规律等也已影响到了环境法,是环境法内容变革和完善的方向。事实上二者在内容和特征上大部分已经重合并将进一步重合,这是二者发展的必然规律。而循环经济法与其他部门法的内容和特征上只有交叉或少量的非主要因素的重合。所以从这个角度讲循环经济法属于环境法的认识是更趋近于对该事物本质的认识。①

通过以上分析,循环经济法属于环境法是比较科学的定位。而将循环经济法归入经济法或综合法或自成独立部门法的观点都或多或少存在缺乏逻辑严密性和科学性的问题。至于性质待定观点即认为循环经济法定性并不是主要应该研究和关注的问题的观点,不利于循环经济法及环境法的完善和发展,它模糊了学科之间的差别,每个部门法都有其特殊的研究内容和方法即矛盾的特殊性。"如果不研究矛盾的特殊性,就无从确定一事物不同于他事物的特殊本质,就无从发现事物运动发展的特殊原因或特殊的根据,也就无从辨别事物,无法区分科学研究的领域。"②只研究现象而不去对同类现象进行归类定性的研究方法不利于学科的系统研究,所以对循环经济法不予定性或忽视定性的观点并不可取。

综上所述,循环经济法是以保护环境权为目的,以实现人类社会的可持续发展为目标,旨在促进传统经济发展模式向循环经济发展模式转变,并运用经济、行政、科技、环境管理等综合性手段,调整因循环经济活动所形成的各种社会关系的环境法律规范的总称。本书认为,从循环经济法的产生背景、立法目的、调整对象及调整手段和主要制度来看,循环经济法都以环境利益为本位,属于环境法的范畴。

四 循环经济法的基本原则

法律的基本原则,是指贯穿于法律制度中的基本规范和根本原则,

---

① 赵海燕:《循环经济法的环境法属性探析》,《兰州大学学报》(社会科学版) 2014 年第 1 期。

② 《毛泽东选集》第 1 卷,人民出版社 1991 年版,第 309 页。

是法律所规范的事物与行为的内在规律及客观要求的法律体现，是任何法律行为所必须遵守的基本法律原则。法律原则直接决定法律制度的基本性质、内容和价值取向，是法律精神的最集中的体现，因此它构成了整个法律中的基础。循环经济法的基本原则是指其效力贯穿于整个循环经济立法的法律制度和规范之中的根本规则，是循环经济发展规律在法律上的体现，是对循环经济发展具有普遍指导意义的基本准则，是进行循环经济法制建设所必须遵循的总的规范和准则。

（一）循环经济法基本原则的确立标准和特征

循环经济法基本原则确定的方法或标准是什么？对此问题，目前理论界并没有研究。① 而从逻辑上讲，法律基本原则的确立方法或标准是确立法律基本原则的前提。本书认为，确立循环经济法基本原则应当遵循如下几个标准，即考虑如下几个方面的因素：

一是价值性。循环经济法的基本原则应当能够反映和体现循环经济的价值理念，反映生态文明理念指导下的生态利益优先、全过程控制思想等理念要求。但是，基本原则本身不能等同于价值理念，前者是后者在法律规范中的具体化。

二是特殊性。循环经济法的基本原则应当能够表明循环经济法与其他法的基本原则的区别，体现循环经济法基本原则自身的特征。在这里，其他法的基本原则，既包括一般的法律原则，如法律面前人人平等原则、公平原则等，也包括作为某一法律部门的法律原则，如环境法的预防原则、协调发展原则等。循环经济法的基本原则，必须与这些基本原则区别开来。

三是普遍性。循环经济法的基本原则应当具有普遍适用性，贯穿于循环经济立法、执法、司法和守法的全过程，成为循环经济立法、执法、司法和守法共同适用的基本指导准则，而不是适用于某一方面某一

---

① 其他法律对此问题已经深有研究。除了传统民法的成熟研究之外，经济法和环境法等部门法也都开展了对于基本原则确立方法和标准问题的研究。关于经济法基本原则确立标准的研究，可参见李昌麒主编《经济法学》（第三版），中国政法大学出版社 2007 年版，第 49—50 页；张守文：《经济法基本原则的确立》，《北京大学学报》（哲学社会科学版）2003 年第 2 期，第 84 页；等。关于环境法基本原则确立方法的研究，可参见金瑞林、汪劲《20 世纪环境法学研究评述》，北京大学出版社 2003 年版，第 154 页；等等。

环节的准则。

根据上述确立标准，我们认为，循环经济法基本原则是指循环经济法中所规定或体现的，反映循环经济的基本理念要求，对循环经济立法、执法、司法和守法具有普遍适用性的根本准则。它是循环经济发展规律的法律体现，是循环经济立法、执法、守法、法律监督等法制建设各环节都必须遵循的总的规范和准则。

根据上述定义，我们认为，循环经济法的基本原则具有如下三个方面的基本特征：

其一，循环经济法的基本原则是循环经济法中所规定或体现的。循环经济法的基本原则虽然是立法的指导思想，具有理念和价值性，但它必须具体化，并且必须由法律加以明确规定或者在法律规范中体现出来，否则不能成为法律的基本原则。

其二，循环经济法的基本原则应当反映循环经济法的基本理念要求。这是基本原则作为连接法的基本理念和具体制度的纽带作用的必然要求。一个原则如果不能反映循环经济及其法律的基本理念和要求，就不能推动循环经济的发展，不能成为循环经济法的基本原则。

其三，循环经济法的基本原则是具有普遍适用性的根本准则。它贯穿于循环经济立法、执法、司法和守法活动的全过程，适用于循环经济法中的所有法律主体，对循环经济法制建设具有根本和普遍的适用性。

（二）循环经济法基本原则的构成

第一，减量化、再利用和资源化原则，即"3R"原则。减量化、再利用和资源化原则，原本是发展循环经济的基本技术要求，既是循环经济发展的过程维度，又属于循环经济技术原则，但由于它贯穿于循环经济法的始终，并且体现了生产者、销售者和消费者等各个主体的权利义务要求，已经被"规范化"，因而成为循环经济法的主线和基本原则。该原则体现了生态文明下生态利益优先的理念，体现了循环经济法的基本理念，同时又是循环经济法具体制度的指导原则。该原则已经规定和体现在现行循环经济立法中。在《循环经济促进法》第二条、《清洁生产促进法》第二条、《节约能源法》第三条、《可再生能源法》第三十二条等法律中均有相关规定，同时，在《国民经济和社会发展第十一个五年规划纲要》中明确提出，发展循环经济要遵循"减量化、再利用、资源化"的原则。上述有关法律以及国家政策规划等，均不同程度地规定和体现了减量化、再利用或者资源化的基本要求。因此，减量化、再利用和资源化原则已经成为循环经济法的基本原则。

第二，共同责任原则。

共同责任原则是指根据循环经济法的规定，政府、企业、个人和社会对于循环经济的发展负有共同的责任和义务。共同责任原则的立法旨意在于：突破生产者责任、消费者责任和政府责任这三类责任的相互独立和"各自为政"的状态，扩大三类责任的内容，并且实现三类责任的相互关联和有机融合。

众所周知，循环经济是一项系统工程，要充分发挥政府、企业、社会和公众等各方面主体的共同作用，做到政府调控、企业运作、社会督促和公众参与的有机结合和互动推进。因此，共同责任原则应当作为循环经济法的一项基本原则。这是建设生态文明的必然要求。

首先，推进循环经济是国家的职责，需要政府建立和完善相关的法律法规、政策体系和标准规范，加强公共管理与服务，以促进企业推行循环经济模式、引导公众树立循环经济意识，养成循环经济消费习惯。

其次，企业是循环经济发展的主体，"减量化、再利用、资源化"三项原则主要是靠企业来实行的，企业运作的成效是发展循环经济的关键。共同责任原则也主要依靠企业加以落实。

最后，社会组织（包括非政府组织和其他组织）和公民个人是推动循环经济发展的重要动力。他们在以实际行动推动循环经济发展，以及监督政府和企业履行其相应义务方面，发挥着不可替代的作用。

共同责任原则已经规定和体现在我国现行循环经济法中。《循环经济促进法》总则第八条规定："县级以上人民政府应当建立发展循环经济的目标责任制，采取规划、财政、投资、政府采购等措施，促进循环经济发展。"这是对于政府发展循环经济的责任规定。该法第九条规定："企业事业单位应当建立健全管理制度，采取措施，降低资源消耗，减少废物的产生量和排放量，提高废物的再利用和资源化水平。"，这是关于企业发展循环经济的责任规定。另外，该法第十条规定："公民应当增强节约资源和保护环境意识，合理消费，节约资源。国家鼓励和引导公民使用节能、节水、节材和有利于保护环境的产品及再生产品，减少废物的产生量和排放量。公民有权举报浪费资源、破坏环境的行为，有权了解政府发展循环经济的信息并提出意见和建议。"这是关于公民在发展循环经济中的责任的规定。第十一条规定："国家鼓励和支持行业协会在循环经济发展中发挥技术指导和服务作用。县级以上人民政府可以委托有条件的行业协会等社会组织开展促进循环经济发展的公共服务。国家鼓励和支持中介机构、学会和其他社会组织开展循环经济宣传、技术推广和咨询服务，促进循环经济发展。"这是关于社会组织在循环经济发展中责任的规定。除此之外，该法在其他章节中还进一步具体规定了政府、企业和社会组织等在发展循环经济方面的职责和义务。

另外，与循环经济相关的其他一些立法，也规定或体现了共同责任原则。如《节约能源法》第七条规定："国务院和省、自治区、直辖市人民政府应当加强节能工作，合理调整产业结构、企业结构、产品结构和能源消费结构，推动企业降低单位产值能耗和单位产品能耗，淘汰落后的生产能力，改进能源的开发、加工、转换、输送、储存和供应，提高能源利用效率。"这是对政府和企业的责任的规定。第九条规定："任何单位和个人都应当依法履行节能义务，有权检举浪费能源的行为。新闻媒体应当宣传节能法律、法规和政策，发挥舆论监督作用。"这是对单位、个人以及新闻媒体等组织的责任规定。

综合现行立法的规定，我们认为，共同责任原则已经成为我国循环经济法的基本原则。在资源开发利用、能源节约利用、废物循环利用以及污染防治等循环经济相关领域的立法、执法、司法和守法活动，应当贯彻和体现共同责任原则。总之，在发展循环经济过程中，国家各部门、地方政府、企业、非政府组织和公众等相关主体，应根据循环经济法规定的各自的责任和义务，发挥各自应有的职责和作用，互相协作，形成良好的合作伙伴关系，共同推动循环经济的发展。

第三，可持续发展的原则。可持续发展是指导循环经济法制定和完善的重要理念，也是其目的价值系统的评价标准。人类社会、经济和环境资源的可持续发展不仅反映着人类在环境危机时代谋求生存和发展最迫切的需要和追求，是调整循环经济活动过程中人的行为和社会关系以满足人类需要和目的的循环经济法的内在价值，也是循环经济法目的价值建立的基础、前提和评价标准，而它的实现同时又有助于循环经济法所追求、促进的目的价值的实现。循环经济法调整人们的循环经济行为和社会关系，安排人们的权利和义务，使人们能够遵循自然规律和循环经济模式的规律进行自由的经济活动，追求经济效率的不断提高，满足着人类社会和经济发展的需求；同时，人类在合法的循环经济活动过程中尽量降低对自然环境资源的污染和破坏，维护环境安全，使当代人和后代人的环境公平及人与自然的和谐发展的环境正义价值能够得到实现。在循环经济法之下，人类对经济自由、效率与环境正义与安全的需要和追求有机地统一起来，使社会、经济与环境资源的可持续发展的价值成为循环经济法所内在具有的"善"，并且，可持续发展的实现也成为循环经济发展与完善的价值评价标准。可见，可持续发展内在于循环经济法之中，指导着循环经济法的发展和完善，是一种内在的精神力量，但是，要使这一评价标准能够为循环经济法的制订者、执行者等主体充分认识和高度重视，并且得以很好地适用于循环经济法的具体原则、制度等规范制定过程中，可持续发展的理念必须外化在循环经济法的条文之中。因此，将可持续发展确立为可以反映法的内在精神和价值评价标准的基本法律原则，是其外化的最佳途径。

可持续发展作为循环经济法的基本原则，首先将有力地推动循环经济模式的发展。在传统的经济模式下，环境保护与经济发展的和谐关系难以实现，大量生产、大量消费和大量废弃的单程式发展造成了环境资源的污染和破坏，导致了严重的环境问题，不利于可持续发展的实现。而循环经济是实现可持续发展的理想经济模式。它带来了新型的生产方式和消费方式，即在生产过程中尽量减少投入、多产出；在消费过程中尽量多利用、少排放，① 使经济活动对环境资源的负外部性尽可能地减少，使资源利用实现循环化、最大化和持续化。长远地看，循环经济模式的运用不会降低社会的经济效率，反而可以促进环境正义的实现。其次，循环经济模式带来了新的生产观、消费观和发展观，引导人们在传统经济模式下形成的奢侈浪费、不可持续发展的价值观发生转变，使人们在对经济利益的追求过程中，高度重视环境安全乃至秩序的实现，并倾向于采用对环境资源无害的技术和设备以及购买绿色产品来促进经济效率和环境正义在全社会范围内

---

① 刘国涛：《循环经济·绿色产业·法制建设》，中国方正出版社 2004 年版，第 21 页。

的实现。可持续发展是人们采用循环经济模式来进行生产生活所要实现的理想，循环经济法调整循环经济活动则必须反映和服从可持续发展原则的要求。可以说，循环经济法以可持续发展为最高和最基本的原则不仅仅是由其自身属性和功能所决定的，也是循环经济法的内在价值和价值评价标准的外化表现。实现可持续发展，包含着人们对社会、经济与环境资源可持续发展共赢的追求，而在其实现的过程中，人们努力使自己经济活动中的对经济自由和效率、环境安全与正义追求的多元化导致的冲突减小。在可持续发展原则的协调下，循环经济法的这些目的价值之间冲突也将最大限度地减小甚至得到克服。

当然，循环经济法作为环境法的特殊部门法，理所应当遵循环境风险预防原则、节约资源等原则，但循环经济法自身所具有的独特的基本原则，应当就是减量化、再利用和资源化原则、共同责任原则和可持续发展原则。这三条原则不仅是循环经济法的法律规则和法律制度的体现，也在整部法律的立法、执法等各个环节起着重要的指导作用。

五 循环经济法的理念——生态化

生态文明理念是迄今为止能够真正协调和处理好人与自然关系的科学理念。生态文明对人类思想观念的影响是根本性的，它促成了人类自然观的变革、生态伦理观的形成和发展观的转向。把自然当作人类的伙伴而不是征服和掠夺的对象，不仅关注人类自身的伦理关系而且关注人与自然的伦理关系，不仅关注经济发展而且关注人与自然的共同发展，这些是生态文明区别于工业文明的基本标志，是生态文明的基本理念。

循环经济法应当顺应生态文明的要求，转变传统环境法的理念，以发展循环经济为主要途径实现人与自然的和谐，而不是以防治污染为主要途径实现社会的和谐。体现生态文明要求的循环经济法理念突出表现在循环经济法理念的生态化上。所谓法理念的生态化，是指在立法中将法律的价值取向由人与人的社会秩序向人与自然的生态秩序扩展，引导、促进、规范和保障人与人、人与自然关系的平衡和谐发展。①

---

① 陶伦康：《循环经济立法探析——基于生态化理念下的思考》，《天津市政法管理干部学院学报》2007 年第 4 期。

具体来说，循环经济法理念的生态化，就是要求循环经济法理念突破传统环境法理念的局限，实现如下五个方面的转变：

第一，从"经济利益优先"向"生态利益优先"转变。当代社会生产力高度发达，自然资源和环境容量有限，人类已从单纯生存需要满足阶段发展到多层次多样化需求满足阶段，一味强调经济发展而忽视自然资源的生态价值必然导致环境问题，环境问题产生于人类经济发展，随经济增长发生变化，最终解决离不开社会经济技术高度发达。对生活质量的维持与提高的要求既是人类追求经济增长的原因，亦是环境保护产生的原因。经济利益与生态利益的关系是循环经济法的基本问题。生态利益是指在满足大多数人需要的同时保护和优化生态系统，保持生态生产力可持续运行能力，以满足全人类整体和长远需要的效益。对利益的追逐必然产生矛盾和冲突。[①] 自然资源具有满足人类多种需求的功能，人类从自然资源处获得经济利益和生态利益。由于人类受对生态利益无限需求习惯心理作用和社会生产力水平限制，生态利益实现形式有别于经济利益，人类对生态利益往往缺乏关注与保护，易陷入唯经济增长的传统怪圈中，环境问题不可避免。大多数生态利益并不可为所有者独享，具有外部性，同时也为公众或全人类共享，具有公益等诸多特性。从此意义看，生态利益相对于经济利益在现实中成为弱势利益，更易受损，为了利益衡平公平，法律需要对生态利益受损救济与生态利益增进做出适当倾斜。[②] 因此，在循环经济法制建设中，应当树立"生态利益优先"的法律理念。

第二，从"末端治理"向"全过程控制"转变。我国传统的环境保护法，明显地体现着污染末端治理，废物最终处理、处置的思想。在这种观念的支配之下，我们对一些环境法律制度或措施的设计，都是立足于"事后处理"的，例如"三同时制度"、"限期治理制度"等等。这显然不符合循环经济发展的要求。循环经济强调的是从原料开采到产品生产过程，最后到产品消费过程的物质循环。按照这一要求，应当实

---

① 胡静：《环境法的正当性与制度选择》，博士学位论文，中国政法大学，2007 年，第 32 页。

② 李丹：《环境立法的利益分析以废旧电子电器管理立法为例》，知识产权出版社 2009 年版，第 25—28 页。

行对于原料采用、产品生产和消费过程的"全过程控制"。这也是循环经济系统性、整体性的要求。

第三，从"物为我用"向"物尽其用"转变。长期以来，人类在对自然资源的认识上存在着一个误区，即自然资源是取之不尽、用之不竭的。正是在这种认识的误导下，人类对待自然界和自然资源一直秉承的是传统的物为我用的观念。这种观念导致人类错误地选择了经济发展的模式，即把经济增长完全建立在大量开发和利用自然资源的基础之上，以致酿成了今天的恶果：一方面，自然资源大量地浪费，另一方面，自然资源急剧地减少或枯竭，"资源危机"随之而至。循环经济的提出正是为了改变人类经济发展的模式，引导人们用珍惜的态度对待自然界和自然资源，彻底改变过去那种自然资源"取之不尽，用之不竭"的观念，树立"物尽其用"的思想。鉴于此，循环经济立法也必须无条件地转变观念，变"物为我用"为"物尽其用"。① 立法应当引导人们建立"没有废物，只有放错了位置的资源"的观念，并保障自然资源得到最有效和最合理的利用。

第四，从"资源无价"向"资源有价"转变。传统的经济学理论认为，没有劳动参与的东西就没有价值，市场经济中没有交易的东西也没有价值。自然资源不是人类劳动的产物，没有人的劳动凝结其中，因此它是没有价值的，而没有价值的东西是不会得到珍惜和爱护的。正是在这种理论的指导下，过去各国普遍选择了高投入、高能耗、高污染、低产出的粗放型生产方式。这种生产方式不仅对自然资源造成了破坏，同时也造成了浪费。诚然，按照马克思主义的价值理论，自然资源作为天赐之物，是没有价值的。但是，自然资源作为人类生活资料和生产资料的来源，作为人类社会经济活动的前提和基础，作为社会经济发展的自然界限，具有特殊的使用价值和物质效用的属性。人类的生产活动，只能服从和利用自然资源和自然条件所固有的属性与功能。人类的劳动，其实也仅仅只是在遵从自然与生态规律的前提下，通过对自然资源的加工、改造，使自然资源所具有的使用价值、物质效用更加聚集、更

---

① 王树义：《从理念到制度——循环经济立法之管见》，载王树义编《循环经济立法问题专题研究》，科学出版社 2006 年版，第 3—7 页。

加突出、更加完善。离开了自然资源和自然条件内含的特殊使用价值和物质效用功能，仅有人类的劳动，是什么也创造不出来的。况且，自然资源作为天赐之物，数量很少，绝非"取之不尽，用之不竭"。另外，每一种自然资源，不论其数量还是质量上的变化都将对整个生态系统的平衡造成影响。正是从这个意义上来说，自然资源是有价值的。有价值的东西，就应当有价格。这样人们才会珍惜它、爱护它。循环经济法律保障机制，关键的一点就是要建立"资源有价"的观念，通过科学的制度设计，迫使人们尊重自然，最合理地、最有效地利用自然资源，使自然资源能够永续地服务人类。① 而为了达到这一目的，就必须使资源有价。只有这样，才能促使人们更好地珍惜自然资源，以非破坏性方式开发、利用大自然，主张和平、谨慎占有，和平、谨慎开发，和平、谨慎利用，反对强暴占有、强暴开发、强暴利用，这是循环经济法所追求的对待自然的行为模式，它与传统法律强调竞争这一行为模式形成鲜明对比。② 这也是循环经济法理念生态化对传统法理念的一个超越。

第五，从过度消费向"绿色消费"转变。工业文明的出现，社会物质财富的增加，给人类带来了追求物质享受的可能，同时也引起人与自然之间的尖锐矛盾。因为，人类的物质享受是建立在掠夺和占有自然资源的基础之上的。要享受、要高消费就必须向自然界索取。于是就有了偷猎藏羚羊、盗伐珍贵林木现象的出现。加之"消费是拉动经济增长的动力"的误导，人类近几十年来的畸形高消费，客观上导致了人类活动对自然资源的过度索取，导致了资源危机的加剧。高消费的另一恶果是，人们在不断提高消费要求、消费水平的过程中，往往不会考虑废弃物的回收和利用问题，从而又引起了废弃物的环境污染和资源的浪费。有学者甚至警告说，这已经"接近了破坏资源的临界点，于是文明社会的崩溃不久就迅速出现。"③ 要扭转这种局面，避免这种悲剧的

---

① 王树义：《从理念到制度——循环经济立法之管见》，载王树义编《循环经济立法问题专题研究》，科学出版社 2006 年版，第 3—7 页。

② 吕忠梅主编：《超越与保守—可持续发展视野下的环境法创新》，法律出版社 2003 年版，第 38—39 页。

③ ［美］加雷德·达尔蒙：《环境的崩溃与文明的终结》，禅林译，《国外社会科学文摘》2003 年第 10、11 期。

发生，发展循环经济是根本出路。而其中不可忽视的一点，就是要转变人们的消费观念，引导人们学会适度消费、"绿色消费"。所谓"绿色消费"，就是引导消费者崇尚自然、追求健康并注重节约资源；在进行消费时，应当选择无污染或少污染、无废物排放或少废物排放、用再生资源生产的产品或可循环利用的产品，注意对产品使用后的处理、处置，不污染环境。绿色消费是符合循环经济发展思想的最佳消费模式。它具有三个方面的基本含义：其一，选择资源消耗最小的产品，因为资源是有限的；其二，选择可循环利用和可回收利用的产品，因为可以节约资源；其三，选择废弃物排放最少和对环境友好的产品，因为有利于环境保护。① 此外，培养良好的消费观念，是发展循环经济不可缺少的一环。提倡物质的适度消费、层次消费，在消费的同时注意废弃物的资源化，建立循环消费的观念，与一次性用品、一次性餐具和豪华包装等过度消费方式决裂。

总之，从"经济利益优先"向"生态利益优先"转变、从"末端治理"向"全过程控制"转变、从"物为我用"向"物尽其用"转变、从"资源无价"向"资源有价"转变、从"过度消费"向"绿色消费"转变，这些转变都是生态文明对于循环经济法律理念的具体要求。

当然，本书认为，由于上述五个方面的法律理念转变与生态文明的要求相符合，代表了循环经济立法、环境立法乃至社会立法的先进理念和价值追求，因此，这种转变不仅适用于循环经济法中，还应当适用于其他环境法乃至整个法律体系中。在上述理念指导下，体现法律理念的循环经济法的立法目的条款应作相应调整。对此，我们认为，《循环经济促进法》第一条应当做出相应调整，删去有关"提高资源利用效率"的经济目的条款的规定，在"保护和改善环境"之后增加"保障人体健康"的立法目的规定，这样一方面更加体现了生态文明理念下"生态利益优先"的要求，另一方面也体现了生态文明理念指导下的循环经济法与环境法的融合，体现了循环经济法以人为本以及人与自然和谐

---

① 王树义：《从理念到制度——循环经济立法之管见》，王树义编《循环经济立法问题专题研究》，科学出版社 2006 年版，第 3—7 页。

发展的价值追求。其他与循环经济有关的法律也应当调整立法目的条款的规定，以使其更加符合生态文明理念的具体要求。

六　循环经济法律体系的构造

为了顺应当前我国社会发展对循环经济立法的需求，必须以科学发展观、生态文明理念和生态系统方法为指导，采取整体的、系统的、协调的、综合的方法来审视、谋划和构建全面、系统、和谐、科学的循环经济法律体系。

（一）我国循环经济法律体系的现状

从立法形式上讲，循环经济法可以分为形式意义上的循环经济法和实质意义上的循环经济法。形式意义上的循环经济法即《循环经济促进法》这一专项法，而实质意义上的循环经济法是指所有与循环经济活动相关的法律。截至目前，这些法律包括如下组成部分：

第一，在立法条款中明确提出"循环经济"内容的国家立法。这部分法律至少包括：《清洁生产促进法》（2002 年 6 月 29 日颁布）、《固体废物污染环境防治法》（2004 年 12 月 29 日修订）、《国家发展改革委行业标准制定管理办法》（2005 年 7 月 28 日颁布）、《促进产业结构调整暂行规定》（2005 年 12 月 2 日颁布）、《废弃电器电子产品回收处理管理条例》（2009 年 2 月 25 日颁布）、《全国人民代表大会常务委员会关于积极应对气候变化的决议》（2009 年 8 月 27 日颁布）等。

第二，与资源开发利用、能源节约、废物回收利用等具体领域相关的立法。如《水法》（2002 年 8 月 29 日颁布）、《土地管理法》（2004 年 8 月 28 日修订）、《节约能源法》（2007 年 10 月 28 日修订）、《可再生能源法》（2009 年 12 月 26 日修订）等，也属于循环经济立法的重要内容。

第三，国家发布的与循环经济发展相关的规范性文件和政策。如：《国务院关于加快发展循环经济的若干意见》（2005 年 7 月 2 日发布）、《水泥工业产业发展政策》（2006 年 10 月 17 日发布）、《钢铁产业发展政策》（2005 年 7 月 20 日）、《煤炭产业政策》（2007 年 11 月 23 日发布）等。

第四，地方制定的循环经济专项立法或者与循环经济相关的其他立法和规范性文件。如：《贵阳市建设循环经济生态城市条例》（2004 年 9 月 29 日颁布）、《重庆市人民政府关于发展循环经济的决定》（2005 年 4 月 22 日发布）、《深圳经济特区循环经济促进条例》（2006 年 3 月 22 日颁布）等。这些规定构成了我国循环经济法的重要组成部分。

随着《循环经济促进法》的出台，以该法为主干，以现有的污染防治、资源开发保护、能源节约利用和生态保护等方面的立法为配合，以法律、法规、规章等为表现形式，我国循环经济法律体系已经初步形成。

（二）循环经济法律体系存在的问题

以上四个组成部分与《循环经济促进法》一起，构成了我国实质意义上的循环经济法的全部内容，这标志着我国已经在法律的各个效力层级建立了促进循环经济发展的相应的法律规范，但从总体上看，我国的循环经济立法还处于初级阶段。[①] 循环经济法律体系还存在一些不足。

法律是一个带有许多大厅、房间、凹角、拐角的大厦，在同一时间里想用一盏探明灯照亮每一间房间、凹角和拐角是极为困难的，尤其是当技术知识和经验受到局限的情况下，照明系统不适当或至少不完备时，情形就更是如此了。[②]

第一，纵向体系存在的问题。从纵向来看，不同效力等级的循环经济立法存在的问题主要表现在如下几个方面：

首先，缺乏宪法循环经济条款的根本指导。从前面的分析看，宪法中的相关规定只确认了保护环境与自然资源是国家的一项基本职责，这是制定与环境保护和资源利用相关的其他规范必须遵守的根本规则。但是，对于国家发展循环经济这样的重大经济社会发展战略转型，宪法中并没有直接规定，这使得循环经济法律体系缺乏宪法的直接指导。宪法已经不能完全适应发展循环经济和建设生态文明的需要，应该加以完善。

---

① 孙佑海：《循环经济立法问题研究》，《环境保护》2005 年第 1 期，第 21 页。

② ［美］E. 博登海默：《法理学——法律哲学与法律方法》，邓正来译，中国政法大学出版社 1999 年版，第 198 页。

其次，相关配套立法缺乏。《循环经济促进法》作为基本法已经实施。但是发展循环经济仅仅靠这一部法律是远远不够的。《循环经济促进法》在很多方面只是做出原则性规定，需要相关立法和配套立法加以完善。如，根据该法第十五条第四款规定："强制回收的产品和包装物的名录及管理办法，由国务院循环经济发展综合管理部门规定。"但该管理办法还没有出台。第十六条第三款规定"重点用水单位的监督管理办法，由国务院循环经济发展综合管理部门会同国务院有关部门规定。"该管理办法迄今也没有颁布。专门性的立法也很少，生态农业、生物多样性、资源综合利用和消费等专门领域的立法空白，能源法一直没有出台，行政处罚、行政强制等一些程序性法律规范也对这些专门的内容没有做出具体的规定，从而影响到循环经济法律的实施。

此外，发展循环经济涉及财政、税收、金融、投资、贸易、科技、教育培训等纵向管理，以及企业经营、垃圾处理、建筑、食品、化学品、家电、服务行业等领域，需要制定法规或者规章的任务很多很重，有许多法律上的空白需要填补。[①]

再次，相关标准规范空白。循环经济涉及很多技术性标准、规范和要求。发展循环经济离不开相关技术标准的规范和保障。我国目前循环经济法律体系中缺乏必要的强制性标准等技术法规，包括：高耗能、耗水行业的市场准入标准、能效标准、取水定额标准、生态设计标准、环保绩效考核评价标准，等等。

最后，地方立法明显不足。我国人口众多、幅员辽阔，不同地区经济社会发展水平差异很大，各地区对循环经济发展的重视程度有差别，循环经济发展水平也各不相同。在客观上，与循环经济相关的地方性法规和规章，在不同地区的数量、质量和层次也是参差不齐。从地方立法的数量来看，东部等一些地方制定了循环经济地方性立法，而其他大多数地方则基本上没有地方性的循环经济立法。从地方立法的内容来看，一些地方的循环经济立法机械地从属于中央立法，以至于照抄照搬中央立法。正如有学者指出的那样，"若把它们的'XX 省'、'XX 市'的地方名词去掉的话，找不出它们有多少不同，真可谓'放之全国而皆

---

① 孙佑海：《循环经济立法问题研究》，《环境保护》2005 年第 1 期，第 21 页。

准'，很少有结合省情、市情的新内容和新措施，缺乏地方特色。① 而且，很多地方性立法都不同程度地存在着立法用语不规范、不准确、容易产生歧义，甚至与上位法相抵触等情形。从立法层次上看，多数地方立法形式为政府或部门规章，而由地方人大或者人大常委会颁布的地方性法规为数较少，而地方政府又大多委托地方行政主管部门负责起草工作，由于在起草工作中没有行之有效的立法监督，受部门利益的影响，往往使得这些规章烙下部门利益的痕迹。因此，总体上看，地方有关循环经济的立法明显不足。

第二，横向体系存在的问题。横向的循环经济法律体系除了《循环经济促进法》外，还包括环境保护、资源、能源、生产、流通消费、废物综合利用等流域的法律。这些法律与《循环经济促进法》之间的相互重合和不协调问题比较突出，某些方面的规定甚至相互矛盾和冲突。具体而言，《循环经济促进法》与循环经济法律体系中的其他法律法规的不协调体现在如下几个方面：

首先，与生态环境保护领域立法的不协调。生态环境保护领域的立法主要有《环境保护法》、《水污染防治法》、《大气污染防治法》、《固体废物污染环境防治法》等。这些法律主要涉及污染防治问题，并且均是在《循环经济促进法》之前颁布，其中与循环经济相关的部分条款，立法理念和制度安排均已不能适应循环经济发展的需要。

其次，与资源开发利用保护领域立法的不协调。② 我国现行资源开发利用保护领域的法律主要包括《水法》《矿产资源法》《土地管理法》《森林法》《草原法》《渔业法》等。这些法律的调整范围主要是针对相应领域的资源开发、利用以及保护问题。

再次，与能源立法的不协调。从20世纪80年代初期到现在，我国的能源立法已经初具规模。特别是其中《节约能源法》和《可再生能源法》，直接体现了发展循环经济的要求。但现行的能源法律体系，也还存在能源基本法缺位，一些能源单行立法中存在不少空白，如"石

---

① 李广兵：《可持续发展与地方环境立法》，《环境资源法论丛》（第三卷），法律出版社2003年版，第125页。

② 清华大学循环经济立法项目组：《中国循环经济立法框架研究总报告》2007年6月25日，第7—10页。

油天然气法"尚未立法。已有的一些能源立法，如《节约能源法》和《可再生能源法》等，由于制度设计上的措施有限，导致实施效果不佳。以与《循环经济促进法》相协调为目标，能源立法的修改和完善将是今后一大任务。

最后，与清洁生产领域立法的不协调。虽然《水法》、《节约能源法》、《可再生能源法》、《固体废物污染环境防治法》以及资源综合利用的政策法规不同程度地对生产领域有关循环经济的活动做出了规定，但这些法的重点毕竟关注的不是生产本身。在生产领域与循环经济关系最为密切的立法应是《清洁生产促进法》。该法较系统地对节约资源与能源、提高能源效率、综合利用、合理包装、废物回收利用等进行了规范。此外，一些地方法规，如《太原市清洁生产条例》等，也对涉及循环经济在生产领域的要求进行了规定。由于现行清洁生产法是以促进法的方式建立的，法律责任条款太少，鼓励性条款虽多却难以落实。《清洁生产促进法》的这一基本特征，大大降低了其约束力和实施效果。

（三）循环经济法律体系的完善

随着生态文明建设继续深入，社会经济形势不断发展变化，对循环经济立法又提出了新的更高要求。对此，我们需要在肯定《循环经济促进法》及其他相关立法重要意义的同时，通过积极借鉴国外有关循环经济立法的有益经验，及时总结我国循环经济立法中存在的缺陷与不足，不断完善循环经济法律体系。为了更好地保障和推动生态文明建设的进一步发展，需要从纵横两个体系上加以完善。

第一，循环经济法律体系的纵向完善

健全和完善循环经济法律体系，从纵向的效力等级看，要建立和健全由宪法、法律、行政法规、地方性法规、行政规章、标准和规范性文件所组成的循环经济法律体系。具体来说：

一是在宪法中增加发展循环经济的条款。发展循环经济是落实科学发展观和建设生态文明的重要举措，是建设资源节约型、环境友好型社会的重要途径，是从根本上突破资源能源瓶颈、缓解环境压力和维护环境安全，最终实现我国经济社会稳定、高效和可持续发展的重要保证。为了体现和保障发展循环经济在国家经济社会生活中的重大战略地位，宪法中应当明确增加发展循环经济的条款。一旦宪法中确立发展循环经济的法律条款，将为我国循环经济的发展和循环经济法治建设提供更加强大的政治支撑和法治保障。

二是建立和完善相关配套法规。由于我国的国情和立法特点所决定，无论是《清洁生产促进法》还是《循环经济促进法》等法律，均具有原则性特点，可操作性不强。因此，加强配套立法成为落实基本立法中规定的各项制度、措施的重要途径。

在循环经济配套立法方面，首先要加强资源的节约使用和综合利用以及环境保护方面的立法。要抓紧制定节约用水、节约用地、节约原材料、资源综合回收利用、节约能源等方面的专门法规。还要抓紧制定《农村环境保护条例》、《畜禽养殖污染防治条例》、《排污许可证管理条例》、《饮用水水源保护区污染防治条例》、《生态功能保护区建设与管理条例》等行政法规，制定发展生态农业、保护生物多样性、促进绿色消费等领域的法规。通过这些立法，缓解我国目前工业化中期能耗物耗过高，资源能源浪费严重、环境污染形势日趋严峻的压力。

另外，在行业方面，比如垃圾处理、建筑、食品、化学品、家电、服务行业等领域，在宏观政策方面，发展循环经济需要的财政、税收、金融、贸易、科技、产业投资、教育培训等方面的支持，均需要制定相应的规章或规范性文件加以保障和落实。

三是制定相关标准规范。标准规范是循环经济法律体系的重要组成部分。加快相关标准规范的制定，是完善循环经济法律体系的重要工作。国务院有关部门要加快制定高耗能、高耗水行业的市场准入标准，出台环保绩效考核评价标准、生态设计标准等，完善主要用能设备能效标准和重点用水行业取水定额标准，组织修订主要耗能行业节能设计规范，制订重点行业清洁生产评价指标体系，建立强制性产品能效、环保绩效标识制度。[①] 通过上述标准规范的制定和实施，从而有助于保障资源节约、污染预防、废弃物减量化措施的贯彻实施。

四是加强地方立法。我国是一个人口众多、幅员辽阔的国家，各地发展水平很不平衡。法律公布后，各个地方根据法律的原则性规定制定

---

① 冯之浚主编：《循环经济导论》，人民出版社 2004 年版，第 402—403 页。

相应的实施条例或者实施细则是十分必要的。加强地方立法，必须在国家立法的框架内，结合本地区的特色和实际情况，制定促进循环经济发展的地方性法规或者政府规章。要抓紧制定适合地方需要、具有可操作性、配套国家循环经济立法的地方性法规、规章和政策标准。对于现行国家级循环经济立法空白的区域，地方立法可以出台法规或者规章，填补国家立法的空白，并对立法的实施效果及时进行评估，以促进本地循环经济立法的完善，同时也为国家循环经济立法完善提供有益的地方经验。

五是加快其他法律的"生态化"。促进循环经济发展，不仅要制定完善的环境资源法律、法规、规章和政策标准，而且要在其他法律中充分体现促进循环经济发展的要求，加快其他法律的"生态化"。从一定意义上讲，环境资源法律体系之外的法律，对促进循环经济发展所起的作用更为关键。因此，在制定完善有关的民事、财政、金融、税收、对外贸易等法律、法规时，也要考虑从法律措施上支持循环经济发展的问题，以便更有效地引导我国经济增长方式的转变和经济增长质量的提升。

第二，循环经济法律体系的横向完善

从横向领域看，循环经济法律体系需要完善四个方面的立法：一是综合性的龙头法，如《循环经济促进法》，以全面规范从资源输入到废物排放的全过程；二是输入端的立法，如《矿产资源法》等，以解决自然资源的破坏性、浪费性开采问题，其核心要求是合理开采；三是转化环节的立法，如《清洁生产促进法》等，以规范产品生产、加工、流通和消费等各类行为，其核心要求是生态设计以及节约利用和高效利用；四是输出端的立法，如制定《废弃物回收利用法》等，以规范废物的回收、拆解、加工等行为，其核心要求是循环利用和无害利用。① 该思路是以循环经济的物质流动规律为标准并符合循环经济发展的客观要求。

综上所述，完善循环经济法律体系，重点需要以生态文明理念为指导，以促进循环经济发展为指针，协调好相关立法与《循环经济促进

---

① 杨朝霞：《化解金融危机更需推行循环经济》，《中国环境报》2009 年 1 月 19 日，第 3 版。

法》的关系问题，适时修订相关立法，使各项立法相互协调配套，发挥整体合力。

第二节　循环经济法价值论

"价值"这一词最早是由古代梵文和拉丁文中的"掩盖、保护、加固"的词义派生出"尊敬、敬仰、喜爱"的意思之后由该意义才演变出价值一词的基本含义，即"起掩护和保护作用的、可珍贵的、可重视的"之意。此词语的意义和用法最初只是在经济法上扩展，之后，随着"价值"不断地发展，对它的探究也扩展到各个社会学科领域之中。

从哲学的角度看，马克思指出了一般意义上"'价值'这个普遍的概念是从人们对待满足他们需要的外界物的关系中产生的"[1]，是"人们所利用的并表现了对人的需要的关系的物的属性"[2]，"表示的是物对人有用或使人愉快等等的属性"[3]。由此可见，价值属于关系范畴，是客体在主体的关系中所表现出来的对人有用的属性。而价值论作为一种特殊的科学理论，是指客观世界各种事物对于人类的生存与发展意义的认识。哲学价值论是法的价值存在的根基，其产生及发展都深刻地影响着法的价值成长的每一步。因此，全面理解哲学价值观对法的价值的研究有着极其重要的意义。

一　循环经济法的价值关系

循环经济法的价值是法的价值的下位概念，它具有法的价值的要素和属性，同时也体现着循环经济法的特殊效用。循环经济法的价值并非"循环经济"与"法的价值"概念的简单叠加，而是人在体认循环经济法的意义或效用的过程中对两者的质的概括和辩证发展，它揭示了循环经济法的存在及其介入人们生活所体现出的关系。本书认为，循环经济

---

[1]　蔡守秋：《论循环经济立法》，《南阳师范学院学报》（社会科学版）2005 年第 1 期，第 406 页。

[2]　《马克思恩格斯全集》第 26 卷，人民出版社 1979 年版，第 139 页。

[3]　同上书，第 326 页。

法的价值，是循环经济法在调整有助于实现社会、经济与环境资源可持续发展的循环经济活动中产生的社会关系时所呈现出来的积极意义及其效用。也就是说，所谓循环经济法的价值，是指作为客体的循环经济法的存在、性质及其活动与作为社会实践主体的人的需要满足程度、目的实现程度相适应、相接近的状况。这种状况是在现实的、具体的循环经济法的实施及人的目的追求、需要满足的基础上产生的，它肯定了作为客体的循环经济法对作为价值主体的人所呈现出的一种积极意义和效用。

（一）循环经济法的价值主体

马克思主义哲学认为，价值源于客体，由主体决定。没有价值主体的存在，任何价值都不可能出现，由此可知，循环经济法的价值主体，是循环经济法价值关系的最基础要素。在整个社会活动中，人是一切行为和活动的主体，也是一切价值的主体，从而循环经济法的价值主体便是人。这里的"人"，不仅是指人类全体，还包括法律所拟制的人，包括社会、国家、法人、社会组织等等，因为循环经济法调整的便是以上主体在循环经济活动过程中发生的社会关系。在循环经济法的运行过程中，"人"所体现的需要和追求的目标，便成为循环经济法的价值。

（二）循环经济法的价值客体

"法的价值客体是法。"[①] 显而易见，循环经济法本身便是循环经济法的价值客体，这就包括调整循环经济的法律、法规和其他规范性文件。根据哲学价值论，循环经济法只有具备对主体有意义、能够满足主体需求的功能时才能够形成循环经济法的价值属性，换句话讲，只有当这些调整循环经济的法律、法规和规范性文件实现资源循环、经济的可持续发展时，作为客体的循环经济法便与主体之间形成了价值关系。

（三）循环经济法主体客体之间的关系

根据马克思主义哲学，价值并非反映某种事物独立的范畴，而是人与客观存在物的关系范畴。所以，"循环经济法的价值"并不是指循环经济法的主体在循环经济法实施过程中的喜好和追求，也不是循环经济法作为客体的功能和属性，而是人与循环经济法之间建立起来的主客体

---

① 卓泽渊：《法的价值论》，法律出版社1999年版，第11页。

关系，简言之，其价值便是主体与客体之间关系的反映。对于二者之间的关系，我们可以这样理解，主体的追求和需要是循环经济法价值生成的原动力，循环经济法作为客体是循环经济法价值的具体反映。单纯以主体或者客体来谈循环经济法的价值，都不能明确其的真正内涵及意义，循环经济法价值的主体和客体之间有着正向比关系，即作为主体人的需求越强烈，客体满足主体需求的程度也就越大，循环经济法的价值也就越高，那么，反之则恰巧相反。

二 循环经济法的价值属性

价值都具有属性，属性是某一事物价值的另一种体现。那么，循环经济法的价值属性又是什么呢？本书认为，循环经济法不仅具有主观性，还有客观性；不仅有内在价值，还有外在价值，这些属性之间的关系不是孤立存在而是相互统一的，即循环经济法的价值是主观性和客观性的统一，是其内在价值和外在价值的统一。

（一）循环经济法的价值具有主观性

循环经济法的价值是由循环经济法的价值主体与其价值客体之间的关系所反映的。

第一，循环经济法的价值主体具有主观性。人有思想、有情感、有好恶、有欲念，作为循环经济法的价值主体，当人类对循环经济法的价值进行评价时，其实就是一种思维活动，他会根据自身对事物的认识和了解来进行评价，不同的人对循环经济法的价值的理解必然不同，因而得出的评论必然带有主观性，循环经济法的价值也就带上了主观的色彩。

第二，循环经济法的价值客体具有主观性。人的需要是循环经济法产生的原动力，作为循环经济法的价值客体，循环经济法的制定、解释、修改、适用都由人类的主观意识来决定。人的需要反映出什么，国家意志也便体现出什么，而人的需要更多的是与国家文化、价值观念、制定者的喜好紧密相关。因而，循环经济法对客观社会生活的反映还是具有一定的主观性，这更能让我们理解，为什么同样是国家制定的循环经济，但每个国家的循环经济法所包含的体系，内容、结构却是不一样的。

（二）循环经济法的价值具有客观性

众所周知，循环经济法是循环经济法的价值客体，其作为一种法律制度，同其他的法律、法规一样，是在社会物质生活基础之上建立与发展的，根据人类的发展规律，人类只有在满足了自己物质需求的基础上，才会产生其他精神层面更高一级的需求。虽然说人的需求各有不同，但在某一历史阶段的社会物质条件却是客观的，因而在此基础上产生的循环经济法一定也具备客观性。从另一方面分析，只有循环经济法当满足了循环经济法价值主体的需求时，循环经济法的价值方可显现，但在任何条件下，作为循环经济法价值主体的人的需求同样依赖于当时的客观物质条件，因此，人的需求也具有客观性，从而，循环经济法所显现的价值也便是具有客观性的。

（三）循环经济法的价值是主观性和客观性的统一

法的价值不仅具有客观性，还具有主观性，循环经济法的价值是主观性和客观性的统一。之所以这么讲，是因为循环经济法的价值是由其主体的需要所体现的，若其价值主体没有任何的需求，自然也没有"循环经济法的价值"这样的说法，因此，循环经济法的价值是以主体需求的变动而变动的，这便是主观性了。说其具有客观性，是体现在循环经济法价值客体的存在都是在现有的社会物质生活之上建立的，而现有的物质生活条件却是客观的。可以这样说，循环经济法价值主体的需求既客观存在并不断地随着社会物质生活的改变而改变，也随着价值主体对事物的认识不同、感官不同的变化而变化，因而，循环经济法的价值主体和价值客体兼有主观性与客观性，循环经济法的价值同样具有主观性和客观性，二者总是相互联系并相互统一的。由此便可印证，循环经济法的价值是主观性和客观性的统一。

（四）循环经济法是其内在价值和外在价值的统一

所谓法的内在价值即法本身应该具有的价值，循环经济法的内在价值便是循环经济法本身应具有的价值。循环经济法调整的是人类在循环经济活动的过程中所产生的社会关系，其终极目标是人类经济、资源、生态环境的良性循环，从而达到经济、资源、生态环境的可持续发展。因而，循环经济法的内在价值即是经济、资源、生态环境的可持续发展。

所谓法的外在价值即法的目的性价值，法的外在价值是一种责任和义务，循环经济法出现的目的便是满足人的需求，并在此基础之上显现其价值，因而循环经济法的外在价值是指循环经济法所要追求和实现的价值。

对于循环经济法来说，没有内在价值，外在价值便失去了存在的意义；没有外在价值，内在价值便无从体现，只有内在价值与外在价值同时存在，循环经济法的价值才能显现。换句话说，循环经济法的内在价值是基础，同时，它又服务于外在价值，而外在价值是内在价值的体现。因而，循环经济法是其内在价值和外在价值的统一。

综上所述，循环经济法的价值反映其价值主体的需求并不断地满足其需求，体现着作为价值客体的循环经济法与价值主体之间相适应并相吻合的微妙关系；其既具有内在价值，又具有外在价值，并通过外在价值体现出内在价值，因而，循环经济法的价值是主观性与客观性的统一，是内在价值与外在价值的统一。

三 循环经济法的价值

循环经济法的价值是指由作为价值客体的循环经济法不断地满足价值主体的需求之后所体现出的一种微妙关系。对循环经济法的价值进行探析，对循环经济法的研究有着重大意义。

（一）循环经济法的立法价值

立法价值通常不是指立法作用或立法的有用性，而是指立法主体的需要与立法对象（法律所要调整的对象）间的相互关系，表现为立法主体通过立法活动所要追求实现的道德准则（正义、公平等）和利益等。立法价值分为基本价值和最终价值。基本价值所体现的是立法主体通过立法活动所追求的基本目的。循环经济法的立法基本价值主要体现在以下几个方面：

第一，运用法律条文的形式确定循环经济的定义，从而统一各界的思想认识。对于循环经济的一些基础理论，社会各界的认识各有迥异，并未有一致的答案。这种现象所体现出的最本质问题便是循环经济的定义不统一。在现代社会，法律作为一种国家意志，具有权威性和强制性，不能如同学术界一样"百家争鸣、百花齐放"，循环经济的定义不统一，便会导致人们对循环经济的理解和认识的产生偏差，如果进入到实践环节，将极大地阻碍社会的发展。因而，循环经济的立法价值之一，便是将循环经济的定义以法律条文的形式确立下来，统一社会各界的思想认识，从而指导我国经济以及生态环境的良性发展。

第二，解决已有循环经济立法存在的问题。循环经济立法指的是能够体现循环经济理念的或与循环经济有关除了《循环经济促进法》以外的相关法律、法规以及条例。我国的循环经济立法主要体现为我国已有的与循环经济理念相关的法律、法规以及地方循环经济的法规和条例。这些立法虽然是我国循环经济的建立和发展的法律后盾，一些政府组织的循环经济工作也获得了一定的认可，但是，其距离发展循环经济的要求还是有一定的距离，因此，《循环经济促进法》解决的便是这些问题。在中国，《循环经济促进法》是一部全面体现科学发展观，综合考虑将资源循环利用、环境保护、经济的可持续发展纳入到该体系内的法律，解决的是循环经济立法在指导理念、条款设计、内容排列上的缺陷等问题，为促进循环经济在我国的良性发展做出贡献。

第三，指导和规范发展循环经济的实践。2000 年开始，国家政府根据我国投资项目增多，工业化发展迅速、经济发展速度加快，但资源消耗数量剧增、环境污染不断恶化等现象，提出了循环经济理念，并开始了对具有中国特色的循环经济发展进行探索。此理念提出时，各地方工作热情高涨、积极热切，但落实到该理念如何实施到实践中，如何明确各界的责任与义务等问题时，各界又觉得困扰重重。因而，《循环经济法》所要体现出的便是对以上诸多问题明确且清晰的规定，如在实践中的各种可操作性制度，政府、企业以及公众的责任与义务等等，使得各地方发展循环经济时有法可依，并根据各地方自身的特点来制定符合本地区发展的规章、制度等，从而发挥出指导和规范发展循环经济实践的积极作用。

第四，引导和规范企业实施生产者责任延伸制度。生产者责任延伸制度（extended producer responsibility），又称产品延伸责任，是运用现代环境管理原则来实现产品系统生态性，有利于资源节约、环境保护以及经济发展的一种主要制度。生产者责任的延伸，具体到实践中体现为，循环经济法要求生产者在产品的使用寿命期限内对其承担环境责任，对废弃产品进行回收处置等有关义务；要求企业在生产环节对产品的能源消耗、使用中的环保标准以及消耗后的回收利用都要承担法律责任等等。建立和完善该制度，可促使企业在产品设计、生产的过程中将产品再商品化，从而促进产品的生态设计等工作开展。循环经济法不单单只是规定该项制度的建立，还将在相应章节中明确相应制度的措施和责任，以促使企业在各个环节实行资源减量化和循环利用。因此说，循环经济法立法价值在生产者责任延伸制度中最大化地体现出立法主体所要实现的道德准则和基本利益。

（二）循环经济法的目的价值

循环经济法的目的价值是指循环经济法在发挥其社会作用的过程中所体现出的价值。循环经济法在调整循环经济发展的社会关系过程中不但满足人类对经济可持续发展而且兼顾环境资源可持续发展，强调环境正义与经济效率的同时也注重环境安全与经济自由。环境正义、经济效率、环境安全、经济自由它们共同构成了循环经济法的目的价值，反映出作为价值客体的循环经济法的本质以及作为价值主体的人的需求。因此，对循环经济法的目的价值进行探析有利于循环经济法作用的发挥以及自身的完善。

第一，环境正义。罗尔斯认为，正义是社会制度的首要价值[①]。法是社会制度之一，一直被视为维护和促进正义的艺术或工具，正义必然也是一般法的价值[②]。环境正义是在资源不断枯竭的现状下人类对正义的最新认识。其核心内容主要包括以下三个方面：其一，代内公平，即"在任何时候的地球居民之间的公平"[③]。代内公平一般是指代内的所有人，不论其国籍、种族、性别、经济文化等方面存在何种差异，其对于利用环境资源和享受清洁、良好环境均有平等的权利[④]。其二，代际公平，即各世代都有义务保证其留给未来世代的地球自然和文化资源质量不比其接受这些资源时有所下降。它包括了保护选择、保护质量和保护

---

① 张文显：《法理学》，高等教育出版社 1999 年版，第 209—212 页。
② ［美］罗尔斯：《正义论》，何怀宏、何包钢、廖申白译，中国社会出版社 1988 年版，第 3 页。
③ 吕忠梅：《论经济法的目的性价值与工具性价值》，《法商研究》2000 年第 6 期。
④ 张梓太、陈泉生：《宪法与行政法的生态化》，法律出版社 2001 年版，第 155 页。

获取三个原则的内容①。其三，种际公平，即人类作为物种之一和地球生物圈内的其他物种是平等的，人类应当尊重其他生物的生存权利，寻求跨越人域的人与自然的和谐与公平②。总之，环境正义意味着世世代代的人都应将环境与资源保护和可持续发展视为其正当的权利和义务。

"为了公平地满足今世后代在发展与环境方面的需要，求取发展的权利必须实现。"③ 而这种发展，应该是循环经济这种能够实现经济与环境资源可持续发展的生态经济模式的发展。从机会公平的角度来讲，作为人类生存和发展物质基础的自然环境为每一个社会成员提供了平等的物质和能量交换，以保障其生存和发展的权利。④ 如果当代人仍采用单程式经济模式继续无节制地开发利用环境资源，这也意味着当代人剥夺了后代人生存和发展的机会。因此，发展循环经济，提倡环境资源的高效、节约和循环利用，是实现可持续发展的必然要求，也是满足当代人和后代人生存和发展需要的共同要求。而从结果公平的角度来看，如果一个企业为了追求自身发展和经济利益，掠夺式地开发自然资源、向自然环境排放大量废弃物，但它在得到巨大利益的同时已承担了其经济活动的负面影响，承担了资源匮乏、环境污染等后果，这就是公平的。⑤但经济活动的外部性理论告诉我们，某一经济活动带来的环境不利影响实际上是由全体社会成员共同分担的，这就意味着，造成环境不利影响的企业更多地享受了利益，其他社会公众更多地承担了环境污染等不利影响，这无疑是不公平的。发达国家为保障本国的良好环境质量而越境转移废弃物到发展中国家的行为更是不公平的，因为环境正义不分国界，它是全人类的共同需要和追求。而作为一国国内法的循环经济法，通过鼓励和强制本国当代的生产者和消费者为环境资源的可持续发展而进行符合循环经济思想的行为，诸如奖励废弃物回收利用的行为、加重违反循环经济思想的行为实施者的责任等，一方面有利于满足一国

---

① ［美］爱蒂丝·布朗·魏伊丝：《公平地对待未来人类：国际法、共同遗产与世代间衡平》，汪劲、于方、王鑫海译，法律出版社 2000 年版，第 41 页。

② 曹明德：《生态法原理》，人民出版社 2002 年版，第 205 页。

③ 张梓太、陈泉生：《宪法与行政法的生态化》，法律出版社 2001 年版，第 135 页。

④ 郭炯：《论环境法的价值取向》，《甘肃教育学院学报》（社会科学版）2002 年第 1 期。

⑤ 郭炯：《论环境法的价值取向》，《甘肃教育学院学报》（社会科学版）2002 年第 1 期。

当代人对结果公平的需要，实现本国人的环境正义追求，另一方面通过循环经济法对本国国民行为的规范和制约，也可以教育和影响其他尚未实行循环经济的国家对循环经济能够满足全人类社会、经济和环境资源可持续发展功能的关注。而在追求环境正义的代内公平与代际公平实现的同时，循环经济法本身应合乎自然生态规律、社会经济规律和人与自然相互作用的环境规律，[①] 应以自然资源、环境的可持续发展为其内在价值，要求人们遵循规律进行生产、消费等经济活动，使人类和地球生物圈内其他物种共享美好的自然资源环境，实现地球生物圈种际间的平等共处与和谐发展，实现种际公平。

　　总之，正义只有通过良好的法律才能实现。循环经济法应尊重规律，通过调整代内人的经济活动以使之符合环境正义的要求，进而实现代际人的环境公平和人与自然平等共处、和谐发展的种际公平。环境正义是循环经济法的目的价值之一。循环经济法应成为具有环境正义价值的良法，追求环境正义价值的实现应是其鲜明的美德。

　　第二，经济效率。所谓法的效率价值，是指法能够使社会或人们以较少或较小的投入获得较多或较大的产出，以满足人们对效率的需要的意义[②]。现代社会的法律，都有或应有其内在的经济逻辑和宗旨，即以有利于提高效率的方式分配资源，并以权利和义务的规定保障资源的优化配置和使用。经济效率作为效率价值的主要内容，正是循环经济法所追求和促进的目的价值之一。

　　任何资源的供给在一定时期内都是有限的，经济学上谓之为"稀缺性"。经济效率价值，就是因人们需要和欲望的无限性与环境资源的有限性的矛盾而产生的价值。在生存和发展进程中，人类对生活的改善始终具有无限欲望，其需要无止境，一种需要得到满足后新的需要便应运而生。然而，在我们这个星球上，满足人类不断增长的需要和欲望所需的资源却是有限的、稀缺的。长期以来，人类采取传统的单程式经济模式，遵循"资源—消费—废弃物排放"的单向流动的机械式规律进

---

① 蔡守秋：《环境正义与环境安全二论——环境资源法学的基本理念》，《河海大学学报》（哲学社会科学版）2005 年第 2 期。

② 董性茂、贾齐华：《联绵词成因推源》，《古汉语研究》1997 年第 3 期。

行活动，以资源的高投入高消耗带来产品的高产出，在消费环节中则倡导以高消费、高享受拉动经济增长。这是一种资源利用低效率的经济模式，带来了环境、资源的破坏、浪费，导致许多资源如煤、石油的濒临枯竭。当前，如何利用有限的资源去满足人们不断增长的需要和欲望，业已成为人们普遍关心的问题，减少环境资源投入而获得同等或较多产出的循环经济模式逐渐成为各国的共同选择。循环经济倡导"资源—产品—消费—新资源"的物质闭环流动，追求以较少的环境资源投入带来与单程式经济模式相同或更多的产出，其本身就属于经济效率较高的经济行为和活动，体现了"低能耗、高利用、再循环"的经济发展原理。然而，在现实社会生活中，循环经济效率的真正实现乃至不断提高还有赖于循环经济法的保障，即通过循环经济法来提供鼓励和保障的规范和制度，确认和保护最有效率的经济运行模式，使之容纳更多生产力。

循环经济法以经济效率为其目的价值之一。循环经济法以其特有的权威性方式设立有效的法律原则和制度，调整循环经济活动中人们的生产、消费行为和社会关系。其目的价值在于，通过对权利、义务的适当分配，提高环境资源配置和利用的"经济效率"，实现经济效率的最大化。循环经济法应根据经济效率价值的要求，规定国家运用法的手段干预经济生活，并设置一定的经济激励制度和法律责任制度以保障权利的实现。只有这样，才能实现循环经济法的经济效率价值。从根本上说，循环经济法对经济效率提高的追求和保障，是伴随人们日益增长的物质生活需要同有限的环境资源的矛盾而产生的。人类的生存和发展离不开自然环境资源，同样离不开经济活动生产出来的各种各样的产品，提高生产和消费活动的经济效率是实现经济与环境资源可持续发展的必然要求。

第三，环境安全。法作为社会制度的一种，维护和保障安全、满足人们对安全的需要也是其所追求的目的价值之一。在法律至上的法治社会，"如果法律秩序不表现为一种安全的秩序，那么它根本就不能算是法律"[①]。人类社会进入环境危机时代后，更加需要一个良好的环境秩

---

① ［德］乔治·恩德勒：《经济伦理学大词典》，王淼杨译，上海人民出版社 2001 年版，第 54 页。

序来保障人类的生存和发展。而最起码的环境秩序至少应能保障人和环境的安全，环境安全是环境危机时代人类生存和发展的基本需要之一。环境安全又被称作生态安全，是指使得生活在任何地区任何时代的居民都能够稳定的取得环境资源，同时自然资源和生态环境处于良好发展的状态。环境安全作为循环经济法目的价值之一，我们应从以下两方面理解：首先，从自然环境的角度，环境安全体现为自然生态规律不被外界搅扰而是以自然的生态规律安全存在；其次，从人类的生存和发展角度，环境安全体现为在环境自身安全状态的支持下国民经济健康稳定发展并能够抑制生态环境中的不协调因素，如环境污染、资源浪费等。环境安全是人类生存和发展的最低标准，这就使得循环经济法在立法目的价值选择时将其放在最重要的位置，正是由于循环经济倡导资源循环利用、生态环境良性发展从而实现社会、经济、环境的可持续发展，循环经济法成为一部最能体现环境安全价值的法律、法规，它将以其权威性和强制性来推动新的经济活动模式，从根源上克服经济增长与环境资源之间的矛盾，最大限度的守护环境安全。

作为循环经济法的目的价值之一，环境安全贯穿于循环经济法的始终。首先，循环经济法是由立法者依据循环经济活动的客观规律制定的，而循环经济是遵循规律的指导进行活动的，因此，从本质上讲，循环经济法是符合循环经济活动规律的法律规范，是维护和保障自然环境与人类社会秩序的有序和稳定状态、能够实现环境安全价值的法。其次，环境安全受威胁和破坏的经济根源主要在于经济活动的负外部性。人类的正当经济活动在满足人们生存发展基本需要的同时，不可避免地会给自然资源环境带来污染和破坏，从而对环境安全构成威胁。循环经济法充分尊重循环经济的减量化、再循环和资源化原则，并将其转化为合理的法律原则和制度，用以调整人们的经济行为，鼓励或强制人们进行有利于可持续发展的循环经济活动，改善环境资源系统的结构并提高其功能，实现环境资源保护与经济发展之间的良性循环，最终实现环境安全价值。因此，循环经济法是高度重视环境安全价值实现的法律规范。最后，作为社会的法律制度，循环经济法以其法的权威性和国家强制力的保障力量，推动人们转变传统的经济活动方式，采纳新的循环经济模式，从经济根源上克服经济活动与环境资源的矛盾冲突，实现人类及其环境的安全状态。

第四，经济自由。"法律按其真正的含义而言与其说是限制还不如说是指导一个自由而有智慧的人去追求他的利益，……法律的目的不是废除或限制，而是保护和扩大自由。"① 孟德斯鸠认为，自由的主要意义是一个人不被强迫去做法律没有规定要做的事情。② 追求自由是人类的天性，经济自由作为自由的一项重要内容，是指人类进行经济活动的权利不受限制，同时拥有经济活动所产生的收益的权利。经济自由意味着影响人类能力发挥的阻碍因素减小，人类可以自由的进行经济活动。循环经济法本身就具有运用其强制力促进经济自由价值实现的属性，但循环经济法保障的是人类符合自然规律和循环经济理念的自由经济活动，而非任何的经济自由，一定限度的制约是为了人类更好的享有自由，此外，环境资源的有限性和可持续发展理念是人们经济自由的又一制约因素。如果对人类满足自身无止境需求的自由经济行为不加以限制，社会、经济和环境资源可持续发展就难以实现。

循环经济法设置符合经济自由需要的法律原则和法律制度，既赋予了人们按照自己的意志进行经济活动的自由，即从事合法的循环经济活动的自由，循环经济法以此为起点设置人们的权利，同时它又确定了人们经济活动自由的范围，使人们的循环经济活动免受非法和过度限制，保障人们的经济自由不被滥用且免受侵犯。也就是说，只要人们进行的是符合循环经济法要求的经济活动，其消极自由和积极自由就能得到循环经济法的认可和保护。总之，循环经济法将人们对自由进行循环经济活动的需求法律化为权利，提供人们有效选择的机会并排除不正当的障碍，并以激励和制裁制度为经济自由的实现提供保护机制。

综上所述，环境正义与经济效率、环境安全与经济自由相辅相成，共同构成了循环经济法的目的价值系统，反映了作为价值客体的循环经济法的存在、性质、活动与作为价值主体的人的需要满足、目的实现的接近与符合，也反映了社会、经济和环境资源可持续发展的实现程度，

---

① 蔡守秋：《论循环经济立法》，《南阳师范学院学报》（社会科学版）2005 年第 1 期。
② ［法］孟德斯鸠：《论法的精神》（下），张雁深译，商务印书馆 1963 年版，第 194 页。

将指导循环经济法的制定及完善，影响循环经济法的运行。

以上内容便是循环经济法的立法价值及其目的价值，它们共同反映了整个循环经济法体系所要追求的利益的宗旨，体现出循环经济法价值主体与循环经济法价值客体之间的微妙关系，为循环经济理念的研究与实践增添了许多色彩。

第三节　循环经济法规范论

"规"为尺规，"范"为模具。两者分别是对物、料的约束器具，合用为"规范"。南朝刘勰在《文心雕龙·熔裁》中提到："规范本体谓之镕，剪截浮词谓之裁。"此处的"规范"，意为使合乎模式。现如今，我们对规范理解为，按照既定标准、规范的要求进行操作，使某一行为或活动达到或超越规定的标准。对于循环经济法规范论，我们则可以理解为，在循环经济法的实践过程中按照循环经济法的规定，使发展循环经济的行为达到循环经济法的标准和要求。

一　循环经济法的主体理论

有学者认为，法律世界不仅是权利的世界，而且是主体的权利世界，主体概念是比权利概念更为基础的概念。由此我们可以看出，主体是构成法律帝国的最基础性的概念。故对循环经济法主体进行探讨有利于在发展循环经济过程中合理确认各主体的相互关系，并设定各主体的权利和义务。

人类社会是生态系统的子系统，人类社会的可持续发展必须建立在可持续的资源供给基础上，在这样的可持续发展体系中，作为人类活动核心的社会经济系统，必须要遵守"资源—产品—再生资源"循环性物质代谢模式。循环经济作为可持续发展内涵不断提升、认识不断升华的必然结果，它不仅仅是一个理论体系、一门综合科学，更是一种全民意识，推进循环经济需要全社会各个主体的相互参与和配合，具体来说，主要包括政府管理行为、企业生产行为、社会公众消费行为。因而，必须对循环经济法的主体加以规范且对其权利和义务加以确定，实践中循环经济主体地位愈加明晰，其行为和责任才会愈加具体，循环经济法在我国才可顺利实施，且具有可操作性。

为保障循环经济顺利实施，需要建立一套政府大力推动、企业积极参与、公众热情支持的有效运行机制。由此我们可以看出，循环经济法的主体本质上即由政府、企业、公众三方组成。

（一）政府

发展循环经济是一次对传统生产方式、生活方式及经济模式的全面变革。循环经济作为一种新的以社会福利最大化为目标的发展模式，着力解决经济发展中的环境问题，使自然资源能够合理分配并实现可持续发展。对于处于起步阶段的我国来说，循环经济不可能自行运转，必须由政府整体规划和积极推动，通过政府制度创新，来实现社会的可持续发展。由于环境资源具有公共物品的属性，而政府在解决外部性方面又具有先天性的优势，因此政府必须担负起公共管理和公共服务的职能，其可通过采取规制、税收或罚款、补贴等各方面措施来完成。因此，我们可以看出，在发展循环经济方面，政府是推动循环经济运行和发展的根本动力。再加之，发展循环经济是一场关于思维模式的变革，涉及社会各个主体，无论是公众参与、消费方式、消费观念的转变，还是清洁生产等各层面循环的建设，都离不开政府的支持。

《循环经济促进法》规定，设区的市级以上政府的循环经济发展综合管理部门会同同级环境保护等有关主管部门编制行政区域内的循环经济发展规划，再报同级政府批准，规划的内容应当包括规划目标、适用范围、主要内容、重点任务和保障措施等，并规定资源产出率、废物再利用和资源化率等指标。这便给予了政府机关规划本行政区域内的循环经济发展的权力，即各级政府的循环经济管理部门可以根据本地区的情况制定适合当地的循环经济发展规划。然而，为了使得法律制度本身能够顺应时代的发展，就必须预留出循环经济法律制度可拓展的空间，因此，政府必须审慎地从实体和程序两方面制定循环经济发展规划。

从实体法方面来讲，其一，应依据行政区域的具体情况因地制宜地制定本行政区域的循环经济发展规划，这就要求主管部门对自己管理的行政区域有充分的了解认识，实事求是地制定规划。其二，政府制定循环经济发展规划应不与上级政府循环经济管理部门的经济规划相冲突，应根据上级部门的规划来制定本行政区域的发展规划，但上级部门也应预留一定的权力空间，以便下级部门可以根据本地区的特点制定符合本地区的发展规划。其三，政府制定循环经济发展规划要符合《循环经济促进法》的宗旨，虽然法律具有空间性的特点，各个地区的具体情形各有差异，可能会导致制定出的循环经济发展规划有所差异，但无论内容怎样变化，都要紧紧把握经济发展、环境保护和资源利用三者之间的协调关系，对"可持续发展"的宗旨不得偏废，深层次促进经济持续发展、强化环境保护、提高资源利用率。

从程序方面来讲，其一，只有设区的市级以上人民政府才有制定循环经济发展规划的资格，不设区的市级人民政府、县级人民政府及以下人民政府均不能制定循环经济发展规划。其二，需政府循环经济管理部门会同同级环境保护等有关主管部门编制行政区域内的循环经济发展规划，即要有两个或两个以上政府部门才能编制循环经济发展规划，并且还须报同级政府批准。

在发展循环经济的过程中，无论是发展战略还是技术支撑体系的调整，直至企业利益和个人利益的实现，均需政府发挥其应有的干预作用。在循环经济建设中政府的作用是其他主体无法替代的，其认真履行职能、充分发挥作用，是循环经济顺利发展的关键。因此，我们必须重视政府在发展循环经济中的主体地位。

（二）企业

在19世纪末和20世纪初，随着企业的力量不断壮大，工业发展对社会的负面影响日益暴露，社会对企业的关注度逐步提升。人们开始认为企业在追求自身经济利益最大化以外，还应承担一定的公共性责任。

20世纪70年代以来，随着可持续发展理念的推广，国际环保浪潮兴起、国内政府对环境保护积极干预和公众环境意识逐步提高，促使环境保护成为社会个体维护自身生存与发展的自觉行动。企业作为经济活动的主要参与主体，也开始将环境保护、环境管理纳入企业的经营决策之中，寻求自身发展与社会经济可持续发展目标的一致性。

在经过30多年的经济快速增长以后，我国经济总量已居世界第七位，13亿人口已初步达到小康生活水平。但在经济总量快速提升的同时，经济增长和社会进步之间，城市和农村之间，东、中、西部之间发展不协调的问题凸显。特别是在环境资源问题上，我国"高消耗、低效益、高排放"的粗放型经济增长方式严重制约着经济发展和社会进步。要解决这一问题，就必须改变社会经济发展模式，调整社会经济活动与生态系统之间不平衡的物质交换关系，步入循环经济的发展轨道。

循环经济是一种以资源的高效利用和循环利用为核心，以"减量化、再利用、资源化"为原则，以"低消耗、低排放、高效率"为基本特征，符合可持续发展理念的经济增长模式，是对"大量生产、大量消费、大量废弃"的传统增长模式的根本变革。循环经济的提出为企业在生产经营中恰到好处地承担环境责任提供了实现途径。其倡导企业改变传统的环境保护观念，要求企业从源头起减少进入生产流程的物质量，以不同方式反复使用某种物品，实现废弃物的资源化，在"资源——产品——再生资源"的闭环反馈式循环过程中实现"最佳生产、最适消费、最少废弃"。"社会是企业的依托、企业是社会的细胞"，作为经济最根本因素的企业，只有以循环经济理念为指导方针，才能有利于社会进步和发展，使自己的生存空间不断拓展。企业发展循环经济是整个社会可持续发展的基础问题，因此，其循环经济法的主体地位显得尤为重要。

（三）公众

进入 21 世纪以后，资源和环境对经济发展的压力逐步增加，公众也日益重视各类产品对环境的影响，越来越多的消费者偏好绿色产品，据统计，世界绿色产品市场每年以近 10% 的速度增长，大大高于同期世界经济的增长速度，绿色消费逐渐成为新世纪的主流消费。因此，公众是发展循环经济最强有力的推动力量，是发展循环经济的基础。

《循环经济促进法》第 3 条规定，发展循环经济是国家经济发展的一项重大战略，应当遵循公众参与的方针。公众虽处于循环经济链条中的末端位置，但我们所讲的公众参与却强调的是全过程的参与，具体体现为实体和程序两方面的内容：

从实体层面来讲，包括参与制定有关的法律和政策，参与法律实施的社会监督。具体来讲，首先，在参与制定有关的法律和政策方面，《循环经济促进法》没有相关的规定，法律、政策的制定主体是循环经济的管理部门或者其他环境保护机关，本书认为，公众作为社会的终极利益者，有权参与到关系其利益的循环经济法律、政策的制定过程当中。其次，在参与法律实施的社会监督方面，在现实社会中，由于企业实施循环经济法律、政策的情况涉及公众的利益，且公众没有类似于政府的 GDP 政绩考核，往往能更客观公正地发挥监督作用。当然这需要以公众有知情权为前提，要求政府建立完善的信息公开制度，及时、准确地公布列入强制回收名录的产品、各企业的生产情况及环境评价指数等内容，使公众能及时了解企业的废物生产情况、政府管理经济的方式等内容，更好地发挥对企业的监督作用。

从程序层面来讲，主要分为两个层次。首先，在参与制定有关的法律和政策方面，可以通过举行专家论证会、采取听证程序等方式，邀请经济专业人士、环境保护人士、普通民众参与到循环经济政策的决策中来，听取各方的意见，最后总结得出最佳决策方案。在参与法律实施的社会监督方面，政府则应在权威报刊或官方网站上及时发布各企业及社会的有关情况。

循环经济作为一项庞大的工程，需要政府、企业和公众的共同努力，运用各自的优势，形成合力并发挥最大的效益。具体而言，即政府作为社会的管理者，应建立和完善相关的法规、政策体系，加强公共管理与服务，为社会各界发展循环经济破除险阻。企业作为发展循环经济的主体，则需要从根本上调动企业自身节能降耗、防止污染的积极性，并从标准和定额上对企业提出硬约束和硬要求，促使企业不得不在发展循环经济上竭尽全力。公众作为社会生产的末端，是推动循环经济发展的主要动力。政府、企业、公众作为循环经济法的三大主体，三者相辅相成，缺一不可。

二　循环经济法的行为理论

面对环境保护与经济发展的两难困境，人们开始思考解决问题的办法和对策。由于资源和能源的稀缺性，就必然要求我们在尽量提高自然资源利用效率和减少环境污染的基础上实现国民经济的持续增长。循环经济要求实现减少物质化的经济社会发展，这个目标需要分解到政府管理行为、企业生产行为及社会行为中去。

推进循环经济需要建立政府关注生态规模、企业关注生态效率和社会关注生态的联合行动机制。对于提供公共物品和公共服务的政府来说，在努力提高经济总量的同时，要着力控制物质流量的总体规模，特别是控制经济系统输入端的自然资源消耗总量、能源消耗总量及输出端的废水、废气、固体废弃物的产生总量；对企业来说，要努力提高土地生产率、自然生产率及其他重要原材料的生产率，并努力开发和提供具有节水、节能、节约空间性质的产品和服务；对社会来说，一方面应努力提高人均意义上的经济社会发展指数，包括人均收入水平、人均教育年限、人均预期寿命等，另一方面应努力降低人均意义上的资源环境消耗指数，包括合理地规划和控制人均资源消耗量、人均生活垃圾产出等。

循环经济以协调人与自然关系为准则，通过节约资源和提高生态效率，模拟自然生态系统运行方式和规律，实现资源的可持续利用。作为一种新型生产方式，其效用目标是追求经济、社会、生态三者共赢，具体来说，即促使有效的社会资源发挥最大效用并将对自然环境的污染降到最低，从而实现社会综合利益的最大化。因此，我们有必要对各主体行为进行分析研究。

（一）循环经济法中的政府行为

发展循环经济需要具备经济可行、技术可行两个前提。经济可行能够为发展循环经济增添现实需求的巨大生命力，而技术可行则可为发展循环经济提供方法、手段上的保障。为保障循环经济在我国良好发展，实现经济可行和技术可行，政府必须在循环经济法规范下做出努力。

第一，采用绿色 GDP 国民经济核算体系确保国家层面的经济可行。我国传统国民经济核算体系主要表现为粗放型经济增长，即只能显示出某一地区或整个国家经济增长与否，并不能说明环境质量的变化和资源消耗的状况，让人不可思议的是，在该核算体系中，环境污染和生态破坏均可增加 GDP。长此以往，必然会导致资源的枯竭及环境不可逆转的恶化。

为确保循环经济模式下经济的可持续发展，政府必须采用绿色GDP 核算，将资源的消耗和环境污染破坏的损失纳入经济统计指标，使自然资源和环境的成本真实显现。虽然将环境资源成本纳入国民经济核算体系客观上可能会减缓传统经济增长的绝对量，但其益处却不可估量。首先，采用绿色 GDP 核算可纠正人们长期以来所形成的传统经济增长观念，使得公众对环境、资源的认识不断增强。其次，虽然我国采用中央集权的管理模式，但地方政府仍拥有相当大的自主管理权。采用绿色GDP核算可对地方政府制定的地方经济发展政策产生有效影响，引导地方政府加大对环境保护的关注度和实行度。再次，采用绿色GDP核算可有效遏制地方政府对经济增长速度的盲目追求，防止任期官员在其任职期间追求政绩，为了经济增长而危害环境的情况发生。

第二，制定奖励政策确保企业、个人层面的经济可行。众所周知，在鼓动消费的市场模式下，人们对环境公共物品的利用不可避免地超过环境所能提供的限度，企业、个人的经济人属性决定了其行为模式带有极强的逐利性，最终造成的结果是有些市场主体可以无偿取得外部经济性，而有些当事人蒙受外部不经济性造成的损失却得不到补偿，这种不能通过市场交换的途径加以纠正的现象被称为"市场失灵"。在这种情况下，政府必须出面介入并干预，且应制定一系列强有力的激励政策来促进循环经济的良性发展。

为鼓励市场的重要主体积极参与循环经济实践，政府首先要积极推动现有企业"绿色化"。政府应运用产业、财政、税收等政策，建立专门组织实现企业间的废弃物资源共享，减轻企业负担，并运用激励措施，鼓励企业向绿色化方向转变。建立"绿色化"企业的税收优惠甚至减免制度及信贷优惠制度，使按照"3R"原则生产、流通活动的企业有利可图，逐步提高各项排污费用及其他惩罚性措施促使企业自觉减少污染。其次，政府应倡导绿色消费。具体来说，建立相应的宣传、教育制度，提高民众的环保、节能意识，使绿色消费理念深入人心。通过经济手段鼓励消费者的绿色消费行为，如建立绿色消费的补贴制度、循环利用消费品的奖励制度、参与废弃消费品回收的新购消费品价格优惠制度等。

第三，健全绿色技术创新管理制度确保技术可行。绿色技术是指防治环境污染、环境破坏和改善环境的相关技术，一般包括专门的治污技术、环境管理技术、各种综合利用技术以及预防环境污染和环境破坏的技术。一直以来，我国对环境技术的开发、应用缺乏有效的政府引导及激励措施，导致企业环境技术创新与投入水平相当落后，并因利用环境技术导致成本上升而缺乏受让的积极性。为确保发展循环经济的技术可行，政府职能必须进一步完善。

首先，需加大对绿色技术科技研发的资金投入。资料证明，我国无论是企业还是政府对科技投入的水平均不足，2004 年全国规模以上企业研发投入占销售款的比重仅为 0.56%，远低于工业化国家平均 3%—5% 的水平，[①]由此可见，绿色技术研发的投入就更低了。为确保发展循环技术的可行性，必须加大财政分配中对绿色技术研发的资金投入。

其次，培育绿色技术市场，健全绿色技术创新管理制度。健全风险市场管理制度。绿色技术研发与一般技术研发相比，存在应用前景不明朗、外部信息收集不全等风险。为鼓励绿色技术开发，应建立有效防范和化解绿色技术创新风险的管理制度，以规避风险，减轻研发者的负担；完善绿色技术决策制度。政府应在项目选择、资金、市场前景等方面做好规划，并对项目的履行进行有效的监督；完善绿色技术市场，推动绿色技术向商品的转化。可以利用税收政策，对从事绿色技术研发及服务的单位及个人免征相关税收，以鼓励技术推广。

最后，提供有效利用国际市场的平台。许多发达国家为了保护全球环境，愿意为发展中国家提供环境技术转让的便利及必要的技术支持资金。据资料显示，我国已有部分地区开始获得此方面的帮助，但该渠道不是十分畅通，中外在此方面的信息交流也缺乏政府提供的有效平台，这无疑降低了利用国外援助的效率。因此，由政府出面建立这种信息平台来保障企业及时获得环境技术或开发环境技术的资金十分必要。

（二）循环经济法中的企业行为

许多国际先进企业，遵循可持续发展原则，对企业进行"转型"和"绿色再造"，并将生态经营理念融入企业的经济决策和日常管理活动中，在追求经济效益的同时兼顾生态效益，夯实了生产基础，拓宽了竞争力的范围和内涵。

第一，企业推行循环经济的相关理论

其一，阿尔钦的企业演化理论。该理论的核心思想是企业的目标不是利润最大化。阿尔钦认为，企业应以"实现的正值利润"作为经济

---

① 许健：《论政府在循环经济建设中的职能——以发展循环经济的两个前提为视角》，《福州大学学报》（哲学社会科学版）2007 年第 1 期。

个体的生存动机和行为目标，且由于对未来的不完全预知性及人类并不具备解决一系列变数的复杂问题的能力，所以，追求利润的最大化没有丝毫意义。只有实现正利润，企业才能生存；而那些长期生存下去的企业并没有实现利润的极大化，而是正利润。

其二，利益相关者理论。该理论认为，企业是多个主体的利益共同体，在可持续发展进程中发挥着不可小觑的作用，就是这些利益相关者：企业、投资者、各种社团、非政府组织、媒体、大众。正是由于利益相关者提供商品和服务而满足了企业需求才使得企业能够存在，企业的任何行为和战略决策都应综合考虑各利益相关者的需求和权利，考虑生态系统的整体利益发展。

其三，企业社会责任（Corporate Social Responsibility，简称 CSR）理论。1953 年，霍德华·R. 鲍恩德出版了《企业家的社会责任》一书，使企业社会责任正式走入人们的视野。企业社会责任（CSR）是指在市场经济条件下，企业的责任除了为股东追求利益外，也应当考虑相关利益人，即影响和受影响于企业行为的各方利益。该书认为，企业社会责任不仅能为企业带来业务上的利益，同时能为社会的福祉做出贡献，相比不承担社会责任的企业，其更具备处理社会变迁方面的优势，因而更可能成功。

第二，企业在循环经济法的框架下应采取的行动。企业是自然资源的主要消耗者和废弃物最大的排放者，研究循环经济中企业的经济行为是循环经济的主题。循环经济理论假定自然资本的稀缺性，[①] 因此企业在决策时应考虑自然资源、生态和环境方面的成本。在循环经济模式下企业要实现可持续发展，须从伦理和能力两个方面着手。

伦理层面，就是企业社会责任（CSR），也叫生产者责任，是指在企业产权制度以及承载企业的社会环境的当代演进中，企业与股东以外的其他社会成员的关系对于企业利益的重要性，使得企业在涉及股东之外的其他社会成员的利益关系时所产生的主动维护这些社会成员的利益

---

① ［美］霍肯等：《自然资本论》，王乃粒等译，上海科学普及出版社 2000 年版，第 180 页。

的内在要求。[①] 其中环境责任是其重要内容。这种伦理诉求是内在的、自发的、主动的。当然，在经济发展的初级阶段还需要外部的制度约束、市场压力和舆论引导。追求利润最大化的企业自动地通过"生产守则"等形式"承担起"社会责任是企业利益实现机制的客观变化等因素的结果。CSR 从强制到自觉的变化过程，体现人类与自然的博弈过程以及企业与公众利益互动的过程，其运行轨迹实际上就是企业的利益边界与社会公众的利益边界逐渐重叠的过程。CSR 意味着企业要把环境管理作为一项重要的工作，须在流程管理、工艺设计、技术研发乃至产品的回收进行投入，包括延伸责任的分割问题。看起来企业履行社会责任会提高企业运营的成本，其实，企业承担社会责任具有品牌效应，产生声誉机制，从而获得持续发展。需要指出的是 CSR 不是漫天要价，随意扩大，而是利益边界的合理调整。

在能力层面，循环经济中企业的竞争优势体现为绿色竞争力。企业绿色竞争力是指在竞争的市场环境下，企业为了环境保护和自身利益的需要，采用可持续发展战略，通过配置和创造企业资源，并与外部环境交互作用，向市场提供比竞争对手更具吸引力的绿色产品和服务，从而在占有市场、创造价值、保护环境和可持续发展等方面获得竞争优势的能力。[②] 绿色竞争力的意义在于通过环境管理来提升企业在价值链中的位置，实施绿色竞争力战略可获得前所未有的价值，如激发创新，环境学习曲线的价值，增加企业和客户价值以及取得国际市场的竞争优势等。[③]

循环经济模式下，产品的环境指标、环境标志、生命周期等成为企业竞争优势的基本要素。因此，企业竞争优势要由四要素（质量、成本、时效、服务），转向五要素（质量、成本、时效、服务、环境），[④] 其中，环境又是质量、成本、时效、服务的影响因素。循环经济模式

---

① 陈永正、贾星客、李极光：《企业社会责任的本质、形成条件及表现形式》，《云南师范大学学报》2005 年第 3 期。

② 吴晓玲、薛秀娟：《企业绿色竞争力的内部影响因素》，《企业改革与管理》2005 年第 5 期。

③ 毛文娟：《打造中国企业的绿色竞争力》，《华东经济管理》2005 年第 1 期。

④ 张太海：《基于循环经济的绿色企业》，《经济管理》2005 年第 3 期。

下，企业的环境能力通过对质量、成本、时效、服务的影响而决定企业竞争优势。环境管理在短期可能会作为成本而存在，当这种环境压力变为创新的动力时，就能通过增加客户价值和消费者的价值转化成收益。

（三）循环经济法中的消费者行为

布朗（Brown, L. R.）认为，我们不是继承父辈的地球，而是借用了儿孙的地球。这句话想要表达的是，地球在为我们同时也为后代人提供生存基础，只考虑当代的需要是狭隘、自私的。我们需改变传统的消费伦理和消费模式，寻求符合可持续发展的消费方式。循环经济是一种包括可持续生产、消费在内的新型经济活动方式。循环经济模式下的消费方式应该是适度消费，尽量缩小生态足迹，减少环境代价。

适度消费是对消费者行为在考虑资源存量、环境承受力、生态阈值的条件下以一定的经济发展水平为限度的界定。主要包括生态消费和合理消费。其中，生态消费是主体，是本质，合理消费是其数量表现。适度消费体现了与经济发展阶段和资源环境状况相适应的消费方式，适度消费符合资源节约型、环境友好型社会的要求。

传统工业化模式产生的环境生态问题不仅在生存条件方面对人们的生活产生了巨大的压力，而且直接影响到人们的日常活动。为了使人类的子孙后代能够享有更好的生活，我们必须改变传统的工业化模式，走以循环经济为理念的可持续发展道路。因而，对循环经济各主体的行为进行分析，知其然，更知其所以然，会让我们在这条道路上走得更加稳健和顺畅。

三　循环经济法的责任理论

环境权理论告诉我们，人对赖以生存和发展的天然以及人工改造过的各种环境要素享有适宜生活的权利。环境是人类生存与发展的必要条件，人须臾也离不开特定的环境。然而，由于环境权的客体即各种环境资源要素具有公共物品的非排他性、非竞争性、衡量尺度的不确定性等属性，使得一部分环境权权利人在行使其环境权利的同时不可避免地影响到另一部分环境权权利人的权利行使，譬如企业排污污染环境对部分权利人的环境权造成侵害。在现实生活中，部分主体行使其环境权利侵害其他主体环境权的情况屡见不鲜。因而，为了各主体的环境权都能得到保障，对危害他人环境权的行为进行约束就显得极其必要。

（一）循环经济法责任的含义

在《现代汉语词典》中，"责任"有两种含义：一是分内应做的事；二是没有做好分内应做的事，因而应当承担的过失，如追究责任。① 学术界对于该词的含义，可以说是众说纷纭。张文显先生认为，"责任"一词包含两方面的语义：第一种为关系责任，即为一方主体基于与他方主体建立的某种关系而承担的责任，换句话说，便是建立于某种关系之上的义务；第二种为方式责任，即为负有关系责任的主体不履行其关系责任所应承担的否定性后果。② 美国学者 Bryan. A. Carner 认为，"责任"有两个含义：其一，因某种角色需要做某事；其二，基于某种法律关系而成立的权利和义务的综合体。③ 纯粹法学派的创始人凯尔森认为："法律责任（responsibility, liability）是与法律义务相关的概念。一个人在法律上要对一定行为负责，或者他为此承担法律责任，意思就是，他作相反行为时，他应受制裁。在正常情况下，这就是说，在制裁针对直接不法行为人时，一个人要对他本人行为负责。在这种情况下，法律责任的主体和法律义务的主体是一致的。"④ 显然，凯尔森将法律责任理解为因违反法律义务而承担的某种法律后果。这一理解也是长期以来学术界对法律责任概念的最通常的狭义理解。

从上述观点我们可以了解到，"责任"一词在不同的语境中含义各异。在本书看来，基于环境权的角度，法律责任的概念不应被狭隘地理解为行为主体违反法律的义务而承担的某种否定性后果，而应将其进行广义分析，即法律责任不仅包括结果意义上的否定性法律后果，还包括行为意义上的积极性法律要求。

第一，广义法律责任概念是环境权建设的必然要求。环境权建设和循环经济发展需要全社会的广泛参与，只有公民、企业、政府、行业组

---

① 中国社会科学院语言研究所词典编辑室编：《现代汉语词典》，商务印书馆 2005 年版，第 1702 页。

② 张文显主编：《法理学》，法律出版社 1997 年版，第 143 页。

③ Bryan. A. Carner, *A Dictionary of Modern Legal Usage*, Second Edition, Oxford University Press Ltd. , 1995, p. 301.

④ ［奥］凯尔森：《法与国家的一般理论》，沈宗灵译，中国大百科全书出版社 1996 年版，第 73 页。

织等社会各主体的共同参与，才能更好地促进循环经济与生态环境的良性发展。因而，基于环境权视角下的法律责任应当对社会各主体均积极要求，而非要求个别主体违法法定义务后承担某种否定性后果。

第二，广义法律责任概念是循环经济法基本原则的具体要求。循环经济法基本原则是"3R"原则，其要求所在循环经济发展的各个阶段中每个主体都必须履行各自的义务，承担相应的责任。可以说，循环经济法基本原则所要求的法律责任，是对所有主体的积极性义务的要求，而非要求单一主体承担否定性后果；是对所有主体的应然性倡导性要求，而非对单一主体违法行为的强制性惩罚性规定；是贯穿于循环经济法中的全过程，而非穿插于循环经济法中的某一部分。因而，广义法律责任概念是循环经济法基本原则的具体要求，将法律责任仅仅理解为狭义的否定性规定，实际上是对循环经济法基本原则的背离。

第三，广义法律责任概念符合现行循环经济立法的规范要求。《循环经济促进法》不仅通过第六章专章规定"法律责任"来明确各主体违反循环经济法定义务而应承担的法律责任，还在总则和其他章节大量规定各主体发展循环经济的具体责任要求。例如，该法第6条规定国家制定产业政策应当符合发展循环经济的要求，政府编制国民经济和社会发展规划以及年度计划应当包括发展循环经济的内容；第8条规定县级以上人民政府应当建立发展循环经济的目标责任制；第9条规定企业事业单位应当建立健全管理制度，采取措施，降低资源消耗，减少废物的产生量和排放量，提高废物的再利用和资源化水平；等等。若不把上述规定理解为循环经济法对于各主体的具体责任要求，那么该规定便会丧失对相关主体形成的约束作用，导致其无法贯彻立法精神，也无法有效促进循环经济发展，更谈不上推动生态文明建设。

（二）循环经济法责任的具体内容

我国《循环经济促进法》和相关法律、法规以及规章从不同角度和层面规定了各主体在循环经济发展中的法律责任。例如，《循环经济促进法》第六章、《清洁生产促进法》第五章、《节约能源法》第六章等，均对相关主体违反相关义务而设置的法律责任做出规定。在广义法律责任中，循环经济的发展需要各方主体的参与，在法律中对各方主体的责任内容及责任形式进行规定对循环经济的运行大有裨益。

第一，从适用主体的角度来看。我国循环经济立法不仅以专章形式规定了否定性法律责任，还在许多条款中规定了政府、企业、事业单位、公民等不同主体应当承担的各种责任和义务。

就政府而言，在循环经济发展过程中，其具备宏观调控、政策引导、行政管理和政务服务等职能，并对循环经济的发展起到了极大的推动、监督、管理、规范和引导的作用。《循环经济促进法》第 5 条规定："国务院循环经济发展综合管理部门负责组织协调、监督管理全国循环经济发展工作；国务院环境保护等有关主管部门按照各自的职责负责有关循环经济的监督管理工作。县级以上地方人民政府循环经济发展综合管理部门负责组织协调、监督管理本行政区域的循环经济发展工作；县级以上地方人民政府环境保护等有关主管部门按照各自的职责负责有关循环经济的监督管理工作。"第 6 条规定："国家制定产业政策，应当符合发展循环经济的要求。县级以上地方人民政府编制国民经济和社会发展规划及年度计划，县级以上人民政府有关部门编制环境保护、科学技术等规划，应当包括发展循环经济的内容。"此外，《清洁生产促进法》第 4 条、第 5 条和第二章，《节约能源法》第 5 条、第 6 条，《水法》第 5 条、第 8 条、第 13 条等，均从不同角度对政府发展循环经济提出了具体明确的责任要求。

就企业而言，企业是实施循环经济不可或缺的主体要素，在循环经济发展过程中其不仅肩负着重大的社会责任，还承担着一定的法律责任。在日常的生产经营过程中，企业有责任也有义务遵照循环经济关于"减量化、再利用、再循环"的要求进行实践操作。对此，《循环经济促进法》第 9 条规定："企业事业单位应当建立健全管理制度，采取措施，降低资源消耗，减少废物的产生量和排放量，提高废物的再利用和再循环水平。"该法第三章和第四章更是详细规定了企业在减量化、再利用、再循环过程中的各方面责任。此外，《清洁生产促进法》第三章"清洁生产的实施"专门规定了企业各方面的责任；《水污染防治法》第 9 条规定了企业事业单位不得超标和超总量排污的责任，等等。

就其他社会组织而言，其在循环经济的发展过程中也肩负着重要的责任。比如说，行业组织或民间机构可以推动建立符合绿色生产、适度消费、环境友好和资源永续利用的行业规范或者社会公共准则；媒体应当加强对全社会循环经济的宣传教育作用，提高全民资源意识，在全社会树立循环经济观念。对此，《循环经济促进法》第11条规定："国家鼓励和支持行业协会在循环经济发展中发挥技术指导和服务作用。县级以上人民政府可以委托有条件的行业协会等社会组织开展促进循环经济发展的公共服务。国家鼓励和支持中介机构、学会和其他社会组织开展循环经济宣传、技术推广和咨询服务，促进循环经济发展。"《清洁生产促进法》第9条第2款规定："新闻媒体应当宣传节能法律、法规和政策，发挥舆论监督作用。"

就公民而言，作为循环经济发展的主体，其在循环经济的发展中负有不可推卸的责任。《循环经济促进法》第10条规定："公民应当增强节约资源和保护环境意识，合理消费，节约资源。国家鼓励引导公民使用节能、节水、节材和有利于保护环境的产品及再生产品，减少废物的产生量和排放量。"《节约能源法》第9条规定："任何单位和个人都应当依法履行节能义务。"以上规定均是对公民发展循环经济的责任要求。

第二，从责任性质的角度来看。构建有效的循环经济法律责任体系是循环经济立法的重要内容，也是贯彻落实循环经济法律制度的重要保障。从责任的性质来看，循环经济法的责任主要包括刑事责任、民事责任和行政责任。具体分析如下：

循环经济的刑事法律责任，是指循环经济法规制的主体违反循环经济法的规定，实施了严重的资源破坏行为，造成人员的伤亡以及社会财产的重大损失，根据法律规定，对已构成犯罪的行为承担法律制裁的一种法律责任。严重破坏生态及环境的犯罪行为，对人类的生存和整个社会的有序发展造成了严重的阻碍和巨大的损害。因而，使行为人承担相应的刑事责任，在一定程度上可以预防在循环经济建设中的犯罪行为，并可以对社会生活中的一般行为进行教育和示范，使其警醒并对自己的行为产生约束作用。在预防的同时，也可对循环经济相关犯罪进行有效的打击。

循环经济的民事法律责任，是指循环经济主体违反循环经济法的规定从事循环经济法禁止的行为，且其行为对环境造成了污染和破坏，同时还对他人的民事权利造成了侵害，从而应当承担的一种法律责任。从对法律责任的分类来讲，循环经济的法律责任应是一种无过错责任。所谓无过错责任，《侵权责任法》第 7 条规定，行为人损害他人民事权益，不论行为人有无过错，法律规定应当承担侵权责任的，依照其规定。适用无过错责任的侵权案件只需三个构成要件，即违法行为、损害结果、因果关系。从以往侵权案件的案例中可以发现，民事责任的受害者基本上都为弱势人群，若让其承担举证责任，特别是对侵权方主观上有无过错进行举证，在实践中是相当困难的，也是显失公平的。因而，循环经济的民事法律责任适用无过错责任原则适应实际的需求，且其覆盖面更宽广，更严格，更有利于维护被侵权方的合法权益。

循环经济的行政法律责任，是指行为人违反法律禁止的规定，其行为造成一定的危害结果而应承担的一种行政责任。纵观整个循环经济法律责任，行政责任是整个责任体系中最轻的一种责任，其构成要件与民事责任相似，即违法行为、损害结果以及二者之间有因果关系。其违法行为主要体现为违反规定不依照实施项目进行听证、不依照规定公布评估结果、擅自更改循环经济生态建设的总体规划等。通常的行政法律责任主体，主要为直接责任人或者行政机关的负责人，行政机关往往被排除在外，而循环经济法必须打破这一陈规旧律，因为直接责任人和行政机关的责任人的原因，造成具体项目违法、资源浪费使得其他人的合法权益造成损害时，行政管理机关也应当作为责任主体承担赔偿责任，只有如此，才可最大程度的弥补损失，并从法律上规制行政管理的不良行为。

第四节　循环经济法运行论

法的运行是指法律在现实社会生活中的具体运用和实现，通常包括立法、执法、司法和守法等环节。法的运行本质是对权力运行的规定和约束，[①] 一部完善的法律需要通过程序来实现，程序的变化和发展也会

---

① 博登海默认为，法律的基本作用之一是约束和限制权力，而不论这种权力是私人权力还是政府权力。在法律统治的地方，权力的自由行使受到了规则的阻碍，这些规则迫使掌权者按一定的行为方式行事。参见博登海默《法理学：法律哲学与法律方法》，中国政法大学出版社 1999 年版，第 358 页。而与其所称的私人权力（类似本书所指权利）相比，政府权力无疑是主要的约束对象。从这个角度来说，法律运行实质上就是权力运行的规定和约束。

对法律产生影响。因此，我们不仅应当关注法律本身，更应关注程序对法律的确认、维护和救济。可以这样说，没有程序确认和保护的法律是不完善的、无生命力的。所以说，我们不仅应当关注循环经济法本身，更应关注其程序问题。谈到程序问题，主要体现在循环经济的立法、执法和司法方面。

一　循环经济立法

循环经济立法是指国家权力机关通过一定的程序制定、修改或废止各种循环经济法律法规的活动。循环经济立法有广义和狭义之分，广义的循环经济立法是一切有权国家机关依照法定的权限和程序制定、修改或废止循环经济法律、法规的活动。狭义的循环经济立法是指仅享有立法权的机关依据法定权限和程序制定、修改或废止循环经济法律、法规的活动。我们所说的循环经济立法指的就是广义的循环经济立法。

（一）循环经济法的立法目的

"立法目的，是指立法者通过制定法律所欲表现的、对一定社会关系实行法律调整的思想动机和意图的出发点。"① 也就是说制定一部法律要解决哪些问题。循环经济法的立法目的，是指立法者通过循环经济立法所表达的、为实现经济利益和保护生态环境的共同利益的思想和需求。它是立法者依靠循环经济基本立法来实现的一种法律价值，是循环经济立法的根本使命。根据其实现目标不同可以分为直接目的和间接目的：直接目的是保护环境、节约资源、促进经济发展；间接目的是促进社会的可持续发展。因此，循环经济法的立法目的是立法者通过循环经济立法，协调社会各主体之间的利益关系，平衡社会整体利益与环境公益之间的关系，在保护生态环境的前提下提高资源利用效率，促进循环经济的发展，实现生态、经济、社会的可持续发展。

第一，高效节约资源和科学保护环境——直接立法目的 。一是高效节约资源。对于如何节约资源，循环经济提出了以提高资源利用率为核心的正向节约，这主要是依靠生产和消费中的正向节约、产业园的横向节约、循环利用的反向节约和开发可再生资源的替代节约来实现。二

---

① 汪劲：《环境法律的理念与价值追求》，法律出版社 2000 年版，第 11 页。

是有效保护环境。传统保护环境的方法是环境保护和经济发展两张皮的末端治理，不仅治理效率低下，而且成本上也不划算。循环经济主张把环境保护和资源节约纳入经济发展的全过程，实现经济发展和环境保护的一体化。通过经济社会发展过程中的源头消减，大大提高环境保护和资源节约的效率。

第二，保障和促进可持续发展——循环经济法的终极目的。可持续发展与循环经济之间是一种长远目标与具体实施手段的逻辑关系，发展循环经济是为了实现可持续发展。循环经济法通过"减量化"降低资源损耗和减少废物和污染产生；"再利用"把尚有一定使用价值的物品通过修复、翻新、再制造以延长使用时间；"资源化"把废物用作原材料，有助于实现资源的可持续利用，使社会生产从数量型的物质增长转变为质量型的服务增长，从而促进可持续发展。

（二）循环经济立法的依据

发展循环经济是对传统伦理观和发展观的重新审视，也是对传统生产方式、经济模式的全面变革。因此，循环经济立法需考虑诸多因素，以下列各方面作为依据：

第一，宪法和其他主要法律

宪法是我国的根本大法，一切法律都需要以宪法为指导。公民的基本权利是指应由宪法所规定和保护的公民在政治、人身以及经济、社会和文化等方面的权利和自由，是国家权利产生及存在的基础和先决条件。环境权作为公民的基本权利必须将其宪法化，将保障公民环境权的循环经济确定为与保护环境并重的基本国策。同时对民法、刑法等其他部门法进行修改，将循环经济理念融入其中，使循环经济理念在国家根本大法的指导下与其他部门法共同构成一个完整的法律体系。

第二，党和国家的循环经济政策

循环经济政策是指某政党和某国家为实现一定阶段的循环经济任务而制定的行动准则。循环经济政策和循环经济法律虽然分属两个不同的范畴，但二者之间是紧密联系的。循环经济政策是循环经济法律的灵魂，循环经济法律是循环经济政策的具体化。在具体实践中，循环经济政策不仅指导循环经济立法的全过程，还指导循环经济法的运行和实施。因此，循环经济立法要以党和国家的政策为重要依据。

第三，我国的现实国情

循环经济立法必须要遵循我国的现实国情。从循环经济立法的角度来看，必须遵循的现实国情包括地理环境、文化等状况。就地理环境而言，东南沿海地区经济发达、思想先进，推行循环经济相对更容易些，而西北地区资金缺乏、思维僵化，推行循环经济相对阻力比较大，因此，在循环经济立法时要因地制宜，注重原则性和灵活性相结合，使各地区的循环经济能够共同发展；就文化方面而言，我国虽然是文明古国，但随着历史的推移，现阶段我国在很多方面都比较落后，不仅科技欠发达，而且整个国民的环保意识较差，甚至有人对循环经济从未耳闻。因此，应当运用循环经济立法树立同循环经济理念相一致的价值观和消费观，增强公众的环保意识，引导其将循环经济理念实践于现实生活中。

（三）循环经济立法的必要性

循环经济作为可持续发展经济模式之一必须以法律作为支撑来实现其自身稳定有序的发展，这是发展循环经济的内在要求。

第一，循环经济立法是保障循环经济发展的需要

循环经济作为有效平衡经济增长、自然环境和社会发展三者之间关系的经济发展模式，最先被发达国家采纳，经过长期实践，诸多国家都已对循环经济的具体实施进行法制化，运用法律手段保障循环经济的发展。我国发展循环经济同样离不开法律的支持和保障，具体理由如下：

其一，法律具有规范作用。发展循环经济不能只靠经济杠杆来维持，更需要用法律进行规范。循环经济不同于传统的线性经济模式，它是将经济增长与环境对立相互转换协调，但此协调并非绝对，各方面利益的冲突仍然存在，尤其在现阶段，传统的不可持续发展生产方式还占主导地位，更需要法律的强制作用使社会的生产方式逐渐步入可持续发展循环经济的轨道。

其二，法律具有巩固作用。循环经济是对传统经济发展模式的变革，而变革的成果需要利用法律确认并巩固，对循环经济所采取的先进工艺、科技等，也需要法律予以确认。此外，任何技术一旦形成都会产生惰性，满足于旧有技术不利于生产方式的革新，良好的循环经济立法，应从根本上巩固循环经济的地位，并使其稳固以促使技术的不断

发展。

其三，法律具有引导作用。当前，我国循环经济的发展还处于起步阶段，大多数人认为这只是一种理论而已，要在全社会范围内使其得到公众的认同和重视，就必须通过教育和法制建设共同引导人们的行为，利用立法指明方向，让其可预测自己的行为和后果，从而使得循环经济成为具有可操作性的法律规则。

第二，循环经济立法是完善现有法律体系的需要

循环经济立法第一次将环境保护和经济发展统一起来，同时也在环境法与经济法之间架构一座桥梁，使我国法律体系在纵深方面的联系不断加深，也使得整个法律体系更加紧密、完备。我国可持续发展并不是单纯的经济增长或环境问题，而是整个社会发展的综合指标，我国现有的法律需要服务于这个目标并不断完善，为构建循环型社会出一份力。

第三，循环经济立法是应对国际竞争的需要

随着全球环境保护意识的增强，以关税和传统非关税措施来限制进口的余地逐步减少，许多国家开始以苛刻的环保技术标准来构筑新的贸易壁垒，即绿色壁垒。要想符合国际贸易的标准，必然要对循环经济进行立法，使国际规则国内化。一方面，循环经济立法有助于我们定位自己，使自己百战不殆；另一方面，适度的标准也是保护我国国家和国民利益所必需的。

（四）循环经济的立法历程

立法是历史和时代的产物，循环经济立法是循环经济不断发展的客观要求。对循环经济的立法考察涉及对循环经济的基本认识，也关乎对循环经济法的基本理解。对循环经济的立法考察，本书拟从国际和国内两个方面展开。

1. 国际层面

20世纪90年代之后，知识经济和循环经济成为国际社会的两大发展方向。发达国家在把发展循环经济、建立循环型社会看作是实施可持续发展战略的重要途径，并通过一系列立法活动推动循环经济的发展。德国、日本和美国在循环经济立法方面走在世界前列。早在1986年德国制定《废物管理法》时，德国政府就把避免废物产生作为废物管理的首要目标。1991年，德国首次依据从资源到产品，再到资源的循环

思路制定了《减少包装物垃圾条例》。美国曾在 1965 年将废弃物综合利用以法律形式确定下来，并在 1986 年颁布了《资源保护回收法》，其中包括对废弃物循环利用的内容。2001 年 4 月日本也开始实行 8 项有关建立循环型社会的法律。

（1）美国循环经济立法

美国目前虽然没有一部全国性的循环经济法律，[①] 但却是循环经济的先行者之一，1969 年美国制定了《国家环境政策法》，确立了环境影响评价制度，成为后来立法改进的重要法理依据。20 世纪 70 年代美国陆续通过了《固体垃圾处理法案》《资源保护和回收法》等法律，这些法律均在一定程度上体现了循环经济的思想。到 80 年代，美国制定了《综合环境反应、赔偿和责任法》。[②] 90 年代美国制定了《污染预防法》明确宣布了污染预防的原则。2000 年《有机农业法》的颁布及实施对于美国生态农业的发展具有相当深远的影响。2005 年通过的《能源政策法》采用精细具体的立法技术，明确了主管部门及其法律责任，全文长达 1700 多页。

美国循环经济经过几十年的发展，其涉及行业已从传统的造纸、炼铁、塑料、橡胶扩展到新兴的家用电器、计算机设备、家居用品等众多产业，全国有 6 万—7 万个企业参与，现在已成为美国经济的主要组成部分，这种良好发展态势无疑与美国循环经济法制保障有着密切的关联。

（2）德国循环经济立法

德国在发展循环经济方面走在世界的前列。循环经济立法实践可以分为两个阶段：

第一阶段是 1972—1996 年，这期间主要是以废弃物末端处理为始点，逐步发展到循环经济发展模式被立法正式确认。1972 年，德国颁布了《废弃物处理法》，规定关闭不合理的废弃物堆放场，强调废弃物处置的规范化、无害化。1976 年，德国的第一部垃圾管理法律出台。

---

① 刘国涛主编：《环境与资源保护法学》，中国法制出版社 2004 年版，第 345 页。

② Campbell-Mohn. Breen, Put rell, *Sustainable Environmental law*, West Publishing Co. 1993, pp. 43 – 44.

该法重在规定对垃圾的处理、转运和处置进行相应管理以达到减少环境危害的目的。1986 年，德国对《废弃物处理法》进行了修正，并更名为《废弃物限制处理法》，开始由废弃物的末端治理发展到处理后的重复使用，并对生产者的责任进行了规定。1991 年《减少包装物垃圾条例》的颁布使德国政府得以应对快速增长的垃圾处置问题。从一定意义上来讲，我们可以将《减少包装物垃圾条例》描述为一部生产者责任延伸的法律，该条例强制性要求各生产企业不仅要对产品负责，而且还要积极履行回收产品的包装物的义务并将其利用。为确保生产者责任的履行，该条例推荐了两种途径来管理包装废弃物：一种形式是生产厂家通过其批发和零售渠道来回收其产品包装；另一种方式是在全国范围内建立一个私营系统来回收、分类和循环所有这些来自不同厂家的包装废弃物，生产者可以选择将回收责任委托给专门从事回收处理的回收公司。在这一规定的影响下，德国二元系统公司（DSD）随即应运而生。[①]

　　第二阶段是 1996 年至今，循环经济发展模式得以普遍推行。德国《循环经济和废物处置法》是该国发展循环经济的代表性法律规范（1994 年公布，1996 年 10 月正式生效，1998 年 8 月修订）。这是首次在国家法律文本中使用循环经济概念，把废弃物处理提高到发展循环经济的高度，把物质闭路循环的思想从包装问题推广到所有的生产部门，不仅要求在生产过程中需要避免废物的产生，同样要求生产者、销售者与使用者都承担避免废物产生、再回收、再利用与环境友好处置的责任。[②] 将循环经济由商品包装、垃圾处置推广到整个社会各个领域，该法规定对废物管理应以尽量避免的态度为优先，采取措施进行废物循环

---

　　① 德国二元系统公司（DSD）建立于 1990 年 9 月 28 日，是在德国工业联盟（BDI）和德国工商企业协会（DIHT）的支持下由 95 家涉及零售、日用品生产等公司发起的。DSD 是完全非营利的组织，其运作的资金来源于向生产厂家授予绿点标志时收取的注册费。"绿点系统"的标识是由绿色箭头和黄色箭头组成的圆形黄绿色图案，上方文字是德文"DERGRUE-NEPUNKT"组成，意为"绿点"。绿点的双色箭头表示产品包装是绿色的，可以回收利用，符合生态平衡、环境保护的要求。这些注册费全部用于包装废弃物的管理。

　　② 徐伟敏：《德国废物管理法律制度研究》，《中国环境资源法学评论》，中国政法大学出版社 2006 年版。

利用为其次，体现了"预防为主"的思想，① 标志着德国循环经济法制建设的开端。

在《循环经济和废物处置法》这一法律框架下，德国根据各个行业的不同情况，制定了一系列旨在促进各行业循环经济发展的法规，比如1998年4月1日颁行的《废旧汽车处理条例》、1998年10月1日通过的《废旧电池处理条例》等。

德国立法向来以严谨而著称，其循环经济立法也不例外，其对各法律关系主体及相关方的权利与义务规定得比较明确，法律的可操作性强，为世界各国及地区的循环经济立法提供了成功范例。日本、欧盟成员国等经济发达国家后来都不同程度依据德国的循环经济立法思想制定或修订本国循环经济方面的法律规范。

（3）日本循环经济立法

第二次世界大战战败后，日本为了重建战争中荒废的家园，赶超世界上的先进国家，举国上下开始不顾一切致力于产业振兴与经济复苏。在这一过程中，全国各地的过分开发，带来经济增长的同时，也给人类赖以生存的自然环境带来了严重污染。环境公害就此形成并蔓延扩大，保护环境的意愿因此产生。于是1967年日本颁布了《公害对策基本法》，但其中很多规定仅强调经济发展，无法真正解决日本当时遇到的环境问题，仅有法律形式而无实质内容。1970年，日本国会从实质上对该法进行一定程度上的修订。侧重点由经济发展转向环境保护，有力地促进了经济的和谐发展。② 在此次会议上还颁布了14部污染控制法律和其它环境标准。在这一期间还成立了环境省。这些在环境保护方面的规范举措，对20世纪70年代日本开展对有毒污染物的控制奠定了一定的基础。1990年，面对资源快速耗竭和废物管理问题日益突出的局面，日本环境政策开始由前一阶段的污染治理转向建设可持续发展的经济。环保部门也开始实施废物管理和回收政策。

日本较早提出了建设循环型社会的方案，并用法律对此方案加以固

---

① 吴文伟：《城市生活垃圾资源化》，科学出版社2003年版，第198—199页。

② 唐荣智、于杨曜：《循环经济法比较研究——兼评我国首部清洁生产促进法》，《杭州商学院学报》2002年第10期。

定。自从 2000 年来日本召开环保国会，① 通过和修改多项环保法规以来，目前日本已形成了以《建设循环型社会基本法》牵头，由综合性法律和专项法律组成的法律体系。② 其中"基本法"在位阶上高于其他法律，起着连接宪法和各专项法的桥梁作用。《建设循环型社会基本法》是日本循环经济立法实践的集中体现，该法于 2000 年 6 月颁布并于 2001 年 1 月生效，旨在促进日本循环型社会的建设，因而处于循环经济立法的核心地位。该法的显著特点如下：一是该法的立法理念鲜明，以国民当代和后代的可持续发展为宗旨，立足于日本资源与环境的现实状况，战略性地将立法提高到建立循环型社会的高度。二是为了建立循环型社会，必须使国家、地方政府、企业和公众在合理承担各自责任的前提下采取必要措施，并使其公平合理地负担采取措施所必需的费用。因此该法建立了国家、地方政府、企业责任的合理分担机制。三是采取了环境影响事先评价制度，强调污染预防原则。

纵观日本循环经济立法实践，日本与循环经济相关的立法从体系上看形成了以《建设循环型社会基本法》为龙头，以《固体废弃物管理和公共清洁法》和《资源有效利用促进法》两部综合性法律为两翼，《家用电器回收法》、《绿色采购法》、《汽车循环利用法》等专项法作为实践补充的"一头两翼多尾"的整体式的体系安排，既从宏观层面统领规范着全国的循环经济活动，同时微观上各项具体法律、法规分别从不同领域支持着基本法和综合法的具体落实，从而为日本循环型社会的建设提供了良好的法律保障。③

从世界各国的循环经济立法实践可以看出，国外循环经济立法的出发点大都是解决废弃物或垃圾的出路问题。一方面，在德国和日本这样的国家，其面对的环境问题及循环经济立法的提出，是在国家的经济发展已进入一个相对低能耗、高效率的阶段。因其国内环境问题，通过 20 世纪六七十年代以来的污染控制，矛盾已趋于缓和。它们的循环经济立法，更多地表现为对社会废弃物"出路"问题的解决思路上。例

---

① 学界将该年定为"循环型社会元年"。

② 柯坚：《日本循环型社会立法的历史源流与理性架构》，载徐祥民主编《中国环境资源法学评论》，中国政法大学出版社 2006 年版，第 95 页。

③ 龚剑飞：《循环经济立法完善之研究》，硕士学位论文，华侨大学，2012 年，第 25 页。

如在日本，其循环型社会立法的一个直接动因就是针对废物处理场所无法支撑的状况，通过采取措施抑制废弃物的产生及使废弃物资源化，以减少乃至避免废弃物最终处理这一社会问题，采用的是循环型社会的提法，日本的《建设循环型社会基本法》明确指出，该法所称"循环型社会"其目的是构建抑制产品成为废物、循环利用废物中的有用物质、适当处置不可循环废物的社会，从立法目的可以看出日本循环经济立法着眼的对象是废物。德国1996年通过的循环经济法，是指"物质闭路循环和废物管理"，这一概念的着眼点也是废物的出路。且德国《循环经济和废物处置法》中声明该法不适用于"很快排入或引入水域或废水设备的物质"。另一方面，发达国家的循环经济立法更多地体现了战后经济持续繁荣背景下社会价值观的变化。即从经济快速增长主义向生态环保主义的价值取向的转变。如日本1967年实行的《公害对策基本法》仅强调经济发展，遭到了全国人民的一致反对。而后2000年颁布的《建设循环型社会基本法》第一条则开宗明义地指出将确保国民健康的文化生活作为其立法目的。日本律师协会将该基本法评价为"理念法"，从一定程度上也反映了立法者迎合国内日益高涨的环保主义意识形态的一种姿态。

2. 国内层面

我国对循环经济的关注起于20世纪末。[①] 随着对循环经济认识的不断深化，人们逐步认识到循环经济是我国实现可持续发展的必然选择，而循环经济立法是建设循环经济的法制保障。在科学发展观和绿色发展、生态环境保护等先进理念指导下，在党和国家的积极倡导下，循环经济立法逐步展开。

需要说明的是，我们这里所指的循环经济立法绝不是指形式意义上的《循环经济促进法》，而是指实质意义上的循环经济法，即包括体现循环经济各项内容的所有立法。

我国循环经济的立法进程是在整个环境立法的历史背景下进行的，同时又与我国循环经济的发展过程紧密相连。根据循环经济立法在不同阶段的理念变迁、法律文本和具体内容，结合我国循环经济发展的历史

---

① 诸大建：《用科学发展观看待循环经济》，《文汇报》2004年3月22日，第5版。

阶段，① 可以将我国循环经济立法历程大致分为三个阶段。②

第一阶段，2002 年之前的循环经济立法。

这一阶段可以称为我国循环经济立法的萌芽阶段。20 世纪 70 年代，我国就开始注意利用政策手段和法律手段来推动资源综合利用和循环使用等工作。在 1973 年第一次全国环境保护工作会议上，国家计划委员会拟订的《关于保护和改善环境的若干规定》中就提出努力改革生产工艺，不生产或者少生产废气、废水、废渣，消除跑、冒、滴、漏现象等要求。1985 年，国务院又批转了国家经济委员会起草的《关于加强资源综合利用的若干规定》，该规定对企业开展资源综合利用提出了一系列的优惠政策和措施，并附有相关的产品和物资的具体名录。资源综合利用，实际上就是我们今天所说的循环经济的重要内容之一。

1978 年修订的《宪法》首次对环境保护作了规定："国家保护环境和自然资源，防治污染和其他公害。"这为我国环境资源保护工作的立法奠定了宪法基础。1979 年《环境保护法（试行）》颁布，这部法律被理论界称为环境保护领域的基本法。该法的颁布，标志着我国的环境保护工作开始进入了法治阶段，同时也标志着我国的环境法体系开始建立。③

20 世纪 80 年代以来，我国经济社会快速增长，各个方面均取得了显著成就，但同时经济发展与资源环境的矛盾也日趋尖锐，环境污染问题日益严峻。在此背景下，我国加快了环境资源立法的进程。1989 年，《环境保护法》由试行法变成正式法。《海洋环境保护法》、《水污染防治法》、《大气污染防治法》、《固体废物污染环境防治法》等污染防治单行法颁行。《森林法》、《草原法》、《渔业法》、《土地管理法》等资源保护单行法也先后颁行。到 20 世纪末，我国环境资源保护法律体系

---

① 官方将我国循环经济的发展分为三个阶段：前期准备阶段（2002 年以前）、起步阶段（2002—2005 年）和大力发展阶段（2005 年至今）。具体可参见全国人大环境与资源保护委员会法案室编《〈中华人民共和国循环经济促进法〉立法资料概览》，中国民主法制出版社 2008 年版，第 457—462 页。

② 循环经济立法的三个阶段与循环经济发展的三个阶段在时间上并不完全吻合，而是具有一定的差异性，即立法进程滞后于经济发展的进程，这是由立法固有的保守性、稳定性等特点所决定的。

③ 金瑞林、汪劲：《20 世纪环境法学研究评述》，北京大学出版社 2003 年版，第 73 页。

基本形成。这些立法均或多或少地涉及节约资源能源、综合利用和废物再生利用等循环经济的一些方面，从而成为循环经济立法的萌芽。

这个阶段循环经济立法的特征表现为：

第一，指导思想体现为以经济建设为中心，环境保护要与经济社会发展相协调，[1] 对环境污染主要实行末端治理，尚未形成循环经济的理念。

第二，许多重要环境立法产生，立法内容主要以污染防治和资源保护为主，属于循环经济的外围立法，基本上没有触及资源能源的减量化、再利用和资源化等循环经济的主体内容和实质内容。

第三，还没有关于循环经济专门立法的设想，但是出现了清洁生产的试点实践，也开始启动清洁生产专门立法的进程，出现了从末端治理逐步向源头控制和全过程控制转变的趋势。

第二阶段，2002—2007 年的循环经济立法。

进入 21 世纪以来，国家一直高度重视环境保护工作，环境保护立法也不断加强。但是，由于各方面原因，环境污染加重趋势尚未得到根本遏制，生态破坏问题日趋严重，资源能源形势更加严峻。国家已经意识到，末端治理模式显然已经不能真正实现环境保护。在此背景下，国家加速了体现源头治理理念的《清洁生产促进法》的立法进程。2002年 6 月，全国人大常委会颁布《清洁生产促进法》。这是我国第一部以提高资源利用效率、实施污染预防为主要内容，专门规范企业等清洁生产的法律规范。《清洁生产促进法》第 2 条对清洁生产的定义是：不断采取改进设计、使用清洁的能源和原料、采用先进的工艺技术与设备、改善管理、综合利用等措施，从源头削减污染，提高资源利用效率，减少或者避免生产、服务和产品使用过程中污染物的产生和排放，以减轻或者消除对人类健康和环境的危害。这里明确提到了"使用清洁的能源和原料"、"综合利用"、"提高资源利用效率"、"减少或者避免生产、服务和产品使用过程中污染物的产生和排放"等同时也属于循环经济的重要内容。该法第 9 条还规定："县级以上地方人民政府应当合理规

---

[1] 典型例证是 1989 年《环境保护法》第四条的规定，该条对协调发展原则的立法表述是："使环境保护工作同经济建设和社会发展相协调"。

划本行政区域的经济布局，调整产业结构，发展循环经济，促进企业在资源和废物综合利用等领域进行合作，实现资源的高效利用和循环使用。"这里已经明确提出了"循环经济"的概念。这也是国家立法首次明确提出"循环经济"的概念。

因此可以说，《清洁生产促进法》属于循环经济立法的重要组成部分。[①] 该法的公布实施，表明我国发展循环经济是以法制化和规范化的清洁生产为开端，这是可持续发展的历史性进步。[②]《清洁生产促进法》的出台，一方面，标志着我国环境立法理念的重大转型，即污染治理从末端控制向源头控制和全过程控制的转变；另一方面，由于清洁生产属于循环经济的重要内容，因此它的出台在客观上也标志着我国循环经济立法向前迈出了一大步。

随着《清洁生产促进法》的实施，清洁生产成为我国发展循环经济、实现可持续发展的核心内容。[③] 它对引导产业结构、产品结构、能源结构向环境友好化方向发展、提高资源利用效率、减少和避免污染物的产生，发挥了非常重要的推动和保障作用。

同一时期比较有代表性的环境立法还包括《环境影响评价法》，该法在指导思想上与《清洁生产促进法》具有一致性，均体现了从源头预防污染的理念，特别是该法关于规划环境影响评价的规定，[④] 将环境影响评价的对象从单一的项目提升到政府规划这样的宏观决策层面，从而有力地促进了政策发展与环境的决策一体化，有助于形成更加符合环境保护要求的科学的公共决策。这一阶段可以称为循环经济立法的成长阶段。在这个阶段，循环经济的理念逐渐深入人心，循环经济的实践也大量开展，从而为循环经济立法奠定了思想和实践基础。归纳起来，这一时期循环经济立法的特征表现在三个方面：

---

①　可以佐证这一点的一个很有意思的例证是，在循环经济法制定过程中，曾有学者主张用循环经济法涵盖《清洁生产促进法》，将《清洁生产促进法》废止。这一观点从侧面反映出，循环经济与清洁生产具有非常紧密的联系。该观点可参见孙佑海、张天柱主编《循环经济立法框架研究》，中国法制出版社 2008 年版，第 190 页。

②　冯之浚主编：《循环经济导论》，人民出版社 2004 年版，第 390 页。

③　同上书，第 394 页。

④　详细内容可参见《环境影响评价法》第二章有关规划的环境影响评价的条款。

第一，立法的指导思想体现了经济社会发展要与环境保护相协调，① 由单纯的末端控制转向源头控制与末端控制相结合，并且更加注重源头控制与预防。

第二，立法内容开始触及循环经济的一些重要方面，主要是清洁生产领域，出台了专门的《清洁生产促进法》，该法还首次提出了"循环经济"概念，从而成为循环经济立法进程的重要里程碑。

第三，国家提出了循环经济法的立法计划，并启动了相应的立法程序，循环经济法进入实质立法的阶段。

第三阶段，2008 年以后的循环经济立法。

这一阶段是循环经济立法的定型阶段，以《循环经济促进法》这一法典化成果为标志。

在 2008 年以前，虽然《清洁生产促进法》相较之前以污染控制为主要目标的环境立法而言，已经前进了一大步，但是，清洁生产本身也具有一定的局限性。清洁生产仅仅涉及生产层面，而没有触及社会经济的其他更加广阔的领域，如流通领域、消费领域等。这就决定了清洁生产及《清洁生产促进法》适用范围的有限性。伴随着科学发展观、建设资源节约型和环境友好型社会、建设生态文明等一系列重大决策的提出，比清洁生产更科学更先进的循环经济理念开始普及，有关循环经济的试点实践也在全国范围内广泛开展。到 2008 年 8 月 29 日，十一届全国人大常委会四次会议通过了《循环经济促进法》（2009 年 1 月 1 日开始实施），这标志着我国调整循环经济领域社会关系的基本法已经诞生。该法共 7 章 58 条。在框架结构的安排方面，第一章为总则，第二章规定基本管理制度，第三章规定减量化，第四章规定再利用和资源化，第五章规定激励措施，第六章规定法律责任，第七章是附则。

在内容上，《循环经济促进法》规定了若干重要的法律制度，包

---

① 取得这一突破的是 2005 年国务院制定的《关于落实科学发展观加强环境保护工作的决定》中对协调发展原则的表述，即："经济社会发展必须与环境保护相协调"，该决定甚至明确指出："在环境容量有限、自然资源供给不足而经济相对发达的地区实行优化开发，坚持环境优先。"这种表述与 1989 年《环境保护法》的规定相比，观念发生了明显的变化，强调经济社会的发展"必须与环境保护相协调"，更加突出了"环境保护"在国民经济和社会发展中的战略地位。这种转变也为循环经济立法提供了有力的思想指导。

括：循环经济发展规划制度、总量调控制度、以生产者为主的责任延伸制度、对高耗能、高耗水企业的重点管理制度、循环经济评价和考核制度、循环经济标准标志标识制度、收费和押金制度；政府采购制度、表彰奖励制度、法律责任追究机制等。

《循环经济促进法》的出台，对我国社会经济发展正在产生并且还将继续产生重大影响。具体至少表现在三个方面：

一是有利于提高资源利用效率。该法通过促进产业、流通和消费等环节的衔接和社会各个层面的合作，实现对自然资源的合理利用；同时通过废物的循环利用，把已经产生的废物通过各种技术措施，进行再利用和资源化，减少自然资源的使用量。

二是有利于保护和改善环境。通过实施该法中循环经济的"减量化"规定，废物和污染将会尽可能地减少，这样从源头削减污染，既节约资源，又保护环境。同时通过实施清洁生产措施，采取改进设计、使用清洁的能源和原料、采用先进的工艺技术与设备等措施提高资源利用效率，减少或者避免生产、服务和产品使用过程中污染物的产生和排放。在末端，该法的实施，将促进通过污染治理和废物的循环利用，回收可循环利用的废弃物，减少环境中已有废弃物的数量，降低污染程度，从而缓解现实的环境压力。①

三是有利于最终实现可持续发展。实现可持续发展是循环经济立法的根本目的，也是我国国民经济和社会发展的基本指导方针。《循环经济促进法》的实施，将会在全社会形成一种资源节约和环境友好的氛围，逐渐让政府、企业、公民和其他组织等社会各方面主体形成一种资源节约和环境友好的行为方式，从而促进经济、社会、资源与环境的全面协调可持续发展。

2009 年我国努力完善绿色税收政策，财政部、国家税务总局、环境保护部等共同研究开发征收环境税的方案。

2010 年 5 月 11 日，国务院办公厅转发环境保护部门等 9 部门《关

---

① 2006 年 3 月，十届全国人大四次会议审议通过的《国民经济和社会发展第十一个五年规划纲要》，明确提出"十一五"期间"主要污染物排放总量减少 10%"等具有法律约束力的指标。《循环经济促进法》的制定，为国民经济环境保护约束性指标的实现增加了一道重要的法律保障。

于推进大气污染联防联控工作改善区域空气质量指导意见》，这是我国的第一个综合性的防治大气污染的相关政策。

2011年，国务院印发了《关于加强环境保护重点工作的意见》以及《国家环境保护"十二五"规划》，进一步明确"十二五"环境保护的目标、任务、重点工作和政策措施。环境保护的战略地位更加强化，指导思想更加明晰，保障措施更加有力。同时，我国又出台《重金属污染综合防治"十二五"规划》以及《全国地下水污染防治规划》，这三个规划都将在"十二五"期间发挥巨大的作用。

2012年4月，全国污染预防和控制工作会议在南京召开，明确"十二五"期间要正视污染预防和控制工作所面临的艰巨任务，逐步由被动应对向主动防控的战略转变，努力推进"四个转变"：在防治对象上，逐步由以常规污染物为主向常规污染物与高毒性、难降解污染物并重转变；在防治方法上，逐步由单一控制向综合协同控制转变；在防治模式上，逐步由粗放型向精细化管理模式转变；在防治目标上，逐步由总量控制为主向全面改善环境质量转变。

2016年，国务院印发《生态文明体制改革总体方案》以及《国家环境保护"十三五"规划》，进一步明确"十三五"环保工作的总体目标包括生态环境质量总体改善、主要污染物排放总量大幅减少、环境风险得到有效管控等，提出2020年及2030年两个阶段性目标。在"十三五"期间，建立环境质量改善和污染物总量控制的双重体系，实施大气、水、土壤污染防治计划，实现三大生态系统全要素指标管理；在既有常规污染物总量控制的基础上，新增污染物总量控制注重特定区域和行业；空气质量实行分区、分类管理，2020年，PM2.5超标30%以内城市有望率先实现PM2.5年均浓度达标；加强生态文明建设首度被写入五年规划，习近平总书记对生态文明建设和环境保护提出一系列新理念新思想新战略，涵盖重大理念、方针原则、目标任务、重点举措、制度保障等诸多领域和方面，其中"两山论"和绿色发展理念打破了过去简单把发展与保护对立起来的思维束缚，指明了实现发展和保护内在统一、相互促进和协调共生的方法论，树立从持续发展到绿色发展、低碳发展理念。"十三五"期间应做到"从污染物总量控制为主向环境质量改善转变""从控制污染物的增量为主向削减存量为主转变"等三个转变。

以上三个阶段分别以《清洁生产促进法》和《循环经济促进法》作为标志性立法，对我国循环经济立法的历史进程作了阶段界分和基本考察。前面两个阶段已经过去，第三个阶段正处于"现在进行时"，并将在未来一段时期内处于持续发展状态。

二　循环经济执法

执法是指国家行政机关及其公职人员依照法定的职权和程序，贯彻、执行法律的活动。[①] 执法有广义和狭义之说。广义上的执法包括国家行政机关、司法机关及其公职人员，依照法定的职权和程序，贯彻执行法律的活动。狭义的执法则仅指国家行政机关及其公职人员依照法定的职权和程序，贯彻执行法律的活动，即"行政执法"。在循环经济执法过程中形成的多数是行政法律关系，大部分循环经济法律的贯彻实施以及环境纠纷的处理也多是由行政机关来执行。因此，本书使用的是狭义的执法概念。

循环经济执法是国家执法活动的一个组成部分，它是指国家机关按照法定权限将循环经济法律规范中抽象的权利义务变成循环经济法律主体的具体的权利义务的过程，或者说是国家有关机关将循环经济法规范适用于具体循环经济法律主体的过程。[②] 循环经济行政执法是指国家行政管理机关依照法定程序和循环经济法律规定，对循环经济行政相对人实行的具体行政行为。

在发展循环经济的过程中，立法只是循环经济法律体系建立的前提和执法的依据，而执法却是循环经济法律得以实现的关键，并且执法是将法律适用于具体事件的复杂过程。为保证循环经济法律的顺利实施，我们将从以下两个方面关注循环经济的执法问题。

（一）循环经济执法的困境

我国循环经济执法存在主体职责不明确、执法不严、执法力量薄弱等问题，使循环经济法的作用难以发挥，阻碍循环经济的发展。

---

① 张文显：《法理学》，法律出版社 1997 年版，第 359 页。
② 孟毅：《环境行政执法责任制实施与过错追究法查处法律依据及处罚标准使用手册》（一），中国科技文化出版社 2005 年版，第 37 页。

从执法主体看，循环经济执法主体界限不明。我国《循环经济促进法》规定"国务院经济综合宏观调控部门负责组织协调、监督管理全国循环经济发展工作；国务院环境保护等有关主管部门按照职责负责有关循环经济的管理工作。县级以上地方人民政府综合经济管理部门负责组织协调、监督管理本行政区域的循环经济发展工作；县级以上地方人民政府环境保护等有关主管部门按照职责负责有关循环经济的管理工作"。按照法律条文理解，我国经济综合宏观调控的主要职责承担者是发改部门。实践中，循环经济战略行动计划的制定、循环经济产业发展等事项也确实主要均由发改部门负责，目前各级政府发改部门一般也都设立了专门的循环经济发展机构管理相关事项。但是循环经济发展是一项系统性工程，循环经济执法必然涉及诸多部门，例如循环经济的激励机制涉及央行、税务主管部门、财政主管部门，农业循环经济的发展涉及农业主管部门，循环经济科技发展方面涉及科技主管部门、工信主管部门，废弃电子产品的回收管理和包装物的社会化回收管理涉及到商务部门，对于高耗能、高耗水企业的重点监管涉及水利部门和环保部门，等等。这样，循环经济的执法主体也常常表现为以发改委为主的多部门的合作。加上，环保部门的循环经济执法职能被有意无意地忽视，在这种情况下，循环经济执法主体的界限就很不分明，影响了《循环经济促进法》的有效实施。

从执法客观情况来看，我国循环经济法律制度不完备，使得循环经济执法无法可依。另外，循环经济执法主体职责界定混乱。我国在循环经济执法领域实行的是统管与分管相结合的多部门多层次的执法体制。执法主体林立、执法权力和执法责任分散、容易造成执法混乱。各职能部门之间协调不够，部门之间缺乏沟通和有效的制约，无法实现真正统一、协调的监督管理。如行政处罚权，就法律规定看，享有行政处罚权的有县级以上人民政府质量监督行政主管部门、经济贸易行政主管部门、环境保护行政主管部门、城市规划行政管理部门等。设定多个行政处罚部门的目的是处罚更加具体、管理更加明确，但在实践中，一旦出现违反循环经济法律规定的行为，涉及的部门不止一家，就会出现多个行政部门争权推责、互相扯皮的情况，严重影响循环经济执法效率和效果，影响循环经济的顺利发展。

　　从执法队伍来看，目前我国执法队伍的职业道德素质、思想素质、业务水平不能满足循环经济执法的实际需求。缺少一个独立的循环经济执法系统，依赖发改委和环保部门来保障循环经济执法只能应对防御和治理阶段。随着国家对循环经济的日益重视，执法过程中也暴露出越来越多的问题：首先，执法人员的素质普遍不高，循环经济专业性知识欠缺，以致对违法事实很难做出准确的判断、定性；其次，执法离不开一定数量的执法人员，执法队伍人员不足，很难应对日常的执法和监督工作，如一个区、县检查大队的执法人员通常只有 10 人左右。最后是执法经费不足，如交通工具、通信工具等因为经费不足而缺少的现象成为循环经济执法的客观障碍。随着循环经济法治的发展，必须扩大循环经济执法队伍，以更好地监督和激励生产活动中的资源再利用。

　　此外，公众参与的法律意识淡薄。循环经济执法的顺利进行离不开公众参与，虽然近几年我国科学发展观深入人心，公众参与循环经济的意识有所加强，但总体上来看，和国外发达国家相比仍然相对薄弱。由于宣传力度不够，公众在没有相应利益的驱动下几乎很少能够做到主动遵守循环经济的法律规范，行政执法中未充分引入公众参与机制的境况使得我国的循环经济行政执法行为往往在公众的监督范围之外。公众参与行政执法的渠道少、流于形式等现状也使得公众参与机制的作用在行政执法中没有得到充分发挥。

　　（二）循环经济执法保障

　　在循环经济法的实施过程中，责任追究是一个重要环节，如果对违法行为不进行有效追究，法律制度就很难推进和执行。循环经济的违法行为大多属于行政违法，政府作为行政执法的主体，其职责的落实、执法权利的保障是非常重要的。因此，执法保障在循环经济法运行中具有特殊的重要性。对循环经济执法保障主要体现在以下几方面：

　　第一，明确执法主体。循环经济的发展是一项系统性的工程，需要各个部门分工负责、互相配合才能完成。各部门分工负责的前提是能明确划分各职能部门的职责且相互衔接，若存在空白或交叉，就会相互推脱或争权夺利，这不仅弱化了行政执法的权威，也将影响行政执法的顺利开展，因此，明确行政执法主体至关重要的。在《循环经济促进法》中，对执法主体的确定有两类，一类是明确执法范围的，即政府、工商行政主管部门、地质矿产部门、电力监管机构、海关等明确对进出口、矿物开采、电力生产方面的违法行为进行处罚；另一类是不明确的，表述为"国务院经济综合宏观调控部门"、"国务院环境保护等有关部门"、"政府指定部门"，这些相关部门以模糊化的表述规定在法律中，在一定程度上能保证法律不朝令夕改的稳定性，但在具体执行中，到底是什么部门只有进行明确说明才能使执法职权落到实处，执行到位才能保障法律制度的落实。

当然，行政机构庞杂、权责交织是当前的现状，要在短期内实现权责明晰化是存在困难的，因此，笔者认为，现行体制下，最佳的模式是选择联合执法。联合执法的主体可大致划分为三类，即各级企业主管部门、工商行政管理部门以及环境保护部门。以上三部门在联合执法中既有各自的职责，又有相互的联系，企业主管部门负责按照循环经济法规的要求改造企业生产体系，整合企业产业结构；环保部门负责监督和提供企业生产的循环状况以及环保信息，并随时予以公开；工商行政管理部门则运用以经济引导为主的行政措施，根据环保部门提供的企业信息，按照循环经济的要求奖优罚劣，引导企业向循环经济方向发展。以上三部门，可以成立联合小组，定期召开联席会议，制订及执行联合执法方案。①

第二，提升执法人员素质，加强执法队伍建设。"法律不仅依靠权力来支持，还得靠人来执行，法治其实是人依法而治，并非没有人的因素。"② 因此加强循环经济执法队伍建设对于循环经济执法保障的完善至关重要。执法权责明晰化是保障执法的制度内容，执法队伍本身的素质则是影响执法质量的内在因素。当外部的制度环境充分优化时，内在素质若是无法达到对应的高度，制度就将沦为形式，同样阻碍行政执法的顺利开展。在循环经济领域，诸如矿产开采、淘汰工业产品、燃油发电机等都具有很强的专业性，行业外的普通人往往是难以判别的，这种专业性和权威性就要求执法人员不仅需要具备较高的思想素质，还要求

---

① 王薇：《论我国循环经济法律制度的完善》，硕士学位论文，宁波大学，2012年，第29页。

② 卢莎：《试论我国环境执法之不足及对策》，《甘肃环境研究与检测》2002年第9期。

其掌握必要、扎实的专业知识，能准确对产品进行识别、对违法行为进行准确定性和处罚。以我国现状看，执法的高要求和执法队伍素质偏低的现状之间的矛盾较为突出。作为循环经济执法人员，首先要精通循环经济法律规范，能正确适用法律解决问题；同时，还要有一定的循环经济知识，才能把握循环经济执法领域的特殊性。就现有的素质技能水平而言，完全落实、开展好执法工作的目标是无法一蹴而就的，补充高素质的执法人员进入执法队伍是一个方法，也一直在有条不紊地进行着，但这需要一个较长的过程，因此，对现有的执法人员进行培训，是提高执法队伍素质快速有效的办法。培训应以循环经济法律法规为基础框架，针对不同岗位的工作人员进行专项内容的知识强化和更新。同时，还可以组织各类行业的竞赛，以激发执法人员的学习积极性，为广大执法队伍树立良好的学习榜样，建立一个学习型的执法队伍。

第三，强化公众参与。《中国 21 世纪议程》中指出："公众、团体和组织的参与方式和程度，将决定可持续发展目标实现的进程。"① 在可持续发展过程中，公众参与的程度、效果是起到重要作用的。循环经济执法是保障法律、法规贯彻实施，控制循环经济违法行为的重要手段，在执法中引入的公众参与包括媒体公众、组织公众、一般公众在循环经济执法的各个环节进行参与、建议、监督等，以提高循环经济执法质量，强化监督力度。具体说来，在循环经济执法中引入公众参与应包括事前、事中和事后三个环节：

公众的事前参与主要是指在制度、项目批准实施前进行的环境影响评价，主要表现为听证、论证会、座谈会等形式，可以说公众事前参与已有了法律的保障。笔者认为，听证作为公众事前参与的最基本形式，虽在立法中有所规定，但在执行上还有待完善：一是听证代表结构的优化。目前听证会的组成人员，大都包括专家学者、人大代表、政府官员及民众，在比例结构上倾向于专业人士，专家学者的观点固然有其权威性，但也无法完全保证其代表群众的切身利益。因此，代表的选取应以保证基本素质为前提，民主选举或者随机抽样产生。二是听证代表产生过程的透明化、民主化。目前听证代表的选取

---

① 张秉福：《循环经济若干问题探析》，《国际技术经济研究》2005 年第 3 期。

方式、参与比例等程序性问题都不明确，这都为听证沦为形式化提供了可能，应本着自愿、公开的原则向社会公开代表的要求和选举程序，以保证代表组成的广泛性。

公众的事中参与是指在执法检查进行、处理环节和责任追究环节的参与，可以表现为协助执法和监督执法。目前，公民检举、控告等监督循环经济行政执法的权利并不缺乏法律的来源和依据，在《环境保护法》、《固体废物污染环境防治法》等循环经济立法中均有所提及。实践中，笔者建议在监督执法环节，可以要求循环经济执法监督机构，定期主动通过网络、公示等渠道向公众公布执法信息，将执法机构的执法结果暴露在公众监督下。在协助执法环节，可以建立举报奖励制度，以激励公众对循环经济违法行为监督检举的积极性。

公众的事后参与是公众的自主参与行为，即公众以政府公开的信息等为依据，对企业产品的选择行为，这种行为与执法行为是相对独立又相互联系的。一方面，循环经济执法的信息是公众事后参与的行为依据，没有执法的信息，公众的事后参与行为就无法实施；另一方面，公众事后参与行为补充了循环经济执法的职能，优化执法效果，对循环经济执法具有继承性。① 可见，两者的结合能形成强大的合力，不仅使打击循环经济违法行为的力量更强大，还节省了执法成本。

三　循环经济司法

司法，又称法的适用，即国家司法机关依据法定职责和法定权限，具体应用法律处理案件的专门活动。② 立法、执法、司法三者是并行的，其中司法是法的实施的一项重要方式。司法机关主要指法院和检察院。③ 司法是历史现象，随法的产生而出现，"有了法便有了司法"④。循环经济司法是对与循环经济活动相关的司法活动的称谓，有广义和狭义之分。狭义的循环经济司法仅指诉讼，广义的循环经济司法指司法机关按照循环经济法律明确规定的职责、权限及程序，解决案件纠纷、化

---

①　俞金香：《循环经济法制保障研究》，法律出版社 2009 年版，第 226 页。

②　张文显：《法理学》，高等教育出版社、北京大学出版社 2011 年版，第 252 页。

③　《法学词典》（增订版），上海辞书出版社 1984 年版，第 242 页。

④　熊先觉：《中国司法制度》，中国政法大学出版社 1986 年版，第 3 页。

解矛盾的过程。本书使用的是狭义的司法概念。目前，我国循环经济在司法过程中，由于现行司法理念、司法体制和司法制度等方面的制约或影响，还存在诸多的困难。

（一）循环经济司法障碍

第一，司法体制存在缺陷

循环经济司法难以满足需求的直接原因是司法机制的功能性障碍。循环经济相关法律作为新型法律，具有综合性和跨法域性，制度有明显的公法私法化或私法公法化的趋势，因此循环经济司法程序的顺利进行，有赖于司法体制的保障。

我国当前按照民事、刑事和行政设立审判机构，并且有着严格分工。循环经济方面的案件往往涉及民事、刑事和行政三方面，同时，循环经济违法案件往往涉及多方面的利益，包括政府与政府之间、政府与企业之间、企业与企业之间、个人与企业之间、个人与个人之间等，当司法责任不明确时就不能综合考虑私权与公权、权利与权力、个人与社会、政府与社会、政府与个人的关系，导致案件处理的偏颇与不妥帖。

第二，法官素质与审判水平不高

循环经济司法难以满足需求的主观原因是法官素质与审判水平不高。司法的前提是对所涉及法律的精神与特质的深刻理解，对循环经济相关法律精神与特质的把握就要求司法人员不但要有法学知识，更要深刻地理解循环经济相关的知识。在我国"法官大众化"的现实背景下，由于司法人员缺乏循环经济相关知识，难以建立符合循环经济理念的思维模式，导致对循环经济的司法审查陷入困境，造成司法环境难以达到循环经济发展的需求。

第三，循环经济公益诉讼缺失

我国目前处于经济的高速发展阶段，尽管中央政府在不断地改革行政体制，但是经济利益成为多数行为的唯一追求，官员的升迁、地方发展的标准、人民的富裕程度都与经济发展速度和国民生产总值直接挂钩。在这一背景下，循环经济司法也必然受到干扰。我国的各级法院在人、财、物方面仍然受制于地方政府，没有独立于地方行政权的条件与能力。为了地方利益，干预司法的案例屡见不鲜，或是不允许法院受理相关诉讼，或者是受理以后不允许公正判决，或者是公然动用司法权力对受害者进行制裁或处罚。

大量的循环经济方面的违法案件被排除在外，难以进入司法程序。企业违反循环经济相关法律条款的规定进行生产和销售时，损害的是公众利益，受害人群体不明确，难以确定当事人。即使有明确的诉讼当事人，在民事诉讼时，因为地方保护、地方经济利益等原因，被以无法律依据为由拒绝受理或直接被法院拒之门外；在行政诉讼时，行政行为相对人不愿告、不敢告、不会告与法院不愿理、不敢理、不想理的现象十分普遍。

（二）循环经济司法的完善

循环经济法制建设的国外经验表明，发展循环经济不仅是经济增长与发展模式的变革，而且对制度条件产生了新的需求，而司法正是这一需求的重要体现。[1][2]

第一，完善司法体制

纵观国内外，现有的环境法院或环境法庭在审判方式上均作了改革，实行称为"三审合一"的审判方式，即环境民事案件、环境刑事案件和环境行政案件统由环境法院或环境法庭"一院审理"或"一庭审理"。在我国，此类案件主要包括诉政府、环保部门、水利部门、海洋渔业部门等享有环境行政管理权的环境行政不作为案件、环境行政管理相对人不服具体行政行为案件、环境行政赔偿案件；因水体、大气、固体废物等环境污染引起的环境侵权、损害赔偿案件，因砍伐林木、采掘矿产资源、开垦、养殖、建设等行为破坏环境引起的环境损害赔偿案件，以及环境民事公益诉讼案件等。[3] "三审合一"的集中审判方式，

---

① Robbins L., *An essay on the nature and significance of economis science*, London: Macmillan, 1945, p. 16.

② Brian R, Wade W. W., "Policy evaluation of natural resource injuries using habitat equivalency analysis", *Ecological Economics*, 2006, 58 (2).

③ 参阅《江苏省高级人民法院关于开展资源环境案件"三审合一"集中审判的若干意见》，载周继业主编《司法的责任与但当》（第五辑），法律出版社 2014 年版，第 209 页；《关于贵阳市中级人民法院环境保护审判庭、清镇市人民法院环境保护法庭案件受理范围的规定》[2007 年 12 月 20 日]（载王立主编《环保法庭案例选编》（第 1 辑），法律出版社 2012 年版，第 223—224 页）和《江苏省无锡市中级人民法院关于环境保护案件管辖的若干规定》[2008 年 5 月 26 日]（载王立主编《环保法庭案例选编》（第 1 辑），法律出版社 2012 年版，第 243—248 页）。

是环境保护审判体制及环境保护审判工作机制的重大改革和创新，完全符合环境司法专门化的改革方向，理当坚持。

第二，提高司法者素质，优化司法资源

基于我国循环经济司法队伍的现状，应从加强司法者培训和优化司法资源两方面做起。首先要加强对法官专业知识的培训，充实法官的循环经济法专业知识、提升法律适用能力、提高法律思维认同程度；其次吸收专业人才进入司法系统，选拔有专业知识、专业经验的人士进入司法者队伍，从而充实司法资源；最后要加大司法投入，提供足够经费供司法机关进行司法活动。

第三，建立健全循环经济诉讼制度，完善公益诉讼制度

我国循环经济的违法案件通常都是依照公益案件处理，但在处理公益案件方面我国并没有完整的法律法规。其中2012年出台的《民事诉讼法》第55条规定："对污染环境、侵害众多消费者合法权益等损害社会公共利益的行为，法律规定的机关和有关组织可以向人民法院提起诉讼。"该规定中"法律规定机关"最主要是环保部门，然后有关组织则指代不明，并且这条规定限制了公民个人作为诉讼主体进入司法程序。2015年修订的《环境保护法》规定环境公益诉讼原告为"在设区市以上的民政部门登记、专门从事环保公益活动连续五年以上且无违法记录"的社会组织。因此必须在这些规定的基础之上完善循环经济诉讼制度，笔者认为原则上可以追加检察院和循环经济违法案件中的受害群众自治组织作为诉讼主体，从而让更多的循环经济违法事件进入司法程序。

以检察院为诉讼主体有利于避免地方政府为了维护地方经济利益而不愿意承认循环经济违法事件，公民个人在没有直接受害的情况下也不愿意提起诉讼，企业作为违法主体不会提出诉讼的局面，有利于避免在诉讼中出现的"搭便车"现象。检察院有权代表循环经济违法事件中的受害者一方应得到立法的保证，赋予检察院提起诉讼的权利或者出台相应的司法解释，来解决检察机关、公益组织或者社会公益代表者参加循环经济诉讼的诉讼地位和诉讼主体资格问题。

只有维护公共秩序、公共利益，才能有自己的利益。[①] 循环经济利

---

① 《马克思恩格斯全集》第2卷，人民出版社1976年版，第609页。

益具有"整体性"、"共有性"以及环境侵害行为的"公害性"等特点，侵权行为人一旦侵犯循环经济利益，那么他必然侵犯了一定"社会利益"，从这里可以看出循环经济公益诉讼就应当属于"公益诉讼"。① 获得循环经济公益诉讼资格，是循环经济法从法律规定到法律实施的基本标志。

公益诉讼制度在为人们参与国家事务管理提供了新途径的同时，也为人们这一权利的实现提供了司法保障。在循环经济法领域中，公益诉讼的具体适用体现在以下几个方面：

首先，循环经济公益诉讼中原告主体适格问题。对于原告主体适格问题，我国《民事诉讼法》第 119 条特别强调：原告必须与案件有直接利害关系。且在实践中，我们发现，与案件无直接利害关系便无原告资格的规定在私法中可以从严应用，但在公法中，其显然忽略了公共利益的救济问题。因此，为了使循环经济公益保护具有可诉性，就必须突破以前的原告资格规定，不需要原告必须与案件存在直接利害关系，从环境权的视角下给予任何公民和组织对循环经济公益受到的损害提出诉讼的权利。

其次，循环经济公益诉讼的举证责任。现行《民事诉讼法》的举证责任分配原则为"谁主张，谁举证"，包括违法性、损害事实、因果关系等。但对于循环经济纠纷而言，受害者绝大多数都是普通公民，由于受到知识水平、物质条件等方面的限制，很难取得相关的证据，在此情形下，若还是坚持"谁主张，谁举证"的责任分配原则，"让较少有条件获取信息的当事人提供信息，既不经济，也不公平"②。但在环境侵权责任分配适用上有一个例外，即举证责任倒置原则，具体来说，由原告承担自己受到损害事实的举证责任，其余举证责任要件由被告承担。因此，在循环经济公益诉讼中，也应采纳举证责任倒置原则，以体现法律的公平正义价值。

最后，循环经济公益诉讼费用的承担。目前，我国法院为了弥补财

---

① 周枏：《罗马法原论》（下册），商务印书馆 1996 年版，第 886 页。

② ［美］贝勒斯：《法律的原则》，张文显等译，中国大百科全书出版社 1996 年版，第 67 页。

政的不足，诉讼费用一般按照比例征收。但在循环经济公益诉讼中，诉讼标的一般都较大，且原告基本上是为了维护社会公共利益，若让原告承担高额的诉讼费用实属不公，况且若征收的诉讼费过高，会将大部分人排除在诉讼之外。因此，对循环经济公益诉讼应根据不同性质的案件规定不同的收费标准，实行以案件收费会更为合理。

　　总之，为了保障循环经济的顺利实施，必须做到立法、执法、司法同步进行：立法先行，立足国情的前提之下借鉴国外的先进经验，进一步细化和扩展我国现有的循环经济法律、法规，加快单行法的制定，填补部分法律空白，让更多的循环经济生产活动有法可依，让我国循环经济立法更具实际可操作性；在执法过程中要积极引导公众参与，同时保证循环经济执法系统的独立性，避免政府对执法进行负面干预，执法部门做到有法必依，执法必严；司法方面，完善循环经济诉讼制度的同时加强司法队伍建设，提高司法者的专业素质。

本章小结

　　环境权与人类的关系如同公民劳动权、受教育权与人类的关系一样，非常紧密。循环经济作为解决生态环境保护与经济社会发展的最佳模式，是我国经济发展的必然选择。本章基于环境权角度对循环经济法进行法理阐释，主要包括循环经济法本体论、循环经济法价值论、循环经济法规范论、循环经济法运行论四部分。

　　本体论就是关于"是什么"的研究，在这部分中本章主要从循环经济法的立法现状入手，研究了循环经济法的概念、特征、性质、调整对象、原则等问题，完善了循环经济法的体系构造。在此基础上，研究了循环经济法的价值。价值论作为一种特殊的科学理论，是指客观世界各种事物对于人类的生存与发展意义的认识。因此，本部分主要研究了循环经济法的价值关系、价值属性以及循环经济法的立法价值和目的价值。在循环经济法的规范论中，本章从循环经济法的主体理论、行为理论、责任理论三部分对循环经济法的规范论加以明晰，深入了解循环经济法中何为规范、规范什么、怎样规范的问题。这些问题研究清楚后，则需要建立循环经济法有效的运行机制，来保障循环经济法的顺利实施。

第五章　环境权与循环经济法的关系

——生态整体主义新视角

　　环境问题与人类对环境权利的追求自从人类出现就演化成为针锋相对的两类主题，在社会不断发展的进程中人类的环境权利（或者说人的环境权利）的范围在不断地变化，但是原生态环境的不断破坏仍然是不可改变和无法挽回的事实。甚至到现在，环境问题愈演愈烈，一些地区的生产已经开始难以为继，经济溃败，环境安全问题日益凸显，环境难民逐渐增多。据联合国粮农组织测算，全世界每年流失的地表土高达 250 亿吨。预计到 2025 年，全球将有 25% 的土地会退化，沙漠化的面积将直接增加一倍。[①] 一方面个人对环境权利内容的要求在不断扩大，另一方面人类整体环境却不断恶化，二者的矛盾日益突出，也正是由此引发了对人类环境保护标准问题的讨论，是否应当摒弃纯粹的人类中心主义和环境中心主义，或者是否应当寻找二者的契合点，在保护环境的基础上不阻碍人类政治、经济、文化的发展，走可持续、合理的、包括人类在内的整体科学发展道路。

　　在人类中心主义和环境中心主义两种价值观念的激烈碰撞和融合之下，"生态整体主义"应运而生，该理论主张人类应当热爱、尊重、保护、合理化利用大自然，通过道德和法律协调人与自然的关系以及人与人的关系，实现社会生产力与自然生产力相和谐，经济再生产与自然再生产相和谐，经济社会系统与自然生态系统相和谐，以实现"环境"内部因素之间的和谐共处，使其达到平稳有序运行的状态。

---

　　① 高辉清：《效率与代际公平：循环经济的经济性分析与政策选择》，浙江大学出版社 2008 年版，第 230 页。

第一节 生态整体主义的基本理论

西方生态整体主义（ecological holism）是现代西方环境运动的一种意识形态，与其他环保思想一样，它寻求建立一种人与自然的和谐关系，以及面对生态危机人类应如何重新审视自己的价值和定向自己的行为。现代生态学要求我们从道德上关心生态系统，倡导一种全新的生态世界观、生态价值观和生态方法论。那么，对西方生态整体主义的研究，无论是在学理层面上，还是在实践层面上都显得十分重要和必要。

一 生态学的整体论观点

在西方生态整体主义理论中，大地伦理学、自然价值论和深层生态学都受到了现代生态学的启发，并且以整体论为哲学基础，具有强烈的整体主义诉求。即生态整体主义是从整体论、有机论出发，承认环境中每个因素的平等内在价值，这种理念不是要把人的关注点由人类转向非人类，而是要扩大和深化对所有环境因素的关注。[1]

德国生物学家海克尔（Ernst Heike）在深刻理解达尔文生物进化论的基础上，于1869年提出了生态学（ecology）的科学概念，指出生态学是研究生物有机体与环境之间相互关系的科学。海克尔认为，地球上活的有机体构成了一个单一的经济统一体，组成了一个亲密地生活在一起的家庭。它们相互存在着冲突，也在相互帮助。可以说，当时这种思想并没有引起重视，因为作为一种超前的意识常常使得人们难以理解。

按照现代生态学的观点，世界是"人—社会—自然"复合生态系统。生态系统中所有事物都是相互联系、相互作用的。任何一种微小的局部变化都在整体中具有一定的意义，也可能引起整体的一系列相应的变化。在人与环境的这个生物圈中，每一物种所具有的特性都是对某一特殊环节适应的结果，没有任何一个物种能够单独生存和发展，它们只能在大的合作背景下，互相竞争和相互利用，在共同维护生命、维护系

---

① A. Ness, "Politics and the Ecological crisis", In G. Sessions (ed.) *Deep Ecology for the 21st century*, Boston, 1995, pp. 445 – 453.

统存在、促进生物圈稳定的前提下来实现自己生存进化。在对环境问题的关注中，生态整体主义者就是借助于现代生态学，用生态学理论与方法重新反思主流文化中人与自然的关系。关于生态学的整体论观点，可以从生态系统和生态规律这两个方面来理解。

1935 年，英国生态学家坦斯利（Tensely）提出了"生态系统"（ecosystem）的概念，他认为生态系统是生物群落及其生存环境组成的自然整体，在成熟的生态系统中，各种生态因素接近平衡状态，整个系统通过这些因素的相互作用而得以维持。所谓生态系统是指，存在于自然界一定范围或区域内的所有生物和环境相互作用的具有能量转换、物质循环和信息传递功能的统一体。一切生态系统都具有三条基本原理：养分循环、依靠外界能源、动植物之间特殊关系——这种关系又成为生态系统结构（ecosystem structure），无论要了解什么样的生态系统都要从这三个方面着手。一个生态系统与另一个生态系统之间也不是孤立的，彼此之间有着过渡地带，使得一个生态系统可以通过过渡带与另一个相连，这个过渡带本身就可以形成一个独特的生态系统，生态系统彼此不是孤立的，任何一个系统中发生的事情肯定地要影响到另一个生态系统，我们可以把地球看成一个总的生态系统——生物圈（biosphere）。几乎没有任何一个生态系统是孤立的，当我们破坏了任何一个生态系统，都会直接或者间接地影响到另一个或者几个相邻的生态系统。随着现代生态学的发展，人们接受坦斯利的"生态系统思想"，逐渐认识到在生态系统中没有孤立的存在物，生命共同体都是相互作用、相互影响的。生态系统中的各个要素组成了一个不可分割的整体，它们更有助于维护生态系统的丰富性和稳定性，正是这种丰富性和稳定性使得整个生态系统稳定地健康发展。现代生态学的深入发展使人们逐步认识到，自然生态系统具有自我调节、维持稳定的功能，这种功能使生态系统在整体上既保持相对的稳定，又使之沿着一定的规律演化。

对于生态学的生态规律，不同学者对生态规律有不同的表述，也可以指生态学研究领域的事物和现象内部的本质联系。美国生态学家康芒纳（Commoner）在《封闭的循环》（1974）一书中，通俗地而且形象地表述了生物圈的四条法则：（1）生态关联原则：每一种事物都与别的事物相联系，"事物是相互联系"；（2）物质不灭定律：一切事物都必然有它的去向，"万物各得其所"；（3）"生态智慧"原则：自然界最有智慧，"自然最了解自己"；（4）"生态代价"原则：没有免费的午餐，"不能无偿取得一物"。正如美国学者麦茜特指出：生态学的前提是自然界所有的东西联系在一起。它强调自然界相互作用过程是第一位的。所有部分都与其他部分及整体相互依赖相互作用。生态共同体的每一部分、每一小环境都与周围生态系统处于动态联系之中。处于任何一个特定的小环境的有机体，都影响和受影响于整个有生命的和非生命环境组成的网。作为一个自然哲学，生态学扎根于有机论——认为宇宙是有机的整体，它的生长发展在于其内部的力量，它是结构和功能的统一整体。[①] 生态整体主义依据现代生态学就是要扩大和深化对所有环境因素的关注。

以重建整体为特征的现代生态科学，从一开始就关注共同体、生态系统和整体，并且如实地恢复了世界作为一个不可分割的整体的本来面貌。西方生态整体主义依据生态学的整体论观点，在很大程度上吸收了现代生态学的最新成果以及利奥波德、卡森、康芒纳等人的生态哲学思想。通过反对环境决定论、反思人类中心主义文明观来为濒临失衡的地球和人类文明寻找一条新路，即生态整体主义环境伦理观。

二　生态整体主义的发展历程

（一）生态整体主义的产生

生态整体主义是西方生态伦理学的一个理论学派，起源于西方自然环境保护运动，根源于人们对生态危机的哲学反思，并且受到现代生态学的启发而逐步建立起来的非西方主流文化思潮。从历史上看，生态整体主义思想是在西方第二次自然环境保护运动中产生，随着自然保护运动的发展，在第三次自然环境保护运动中逐步发展和完善起来。

生态整体主义的理论渊源可追溯到赫拉克利特的整体观。赫拉克利特在《论自然界》中认为："世界是包括一切的整体。"最先提出世界是整体的观点。生态整体主义思想起源于当代的生态运动，根源于对生

---

① ［美］卡洛琳·麦茜特：《自然之死》，吴国盛、吴小英、曹南燕、叶闽译，吉林人民出版社1999年版，第185页。

态危机的哲学反思，并且受到现代生态学启发而逐步发展起来的，生态整体主义主要代表思想有利奥波德提出的大地伦理学、罗尔斯顿的自然价值论和以奈斯为代表的深层生态学。在 20 世纪初到 20 世纪中叶，先后发生了两次世界大战。它们不仅严重破坏了许多国家的经济，加剧了帝国主义国家对自然资源的掠夺式开发，同时也直接或间接地严重破坏了有关地区的自然生态环境。与此同时，生态科学日趋成熟，种种新观念如"食物链""生态系统""生命之网"等得以确立，并且为生态伦理学的创立提供了现实条件、科学基础和理论前提。在这种情况下，掀起了西方第二次环境保护运动，出现了一系列伦理学著作。20 世纪 30 年代美国著名的生态学家和环境保护主义的先驱利奥波德在他的《沙乡年鉴》一书中运用生态学理论，创立了大地伦理学思想，这是生态整体主义的环境伦理学的最早形态。他的《沙乡年鉴》"在环境保护圈子里几乎被视为一本圣经"，他本人也被誉为"发展生态中心主义环境伦理学最有影响的大师"和新环境保护运动的"先知"。罗尔斯顿和奈斯等人所依据的思想基础都是大地伦理。利奥波德认为，我们要把自然环境看作是价值的中心，不应该把自然环境仅仅看作是供人类享用的资源。在《大地伦理》（1949）中，利奥波德提出一个基本道德原则："当一件事情有助于保护生命共同体的和谐、稳定和美丽的时候，它就是正确的；当它走向反面时，就是错误的"，这就是大地伦理，也即后来被克利考特等人所宣称的"伦理整体主义"①的最高原则，这一原则也被环境主义者视为"金律"，是利奥波德对环境伦理学的最大贡献。著名伦理学家罗尔斯顿，国际环境伦理学学会前主席，著名杂志《环境伦理学》创始人之一，他继承"大地伦理"的精华，借助于现代生态学系统地论证了生态整体主义，并提出了"自然价值论"。1973 年，奈斯发表了《浅层生态运动和深层、长远生态运动：一个概要》，该文中提出了生态整体性的 8 条原则。1995 年，奈斯在《深层生态学的八条修正》一文中提出了"生态的可持续性"原则，使生态整体主义进一步完善。

从 20 世纪中叶到现在，由于人口爆炸、化工产品的大量运用，世

---

① ［美］利奥波德：《沙乡年鉴》，王铁铭译，吉林人民出版社 1997 年版，第 194 页。

界各国纷纷走上了工业化道路，世界环境污染和生态平衡的破坏严重威胁着人类的生存和发展，特别是 20 世纪中叶著名的"八大公害事件"，引发了人们对环境问题的关注，从而引爆了西方第三次自然环境保护运动。在这次环境保护运动中，人们开始用生态学的理论与方法重新反思主流的人与自然关系的思想，并开始改变传统的价值观，以反思人与自然的关系，检讨人类对待自然的态度和行为。罗尔斯顿继承了"大地伦理"（Land Ethics）的精华，从不同的立场为生态整体主义思想提供证明，借助于现代生态学系统论证了生态整体主义。之后挪威著名的哲学家奈斯首次提出了"深层生态伦理学"的概念；美国生态学家塞申思与德韦尔进一步发展了奈斯的思想；后来，澳大利亚生态学家福克斯弥补了奈斯思想体系对个体关注不够的缺陷，使深层生态学成为西方生态伦理学中别具一格的思想流派，代表着生态整体主义思想的最高成就。

由此可见，生态运动极大地冲击了西方社会，带动了后现代文化（或反主流文化）的发展。生态整体主义作为一种反主流文化，主要代表人物利奥波德首先提出了生态的"和谐、稳定和美丽"三原则；另一位代表罗尔斯顿在其基础上对生态整体主义进行了系统论证和评述，补充了"完整、动态平衡"两个原则；发展到奈斯的理论时又进一步提出"生态中心平等主义"原则。可以说，生态整体主义在第二次环境保护运动中形成了基本的观点，在第三次环境保护运动中通过抽象、反思、批判等形式显示出自己的主张，逐步建立发展起来，亦把道德思考扩展到自然实体和过程中，形成了更加注重探讨自然之间相互联系相互依存的整体主义理论体系。

（二）生态整体主义的发展

纵观生态整体主义的发展历程，其从一种社会思潮向科学理念的发展过程大致可以概括为三个阶段。

第一阶段：约在 20 世纪 60 年代初到 70 年代初，理论探索主要集中在对环境问题根源的追问上。

1962 年，雷切尔·卡逊（Rachel Carson）的著作《寂静的春天》问世，作者雷切尔·卡逊被视为"环境思想的先驱"，《寂静的春天》也被称为"改变了美国的书"之一，雷切尔·卡逊在《寂静的春天》

里描绘了滥用杀虫剂的后果，指出由于农药和杀虫剂污染了河流、湖泊、地下水、土壤以及森林和"绿色地表"，经过动植物的"生物浓缩"在食物链中引发中毒和死亡的连锁反应，威胁到人类健康和生命这一事实。该书一问世就立刻引起了全美国轰动和全民性大讨论，使公众对化学污染和环境保护的态度发生了巨大变化。雷切尔·卡逊告诉我们，继续滥用这些"死神灵药"将导致未来某个时间的一个寂静的、死气沉沉的春天。《寂静的春天》是一部现代环境意识的宣言和生态时代的标志，唤醒了公众对环境污染的关注。[①] 雷切尔·卡逊告诉我们，人类在现代文明中丧失到令人震惊之地步，应该回归的一个基本的观念，即人类与自然环境要相互融合。《寂静的春天》代表了人类绿色生态意识在 20 世纪的觉醒。然而在当时，人们并没有意识到雷切尔·卡逊启动了 20 世纪后半叶的人类绿色意识和绿色关怀，没有感觉一个新时代的悄然来临。

1968 年 4 月，由意大利经济学家佩切依发起成立的罗马俱乐部开始对人类生存环境产生忧虑。罗马俱乐部的诞生，是人类生态意识从觉醒走向成熟的里程碑。他们围绕世界经济发展和社会问题进行预测，先后发表了《增长的极限》《人类处在转折点》《重建国际秩序》《冲出浪费时代》《人类的最终目标》等研究报告，报告涉及的问题极其广泛，如人口爆炸、环境恶化、世界经济危机、科学技术的无政府状态发展和南北分歧。他们认为，如果人类不节制地一味追求经济增长，地球必将会走到极限而导致人类的最终衰败并提出了"零增长"[②] 的理论。尽管罗马俱乐部早期的未来预测有悲观主义的倾向，但是罗马俱乐部在唤醒人类的生态意识、激发当代人类对全球生态危机的社会责任感、敦促人类共同行动等方面都具有深远影响。同时，它直接触发了西方世界 70 年代大规模的新社会运动——生态保护运动。促进了包括生态社会主义、生态自由主义、生态无政府主义、生态女权主义、生态法西斯主义等各种各样的绿色思潮的萌芽。

---

① 章海荣：《生态伦理与生态美学》，复旦大学出版社 2005 年版，第 114—210 页。

② 零增长指在经济发展和生态两个事物中，以牺牲生态来取得经济的发展，增长的经济效益与牺牲的生态价值恰好抵消，这样就实现了经济的"零增长"，人类可以将这个标准来自觉抑制增长。

第二阶段：为 20 世纪 70 年代初到 80 年代末，在这一阶段，生态主义进入理论化、系统化阶段，各种绿色思潮相互吸收借鉴又分流分化。

1972 年首次联合国人类环境会议在瑞典斯德哥尔摩召开，这次会议第一次将环境与发展列入国际政治议程之中，是世界环境保护运动史上的一个重要里程碑。它是国际社会就环境问题召开的第一次世界性会议，标志着全人类对环境问题的觉醒。① 受联合国人类环境会议秘书长委托，《只有一个地球》一书在 58 个国家、152 位成员组成的通讯委员会协助下编成，作为此次会议的非官方报告。虽然《只有一个地球》是一份非正式报告，但却起到了基调报告的作用，其中许多观点被采纳并写入此次大会通过的《人类环境宣言》中。

1973 年，针对当时兴起的形形色色关于"环境保护"和"生态关注"的各种观点和主张，挪威哲学家奈斯在国际哲学杂志《探索》（*Inquiry*）上发表了《浅层生态运动和深层、长远的生态运动：一个概要》一文，对环境伦理学中两种全然不同的主张——浅环境观点和深环境观点作了区别和分析：一种是以人的利益为目标的价值伦理观念及其生态运动，另一种是以整个生态系统及其存在物（包括人类）的利益为目标的价值伦理观和这种世界观指导下的生态运动。② 1983 年联合国成立了世界环境与发展委员会，1987 年世界环境与发展委员会在其长篇报告《我们共同的未来》中，第一次阐述了可持续发展概念，正式提出了可持续发展的模式，得到了国际社会的广泛认同。

第三阶段：为 20 世纪 90 年代至今，理论化进程进一步加快，在实践运用上，生态主义所指导的政策主张，也逐渐摆脱纯理论的指责，与现实更加契合，生态整体主义逐渐形成并走向成熟。

"生态主义"这一术语就是在这一时期出现的，安德鲁·杜伯森（Andrew Dobson）在著作《绿色政治思想》（*Green Political Thought*，1992）中第一次提出"生态主义"。在其著作引言中安德鲁说，"生态

---

① ［美］芭芭拉·沃德、勒内·杜博斯：《只有一个地球——对一个小小行星的关怀和维护》，《国外公害丛书》编委会译校，吉林人民出版社 1997 年版，序言。

② 章海荣：《生态伦理与生态美学》，复旦大学出版社 2005 年版，第 114—210 页。

主义"是一个新的术语，其用法还没有固定下来。安德鲁认为他赋予其名称的这种思想具有足够的综合性和系统性，可以算作是一种在诸多层面上有别于其他意识形态的意识形态。它包含了诸多理念和规范，这些理念与规范是由关心环境的各种思想家在过去的三四十年中依据人文科学、社会科学和自然科学的成果所提炼而成的。① 在奈斯的浅深生态运动理论基础上，最终形成了生态主义的两大主要范式，即生态中心主义的生态主义与人类中心主义的生态主义。

1992 年里约热内卢环境与发展大会上通过了《21 世纪议程》，使人类社会认识到环境与发展是密不可分的，环境问题必须在发展中加以解决，可持续发展的理念被各国广为接受，实现了人类认识和处理环境与发展问题的历史性飞跃。2002 年 8 月，约翰内斯堡可持续发展世界首脑会议再次深化了人类对可持续发展的认识，确认经济发展、社会进步与环境保护相互联系、相互促进、共同构成可持续发展的三大支柱。

三　生态整体主义的特点

生态整体主义的内涵是"世界是一个具有内在关联的动态系统，是由事物间动态的、非线性的、永无止境的相互作用组成的复杂关系网络，呈现为一个可机械分割的有机整体"②。从其理论来看，具有以下特点：

首先，主张整体性，强调内在联系性。因为在现代生态学中，整体性是生态系统最重要的特征。生态系统的整体性特征主要表现在三个方面：（1）生态系统的各种因素普遍联系和相互作用，使生态系统成为一个和谐的有机整体；（2）生态系统层次结构的等级性、生态系统的组织性和有序性，表现为结构和功能的整体性；（3）生态系统发展的动态性，表现为它的时空有序性和时空结构的整体性。③ 生态整体观强调事物的相互联系、相互作用和相互依赖的整体性，主张整体决定部分而不是部分决定整体，认为部分的性质是由整体的动力学性质决定的。

---

① ［英］布赖恩·巴克斯特：《生态主义导论》，曾建平译，重庆出版社 2007 年版，第 198 页。

② 余正荣：《生态世界观与现代科学的发展》，《科学技术与辩证法》1996 年第 6 期。

③ 余谋昌：《生态学哲学》，云南人民出版社 1991 年版，第 35—36 页。

强调内在联系，反对机械论世界观只承认物质实体之间机械的、只具外在关联的观点，认为除了物质实体的外在联系之外，现实中还存在着内在联系。这与现代性所持的"人与他人的关系是外在的、偶然的、派生的"观点相反，后现代主义学者把这些关系描述为内在的、本质的和构成性的，认为个人始终都是处在与他人、他物的各种关系之中，是关系网络中的一个结点，是由内在关系构成的社会存在物。① "当我们的生命受到某种外界意图的深刻影响时，便意识到我们之间的内在联系，人类的生命并为之改变。我之为我，部分是由于从受孕之时起施于我的所有外在联系的结果，但我之为我，还由于内在联系，即我自己选择的对应外部条件的方法。"②

其次，强调人与自然的同一。③ 在现代世界观看来，人是凌驾于自然之上的，人可以为了自身的利益为所欲为地掌握和控制自然，甚至随心所欲地改造和创造自然。人对自身的理解基本是囿于如何征服自然、超越自然，而不是如何与自然融为一体。与此不同，生态整体观认为，在生态系统中，不仅人是主体，生物个体、种群和群落也是生态主体。在价值论意义上，不仅人是价值主体，生命和自然界也是价值主体，因而都具有生存的权利，都具有生存的价值和意义。人类不过是众多物种中的一种，它在整个生态系统中有自己的位置，而且只有当它有助于这个生态系统时，才会有自己的价值。但人类并没有什么特殊的价值，人类自命不凡地认为自己有特殊价值已导致了人类利益和所有物种的利益赖以生存的生态秩序的严重破坏。人类为了自身的生存利益，不仅对自然界和人以外的其他生命产生了危害，同样，反过来又产生了威胁自身利益和生存的后果。因此，生态整体观强调人与自然的同一，强调人对自然应当怀有发自内心的爱，人类有责任将自然像对待自己的"至爱之人"一样呵护它，使它包含在我们之中，成为人类自身不可分割的一部分。

————————

① 　[美]戴维·格里芬：《后现代科学——科学魅力的再现》，马季方译，中央编译出版社1998年版，第97—99页。

② 　同上。

③ 　薛勇民：《环境伦理学的后现代诠释》，博士学位论文，山西大学，2004年，第110页。

最后，强调生态系统的整体利益为最高价值。生态整体主义的核心思想是把生态系统的整体利益作为最高价值而不是把人类的利益作为最高价值。反对人类中心主义一切以人为中心，一切以人为尺度的思想，高扬生态学的整体论观。人类中心主义思潮是以机械论哲学为基础，认为人是处于主导地位的。在人与自然的关系上，鼓励人对自然资源的掠夺和开发，变成人类"主宰""征服"自然的人类沙文主义，从而使人类在实践中陷入了困境，导致个人主义、经济主义等。生态整体观倡导一种整体主义的思路，认为不能以人类的利益为出发点来解决目前的环境问题，而必须承认生态系统的整体价值来维持生态系统的完整和美丽。① 同时指出，自我实现原则能够能动地引导人去自觉地维护生态环境实现人与自然的和谐相处，这实际上就是从个人主义世界观向整体主义世界观的转换。

四　生态整体主义的主要内容

当利奥波德的"大地伦理"最初表达整体主义价值伦理观时，在他所处的那个年代没有得到广泛的认同。后来，作为生态整体主义的先声，利奥波德的事业却得到了罗尔斯顿、奈斯等一批生态主义者的继承，把"大地伦理"中的生态整体主义思想扩展到了政治、经济、社会各个领域，使它具有了更为深刻的内涵。限于篇幅，本书主要分析探究生态整体主义关于哲学范式转换、扩大伦理学的边界、提出自然的价值和人与自然的道德准则这四个方面内容，展示其在共同关注生态环境以及人与自然关系这一目标之下的理论特色。

（一）生态整体主义是一种哲学范式的转换

"范式"的概念是当代美国著名的科学哲学家库恩首次提出的，他所说的"范式"，主要就是指在一定学科领域的基本理论结构，以及在此基础上产生的基本观点与基本方法。几百年来，以笛卡尔—牛顿机械论为代表的现代主义世界观，对于现代科学和工业的发展取得了伟大的成就。但在深层生态学看来，正是这种机械论的范式导致了现代环境问

---

① 杨芷郁：《生态整体主义环境思想评析》，《长春师范学院学报》（自然科学版）2006年第 2 期。

题的产生。如果要解决环境危机，就要告别旧的机械论的范式，获得一种人与自然关系的新范式，"这种新范式可以被称为是一种整体论的世界观，它强调整体非部分。它也可以称为一种生态世界观，这里的'生态'一词是深层生态学意义上的"①。实现从机械主义世界观向生态主义世界观的转换，实现从个人主义向整体主义的转换。

第一，从机械世界观转向生态世界观。

生态整体主义强调人、自然、生态系统都具有工具价值和内在价值，是主体和客体的统一，反对笛卡尔"物质—心灵"的二元论。从笛卡尔的哲学中我们可以看出，传统的机械论世界观，否认了人与自然是相互制约、相互影响、相互作用的，且把世界看成一部机器。它不承认自然界的价值，只承认人的价值，以人为本体。这种世界观从人类主体的角度看世界，从而为人类控制、支配自然的人类中心主义提供理论依据。这种机械世界观，是造成全球性的自然生态危机的根本原因之一，尽管笛卡尔的机械世界观曾使人类取得了伟大成就，但是其理论的片面性迫使人类不得不批判它，进而重新审视它。人们试图寻求一种新的世界观，从而实现向生态世界观的转变。

生态世界观依据生态学的观点，肯定人与自然是一个动态的过程和不可分割的整体，所有的生态因素都要相互补充，相互作用，协调发展，强调自然和生态系统与人一样都具有目的性和主动性。在价值观上认为自然生态系统中的所有生物都是价值主体，都具有平等的内在价值，这实质上并不否认人，而是肯定生态系统中一切物质存在的意义和价值，展示一种新的生态观。"为了强调这种更深层的生态意义，哲学家们和科学家们已开始进行'浅层环境主义'和'深层生态学'之间的区别。浅层环境主义是为了'人'的利益，关心更有效地控制和管理自然环境，而深层生态运动却已看到，生态平衡要求我们对人类在地球生态系统中的角色的认识来一个深刻的变化。简言之，它将要求一种新的哲学和宗教基础。"② 透视这种新的哲学范式，它的建立明显不同

---

① Berry T., "Viable Human", *In Session G. ed. Deep Ecology for The 21st Century*, Boston: Cabala Publications Inc., 1995, p. 19.

② ［美］卡普拉:《转折点》，冯禹、何世陵、黎云译，中国人民大学出版社1989年版，第309页。

于近代笛卡尔的机械世界观,克服了它的片面性,建立一种不仅人与自然内在价值和外在价值相统一,而且主体和客体也相统一的整体论世界观。

第二,从个人主义世界观转向整体主义世界观。

关于个人主义的价值体系有多种理论命题,但限于篇幅,本书主要讨论在处理人与自然的关系中对个人主义的批判,提倡建立一种人与自然和谐相处的整体主义世界观。

生态整体主义的核心思想是把生态系统的整体利益作为最高价值而不是把人类的利益作为最高价值。作为西方主流文化的人类中心主义思潮则主张一切以人为中心,一切以人为尺度的思想,是以机械论哲学为基础,认为人是处于主导地位的,在人与自然的关系上,鼓励人对自然资源的掠夺和开发,变成人类"主宰"、"征服"自然的人类沙文主义,从而使人类在实践中陷入了困境,导致个人主义、经济主义等。生态整体主义是贯彻整体主义思路的,以利奥波德的"大地伦理学"为例,它认为不能以人类的利益为出发点来解决目前的环境问题,而必须承认生态系统的整体价值来维持生态系统的完整和美丽。深层生态学也是从整体论的立场出发,把整个生物圈看成一个生态系统,认同自然生态系统的整体性和复杂性,生态系统中的一切事物都是相互联系和相互作用的。深层生态学的"自我实现"原则强调,个体的特征和整体的特征是不可分割的,通过"自我实现"的过程,人类清晰地认识到,我们不过是更大整体的一部分。从"小我"到"大我"的转换过程,是不断扩大自我认同对象范围的过程,实际上就是从个人主义世界观向整体主义世界观的转换,这种转换一方面能动地引导人们去自觉地维护生态环境,实现人与自然的和谐相处,另一方面把伦理道德的范围从人与人的关系扩展到了人与自然的关系,扩大了伦理学的边界。

(二)生态整体主义扩大了伦理学的边界

生态整体主义相对于西方主流文化人类中心主义,主张把道德关怀的对象从人扩大到一切生命和自然界,但是又不同于非人类中心主义中的其他理论派别。动物解放主义/动物权利主义主张把道德关怀的范围从人扩展到人以外的动物,从而打破了人类中心主义伦理道德范式;生物平等主义主张把道德关怀的对象范围扩大到一切有生命的存在,即所有的生命都是道德关怀的对象；生态整体主义认为，道德的这种扩展是不彻底的，它不仅反对人类中心主义，而且也不赞同把道德关怀的范围限制在动物或有生命的存在之内，而是主张整个自然界的所有存在包括自然界中的所有存在物、生态系统、自然过程都应成为道德关怀的对象。

第一，利奥波德提出"大地共同体"的概念。

生态整体主义代表人物利奥波德认为人的道德观念是按照三个步骤发展的，最早的伦理观念是处理人与人之间的关系，"摩西十诫"就是典型的代表；后来随着社会的发展，于是道德观念增加了人和社会关系的内容，《圣经》中的许多内容都是力图使个人与社会保持一致，人们所追求的民主，也是试图使社会组织与个人协调起来。但是随着生态学的发展，加剧了人类对自然环境的逐步认识，利奥波德提出要扩大伦理学的边界，并且把他的研究扩大到人与大地（自然）之间的关系，提出了"大地共同体"的概念。

利奥波德要求改变大地的观念，提出大地伦理学的宗旨是要"扩展'道德'共同体的界线，使之包括土壤、水、植物和动物，或由它们组成的整体：大地①。长期以来，我们从传统上看，土地只是被看作是人的财产，人和土地的关系都是以经济为基础的，因此人只需要特权而无须要尽任何义务。基于这种认识，利奥波德指出："在美国资源保护中有一个非常明显的倾向，即要让政府来做所有的一切、私人土地拥有者们未做到但又必须要做的工作。② 他认为："一个孤立的以经济的个人利益为基础的保护主义体系，是绝对片面性的。"③ 针对这种情况，利奥波德提出需要改变人们关于土地的观念，利奥波德指出："伦理向人类环境中的这种第三因素（本书注：第三因素指大地）的延伸，就成为一种进化中的可能性和生态上的必要性。按顺序说，这是第三步骤，前两步已经被实行了。"④ 所以他的"大地伦理"从一开始就向我们讲述了奥德赛与其女奴的故事，以及伦理进化的观念。

① ［美］利奥波德：《沙乡年鉴》，侯文蕙译，吉林人民出版社 1997 年版，第 193 页。
② 同上。
③ 同上书，第 202—203 页。
④ 同上书，第 193 页。

当利奥波德从生态学的角度看待大地时，提出了"大地共同体"的概念，大地不仅包括土壤、水、空气，而且还包括在其上生长的动物、植物，它们组成一个共同体，而人只不过是这个共同体中的一份成员。人们要从大地共同体的征服者，转变为它的一位平等的、善良的公民，必须把社会良知从人扩大到生态系统和大地。这是一种新的伦理思想，是从生态学的角度看待大地是一个共同体，大地因为可爱而应该受到尊重，伦理学的这种扩展既是生态学的进化，也是哲学的进化。利奥波德把伦理学的研究扩大到了人与自然的关系，并且在书中用尚且不为人熟知的生态视角，展现了荒野之美。

第二，罗尔斯顿提出"荒野转向"的概念。

罗尔斯顿继承了利奥波德的"大地伦理"思想，它试图通过确立生态系统的客观的内在价值，为我们保护自然生态系统提供一个超然于人们主观偏好的客观的道德根据。相继"大地共同体"概念之后，罗尔斯顿在《哲学走向荒野》这本书中提出了"荒野转向"，这是一个非常重要的概念，标志着哲学的重大进步。

在传统哲学中，人们既不关注荒野，也不承认荒野的价值。罗尔斯顿指出："荒野独立于我们人类，它是价值的王国。在一个意义上，荒野是最有价值或者说最有价值能力的领域，因为它是最能孕育这一切价值的发源地。"① 罗尔斯顿提倡尊重荒野，指出："如果令我们尊重并值得赞扬的荒野缺乏，那么我们的生存道德也会萎缩；如果我们懂得尊重荒野的完整性和独立的价值，那么我们就会知道荒野是道德的范围。"② 荒野作为一个具有自我调节功能的生态系统，不断地创造着，无时无刻都有新的物种诞生，虽然人们没有创造出荒野，可是荒野却创造了人类，并且给予人类资源，供给人类所需，在荒野上人们建设了城市、乡村，荒野为人类奉献了一切，但是失去了自己的完整。

罗尔斯顿提出的"荒野转向"概念，比利奥波德的"大地共同体"的概念更为深奥，也更富有理性。罗尔斯顿遵循的思路正是要把自然作为一个价值之源，人类的价值也是源于自然。荒野作为一个活的博物

---

① ［美］罗尔斯顿：《哲学走向荒野》，刘耳译，吉林人民出版社 2000 年版，第 233 页。
② 同上。

馆，展示着人类的生命之根。虽然这种理论论证是很复杂的，但是从根、邻居、陌生者三方面结合起来看待荒野的价值，提出荒野是值得纳入道德考虑范围的，从而扩展了伦理学的边界。正因为罗尔斯顿提出了"荒野"的问题，才有了哲学的"荒野"转向。这一次荒野转向，引发了从根本上摧毁传统自然观的讨论，自然应该首先是价值之源，然后才是一种资源，从而表明人与自然的关系在新的层次上的进步，这种进步在奈斯的"自我实现"准则中体现得更为深刻。

第三，奈斯提出"自我实现"的准则。

挪威著名哲学家奈斯创立了"深层生态学"，又称"生态智慧"，提出了"自我实现"（Self-realization）准则，进一步发展了生态整体主义。

深层生态学"自我实现"中的"自我"是大写的"自我"，不是个人的自我和本我。它是用大写的字母"S"构成的（Self），通常称为"大我"与小写的自我（self）——俗称"小我"有着本质的区别。奈斯认为，自我的成熟需要经历三个阶段：从"本我"到"社会的自我"；从"社会的自我"到"形而上学的自我"。他用"性态自我"（Ecological Self）来表达这种形而上学的自我，以表明这种自我必定是在与人类共同体、与大地共同体的关系中实现。① 自我实现作为一个过程，是人不断扩大自我认同对象范围的过程，在这个过程中我们会深刻地认识到：我们不是与生态系统分离的个体，而是更大整体的一分子；自我实现的过程也是不断扩大大我的过程，以此缩小自我与自然生态系统其他存在物的疏远感。在德韦尔（B. Duvall）和塞申斯（G. Sessions）论述"自我实现"的过程中概括为一句话："谁也不能得救，除非大家都获救。"② 这里的"谁"不仅包括"我"，还包括全人类、山川、河流、土壤等生态系统中的所有存在物。自我实现的最大限度离不开生物的多样性和完整性，只有保持生态系统各种生物的多样性，才可以使得自我实现的过程进行得更彻底，这是奈斯多次强调的

---

① Arm Neass, "Self Realization: An Ecological Approach to Being in the World", in George Sessions ed. *Deep Ecology For The 21st Century*, Shambhala, 1995, pp. 225 – 239.

② Bill Duvall and George Sessions, *Deep Ecology: Living as if Nature Mattered*, Salt Lake City: Peregrine Smith books, 1985, pp. 66 – 70.

内容。

深层生态学构建的"自我实现"原则，重视人和自然生态系统中其他生物体的和谐与一致，强调人类的自我实现是在人和自然生态系统中的内在和谐之中达到的，把人的自我利益与自然生态系统中的所有物种的利益结合起来，把人类道德共同体的范围扩大到整个"生态系统"，这是人类价值观念的重要进步与改变。"自我实现"原则强调生态系统中的各种事物是相互依存的，在生态系统中的"大我"中实现"小我"的价值与利益，维护整个生态系统的稳定与健康，主张每一种生命形式都拥有生存和发展的权利。若无充足理由，我们没有任何权利毁灭其他生命，自然界存在的一切价值随着人们的成熟，他们将能够与其他生命一样同甘共苦。

（三）生态整体主义提出自然的价值

关于自然界自身是否拥有（内在）价值是生态伦理学的核心问题，非人类中心主义和人类中心主义的重大分歧也在于此。罗宾·艾克斯利（Eckersley）指出："我们不要把生态中心主义狭隘地理解为蚂蚁和艾滋病比人类还重要，或人类的活动都要从它们的利益出发，而是人类一切经济技术方案的合理性与可行性应服从是否合乎生态性的判断。"[①]生态整体主义与动物解放主义/动物权利主义以及生物平等主义相比，更加关注共同体而非有机个体，强调生态系统整体性，认为物种和生态系统具有道德优先性，这种道德优先性就是生态优先于一切的原则。

传统西方伦理学从未考虑过人类主体之外的事物的价值，生态整体主义不仅提出了要扩大伦理学的边界，而且提出了自然的价值，并为之论证。"我们对环境的关注，科学有一种更深层的意义……那就是它能建立起概念与自然规律的结构体系，使人类认识到自己在自然中的位置，这样的认识，必定是道德价值的一个根基……对这个目的来说，生态学是核心的。"[②]生态整体主义依据现代生态学提出自然界中的物种是普遍联系和相互依存的，人类不过是自然中的一员。代表人物罗尔斯

---

① Robyn Eckersley, *Environmentalism and Political Theory: Toward an Eccentric Approach*, Albany: State University New York Press, 1992, p. 57.

② Holmes Ralston, *Philosophy Gone Wild*, New York: Prometheus Book, 1986, p. 55.

顿遵循利奥波德的大地伦理思想，建立起"自然价值论"，发展到奈斯提出了"生态中心平等主义"准则，建立起人类具有工具价值和内在价值，自然生态系统也具有工具价值和内在价值的理念。

第一，利奥波德提出对大地共同体的义务。

"大地伦理"的倡导者利奥波德不仅要求人们改变关于土地的观念，提出"大地共同体"的概念，并且提出要对大地共同体负有义务。他这样表述："大地伦理使人类的角色从大地共同体的征服者，变为其中的普通的成员和公民。它包含着对它的同道成员的尊重，也包括对共同体的尊重。大地伦理简单地扩展共同体的边界，使之包括土壤、水、植物和动物，或者由它们组成的整体：大地。于是，大地伦理反映了生态良心的存在，以此反映了个体对大地健康的义务的确信——对于我来说，没有对大地的爱、尊重、赞美和对它价值的注意，根本就难以想象对大地道德的联系能够存在。"① 生态整体主义代表利奥波德所强调的是，人类应该清醒地认识到自己只是自然界不可分割的一部分，人对自然是有义务的。"土地伦理是要把人类在共同体中以征服者的面目出现的角色，变成这个共同体中的平等的一员和公民。它暗含着对每个成员的尊敬，也包括对这个共同体本身的尊敬。"② 在这个共同体中，每一个成员都有它共同生存的权利，人类不过是大地共同体这个整体中的一员，只有把大地看作一个我们属于它的共同体时，我们才会带着热爱和尊重来使用它，提出了大地的价值，呼吁人们以谦和、善良的心态对待大地。

大地伦理学试图改变人在自然中的地位，提出了对大地共同体的义务。在"大地共同体"概念中，人只是这个共同体中的一个成员，不是一个征服者。利奥波德把大地看作是由不同器官组成的机能性的整体，强调在大地中没有等级差别，人类只是这个有机整体的一个平等成员，人与其他生命物种一样，都是大地母亲的孩子，没有高低贵贱之分。人既不在自然界之上，也不在自然界之外，人是不断创造的一部分。利奥波德所创立的以生态学为基础的大地伦理思想则强化了人们对

① Leopold, Aldo, *A Sand County Almanac*, New York: Oxford University Press, 1949.
② ［美］利奥波德：《沙乡年鉴》，侯文蕙译，吉林人民出版社1997年版，第194页。

大地的了解，激发起人们对大地共同体的热爱和尊敬，使人们产生一种行为上的道德责任感，进而为维护这个大地共同体的健全功能而共同努力。可以说，利奥波德关于大地义务的论述是启发性的、不系统的，但是他试图论述自然具有内在价值的理念，确实为罗尔斯顿以后所建立的"自然价值论"奠定了基础。

第二，罗尔斯顿的"自然价值论"。

罗尔斯顿不仅继承了利奥波德的大地伦理思想，而且对自然界的价值作了深入、系统的表述，他从自然价值的主客观统一性、自然界价值的层次性、自然内在价值、工具价值和生态系统价值模型等方面论证，逐步形成了具有很大影响力的"自然价值论"。

罗尔斯顿指出，传统西方伦理学从未考虑过人类主体之外的事物的价值，即自然的价值。罗尔斯顿认为自然具有三种价值："工具价值""内在价值"和"系统价值"。他指出，"工具价值是指被某些用来当作实现某一目的的手段的事物；内在价值指那些能在自身中发现价值而无需借助其他参照物的事物。"① 并且进一步论证，"在生态系统层面，我们面对的不再是工具价值，尽管作为生命之源，生态系统有工具价值的属性，我们面对的也不是内在价值，尽管生态系统为了它本身的缘故而护卫某些完整的生命形式。我们已经接触到某种需要用第三个术语——系统价值（systemic value）来描述的事物。"② "系统价值"是指生态系统整体所具有的一种"创造性"的能力，即"创造万物的大自然"的创造能力。系统价值呈现于整个生态系统之中，不是局部价值的简单相加，亦不能完全体现在个体身上，它是生态系统创造性的实现过程，是客观的，而不是主观的。即使生态系统中最有价值的组成部分，它的价值也不可能高过整体的价值。罗尔斯顿认为："伦理关注焦点的扩展，不是要从人类转移到生态系统的其他成员，而是从任何一种个体扩展到整个系统。"③ 在生态系统这个视野中，其他物种的完整使得人类的生命更加丰富。罗尔斯顿依据生态学理论中最首要的规律——动态平衡规

---

① ［美］罗尔斯顿：《环境伦理学》，杨通进译，中国社会科学出版社 2000 年版，第 253、255 页。

② 同上。

③ ［美］罗尔斯顿：《哲学走向荒野》，刘耳译，吉林人民出版社 2000 年版，第 29 页。

律，把道德和动态平衡结合，从生态学推出一种伦理学，构建起系统的"自然价值论"，并且科学地论证了自然的工具价值与内在价值的关系，独创性地提出并论证了生态系统的价值。

罗尔斯顿伦理学思想的基础是建立在自然具有不可依赖于人的价值的观点之上的，他的自然价值论是把人们对大自然所负有的道德义务，建立在大自然所具有的客观价值的基础之上，不仅提出了自然的工具价值和内在价值，而且通过论证生态系统本身所具有的价值，提出了超越自然具有的工具价值和内在价值之上的第三个价值——系统价值。罗尔斯顿把自然界看成是一个完整的生态共同体，并且毫无保留地认为，内在价值实际地存在于自然界中，自然乃是产生包括人类主观价值在内的一切价值之源，我们既对生态系统中的个体也对生态系统本身负有道德义务。罗尔斯顿不仅深刻地论证了生态系统所具有的系统价值，而且还将利奥波德未阐述完整的"自然价值"加以系统化，对自然界呈现的各种价值进行了细致的阐述，如支撑生命的价值、经济价值、消遣价值、科学价值等，为保护生态系统提供了伦理理由。

第三，奈斯"生态中心平等主义"准则。

奈斯构建的"深层生态学"的另一个准则是"生态中心平等主义"。相对于罗尔斯顿的"自然价值论"走得更远。在深层生态主义者看来，无论全体人类、整个热带雨林生态系统，以及大地、山川、湖泊等都具有某种同一性，"那么，我们就不仅要承认人的价值，而且要承认生命和自然界的价值"①。这就是自然具有的内在价值。

深层生态学的最高准则"生态中心平等主义"（生态的可持续性）的基本定义是："在生物圈中的所有事物都有一种生存与发展的平等权利，有一种在更大的自我实现的范围内，达到它们自己的个体伸张和自我实现的形式的平等权利。"② 在这里，深层生态学家所主张的平等，实际上是生态中心意义上的平等，并且把这种平等思想扩大到整个生态系统，在深层生态学家看来，生态系统中的一切存在物具有的内在价值

---

① 余谋昌：《生态哲学》，陕西人民教育出版社 2000 年版，第 201 页。

② Louis Pled, *Environmental Ethics*, *Readings in Theory and Application*, Boston: Jones and Bartlett Publishers, Inc, 1998. 146.

无须靠逻辑证明，是可以靠直觉感觉出来的。生态系统中的一切存在物与人们密不可分，而人们拥有内在价值，所以这些存在物也应当拥有内在价值。奈斯等人指出深层生态学的直觉从根本上说是对于生态学的一种深刻的认识，而绝不是排斥逻辑。正如德伟尔和塞欣斯所说："生物圈中的所有事物都拥有生存和繁荣的平等权利，都拥有在较宽广的大我的范围内使自己的个体存在得到展现和自我实现的权利。"① 从整个生态系统发展和稳定来看，每一种生命形式都具有内在的目的性，作为生态系统不可分割的一部分，不仅具有内在价值，而且这种内在价值是平等的，是一种彻底的平等主义。

"生态中心主义平等"不仅是深层生态学家的主张，同时也是生态整体主义环境思想者的共同主张，希望人类从根本上改变传统的环境价值观，关注现在严重的生态问题，认识到自己在自然系统中的位置，进而提出了人与自然的道德准则，从而反思人类在自然面前的狂妄和自大，以维护自然万物赖以生存的生态系统的稳定和完整。

五 对生态整体主义的评价

总体上评价生态整体主义，可以借用纳什的话："我将不怎么关心一个伦理学观点在政治上是否合适、在哲学上是否正确或在科学上是否有据，而是着眼于它产生的背景以及它对后来思想和行为的影响。总之，重要的不是一个观念上的得与失，而是它在历史上是如何发生影响的。"② 生态整体主义是一种比较前卫的环境主义思潮，力图提醒人们改变传统的世界观，为人们重新认识自然界和生态系统，理解人与自然的关系，提供了新的视野与纬度。总的来看，生态整体主义对当代环境危机问题作了深刻的反思，警醒人们要关注现在严重的生态问题，以反省人类自身的行为。生态整体主义为解决生态危机提出了一些很有价值的观点，这是值得人们深入思考的问题。但是，生态整体主义本身也存在着一些漏洞和缺陷，特别是在有些方面采取了激进的立场，带有明显

---

① Duvall B. , Sessions G. ed. *Deep Ecology*: *Living as if Nature Mattered*, Salt Lake City Peregrine Smith Books, 1985, p. 67.

② ［美］纳什:《大自然的权利》，杨进通译，青岛出版社 1999 年版，第 2 页。

的极端化色彩，这些理论弱点也导致生态整体主义理论不能成为"可持续发展的指导思想"。

（一）生态整体主义的弱点

第一，生态整体主义扩大了伦理学的边界，但似乎又过分强调了整体的价值和意义，而削弱了个体的价值和意义。这就表明生态整体主义没有真正摆脱二元论思维模式，重整体轻个体，过分强调个体与整体的差别和对立，强调生态系统的整体性和完整性，有可能出现为了生态系统的整体利益而牺牲人类生命的结局。其中利奥波德的"大地伦理"就赞成为了整体的"好"而牺牲个体的"好"。利奥波德提出："当一个事物是要保持整体性、稳定性及生物群体的美丽时，它就是对的，否则就不对。"① 这也正是对大地伦理学整体主义的最重要的批评，利奥波德赞成为了整体的"好"（good）而牺牲个体的"好"。难道对与错、好与坏就是依赖于对整个系统的好坏，而不是其成员？如果我们真的要根据生物共同体的"好"来定义行为的正确与错误，那么，个体成员（包括人类个体）确实可能要为了共同体的"好"而做出牺牲。利奥波德似乎也赞成为了保护生物共同体的完整和稳定而猎杀动物个体的做法，既然他把人描绘成生物共同体的平等"成员"，那么，他是否允许猎杀人类个体呢，如果这样做能够保护生物共同体的完整、稳定和美丽呢？这是否是助长了为了"好"的生物圈而牺牲人类的极权主义？其实，任何一种关系，既有相互影响、相互关联的一面，又有相互独立、相互排斥的一面，现代生态学的重要特征就是一方面强调整体和联系，另一方面也重视个体对其环境的依赖性。而生态整体主义恰恰只注意了生态学强调的联系和统一的观点，却忽视了强调个体的价值和意义。

马克思认为人是自然的产物，同时又强调人是社会的产物，将人的自然属性和社会属性并举。可持续发展理论从整体上关注"自然—人"系统，不仅关注人与自然的和谐相处，提出物质文明、精神文明和生态文明的全面发展，而且更加关注人的利益，是一种以人的发展为中心，以包括自然、经济、社会在内的系统整体的全面、协调、持续性发展为

---

① Aldo Leopold, "The Land Ethic", in *A Sand County Almanac*, New York: Oxford University Press, 1949, p. 262.

宗旨的新的发展观。

第二，生态整体主义过分强调自然界的价值，否认人的主体性，忽视了价值的"属人"的本性，这无疑是理论上的缺陷所在。生态整体主义以不同的方式组合人类道德上和其他物种平等的概念，在处理现实世界中的两大关系中，过分地强调人与自然的关系，强调自然界的内在价值，指出这是一种离开人这个价值主体的自然界自身的价值，强调地球生物圈系统在人类生活中的地位和作用。如果过分强调人的自然属性，就导致其理论主张只能是建立在消解、抑制人的主体性的基础上，把人降格为普通的自然存在物，把人仅仅理解为一种本能生命的存在，从而忽视了人类的主动性和创造性，将人类降低为一般的生物，进而否认了人类在生物系统中处于一种特别的位置。在人类历史的早期，由于社会生产力低下，自然环境的好坏确实对人类历史的发展产生了重大影响，然而随着生产力的提高，人类对自然利用改造的能力也大大加强，自然环境无法阻止人类历史发展的进程。另一方面，"在现实中，人类的评判无疑是以人类的活动经验为基础的"[①]，人们对自然的评价必然是从人类自身的思维视角出发，根据经验做出判断，无疑是具有人性色彩的，带有人的印记，人对自然价值的认识只是人与自然关系中体现的人类所认识的自然对人的价值，"非人类的生命体"无法成为真正意义上的主体，这种理论的缺陷使得其在实践中走向困境。马克思主义哲学认为：价值是在人的生存发展活动中形成的一种特定关系。说某物有价值，是指此物对自己来说是可取的，可重视的，是"好的"。价值的实质是客体的存在、属性及其变化同主体的尺度和需要相一致、相符合或接近。[②] 价值究其实质是人的主体性的本质特征，它表现为：价值既表达了人类的理想和意愿，也表达了人类的目的和要求，从这个意义上说，价值表达的是人的主动性及目的性。价值的形成也总是同人的主体性活动相联系，这里的人就是主体，绝非其他。

可持续发展观作为一种科学的发展理论，恰恰是关注主体人的理论。它强调以人为本，强调人的主体地位，提倡社会的进步和人的全面

---

① ［美］内格尔：《人的问题》，万以译，上海译文出版社 2000 年版，第 180 页。
② 肖前：《马克思主义哲学原理》，中国人民大学出版社 1994 年版，第 65 页。

发展，关注人的精神生活，满足人的文化需求，需要建立和谐的人际关系，具有强烈的人文主义色彩和底蕴。可持续发展观的建立使得人们具有强烈的主体责任感意识，更加关注人们的前途和命运，认识到人们生活在地球上，要珍惜周围的环境和资源，绝不能以牺牲后代人的利益为代价而满足自己的需要。可持续发展观提出了"基本人权"的问题，主张一种"世代人的平等权利"，不仅要遵循代内平等原则，而且遵循代际平等原则。代内平等原则强调当代人在利用自然资源、谋求生存与发展的权利均等，是调整不平衡的国际政治经济秩序、消除世界贫困、寻求共同发展的伦理原则，并且注意维护后发展国家和地区的需要。在实现代内平等原则的前提下，建立代际平等原则，发展自己的同时为下一代人创造更好的发展条件。

可持续发展理论的出路就在于要弘扬人的主体性，发挥人的主动性，就使得生态整体主义在实践上走出困境，提高主体参与意识的觉醒，地球作为人类共同的家园，每个人都有权利和义务参与进来，可持续发展理论也需要各国政府和首脑本着积极参与的热情，投身全球性行动计划，摒弃狭隘的局部利益，落实到实践中。

第三，生态整体主义建立人与自然界的道德准则，片面夸大人与自然界的和谐统一，低估了人与自然界之间的矛盾与冲突。自古以来，人与自然界的关系就是对立的，自然界虽然给人类带来了鸟语花香、风和日丽，但是也会作为一种有无限威力和不可低估的力量与人类相对抗，如地震、海啸、虫灾等。人类为了生存而利用自然，同时也应该控制自然力，不能一味地谦让和忏悔。生态整体主义理论导致人类不能在实践上过分干预自然，要维护自然的本来面目，但是大自然给予人类的不都是善意的，人类行动涉及之处，已经干预了自然，人类为了生存不能一味地只和自然讲求和谐。人类要发挥主观能动性积极认识自然、利用自然、改造自然，加强作为主体的认识自然和保护自然的实践活动，认识自然和改造自然既是人类的生存手段，又是人类的生存目的，如果讲究协调不去斗争，就不会有人类社会的进步。

在人类与自然界的矛盾和冲突中，最重要的就是经济与自然的矛盾冲突，随着经济的不断发展和进步，自然界的环境资源与能源在迅速地消耗，并且日益濒临枯竭的边缘，我们不要忘记，任何一种形态的经济发展模式，都是以人与自然界的"物质交换"过程为基础的，这是人类以自然界为代价所得到的经济的发展。无论是西方发达国家的"消费性"经济，还是发展中国家的"牧童式"经济，实质上都是一种"掠夺性"的经济。这种"掠夺性"经济都是毫无限制地破坏人类的生存环境——自然界。可持续发展观作为一种新的发展观，不仅意识到人类与自然和谐相处的重要性，而且也能正视人类与自然界的种种冲突，对于调和与缓解人类与自然的紧张关系，转变人类对待自然的态度起到了一定的积极意义。

生态整体主义作为西方生态伦理学的新潮，通过对扩大伦理学的边界、自然界的价值和人与自然的道德准则这三个方面的阐述，试图放弃人类的主体地位来求得人与自然的和谐，可以看出带有某些乌托邦的味道，或者说作为一种信仰带有某种宗教色彩。生态整体主义抽象地研究和论述人与自然的价值关系和伦理关系，但是却忽视了人与人之间的关系，进而忽略了现实世界存在的严重的人与人之间的不平等现象，对于国际不同的经济和政治制度之间的关系、人与人的阶级关系、国家之间的关系等都没有作深入的研究和解答。

对生态整体主义进行分析阐述之后，试问如果当人类在面对环境保护与经济发展的矛盾时，必须要无条件让位于环境保护；当自然生态系统中的生物或者动植物利益与人类经济利益发生冲突时，也要无条件让位于生物或者动植物；如果在经济发展中任何违背生态学规律的行为都要受到制约和严厉的批判，把维护生物共同体的和谐、稳定和美丽作为评价行为正确和错误的标准；如果试图超越现代意识形态而对现有社会体制持彻底的批判态度，对发达国家和发展中国家一视同仁，这样就导致发展中国家不愿意接受生态整体主义理论，而更愿意接受可持续发展观。所以，生态整体主义在强调人与自然和谐相处的同时一定要避免生态至上主义。

（二）应该避免生态至上主义

生态整体主义作为西方环境伦理理论，虽然有着深刻性和合理性，是达到人与自然和谐相处的必要理论准备，但是值得强调的是，肯定任何生命皆有生存的权利，强调人与自然和谐相处，确认自然物固有价值的同时一定要避免生态至上主义，对生态整体主义中的生态至上主义观点采取正确的分析态度，否则这样的理论对发展中国家来说是难以接受的。

　　一方面对于发展中国家来说，人的生存和发展是它们的首要问题，人们更多的是关心经济发展问题。人们对于商品货币追求的欲望，人的索取的本质几乎是无法遏制的，特别是竞争机制使得国家与国家之间、地区与地区之间、人与人之间毫不犹豫地都把经济放在首位，发展中国家也是在以稳定为前提的条件下，以发展作为目的。当然这绝不是说环境污染、生态失衡只是发达国家的问题，在发展中国家不存在环境危机，现实发展中国家同样存在着环境问题，而且情况也不亚于发达国家，从某种意义上说可能更严重。然而，发展中国家为了缩小与发达国家之间的差距，摆脱贫穷，减缓生存压力，人们也必然把眼光聚集到发展经济上，只能是加速开发自然资源，而无法顾及对自然环境破坏的考虑，这些对发展中国家来说也是无奈之举，因为国力决定优劣，繁荣决定荣辱，如果连生存问题都无法保证，其他一切问题就都无从谈起了。而经济的发展和自然界的矛盾又是很尖锐的，当代经济发展是以追求最大利润作为经济发展的目标和要求，经济增长指标是经济发展程度的晴雨表，政治家面对社会效益、经济效益和环境效益时，会毫不犹豫地偏向前两者，而忽视环境效益。虽然人类的经济活动也是以人与自然界的关系为基础的，人类不可能离开与自然界的关系而从事任何经济活动，发展中国家也要求人们在其经济活动中，不能只是一味地追求自身利益的满足，要重视自然界的存在，但是如果发展中国家为了自然界的"权利"而有所顾忌地处理这种矛盾，就会束缚住自己的手脚，也就不能成为他们最关心的问题。

　　另一方面，就是世界生态不公正问题。生态整体主义提出自然生物共同体本身的"和谐、稳定和美丽"，一味地强调环境伦理学的出发点和最终目的不是人的利益，这是不现实的。生态整体主义笼统地强调生态整体，笼统地谈论人与自然之间的"道德"，忽视了人类在享有自然资源上的不公平，则掩盖了事实上国家与国家之间、人与人之间，即世界范围内的生态不公正。在生态问题上，发展中国家似乎更强调平等和社会公正，而发达国家正相反。发达国家建立自然保护的措施就是建立在上层社会模式基础之上的不平等，发达国家建立的自然保护区不是用来保护"自然",而是为了给生活富裕的旅游者提供场所和观赏喜爱的大型动物;同时,伴随着发达国家经济的发展,出现向发展中国家和贫穷国家转嫁环境危机的"生态殖民主义"的霸权行径和"国家利己主义"的不道德行为。发达国家虽然强调野生自然保护,但是又廉价地购买穷国的矿产和能源,而不动用本国的资源,实际上发达国家是把资源从穷人手里直接转给了富人,多年以来它们的发展、它们的富裕是建立在对穷国的侵略、剥削和掠夺的基础上的。发达国家的环境霸权行径和不道德行为造成了国家之间、地区之间的利益冲突和不均衡发展,在当今,保护热带雨林、保护与开发海洋、保护与开发北极、发展航海事业、限制使用核武器等都具有明显的政治特点,这实质上是以牺牲他人的生存环境,损害他人的存在利益来满足自己的需要和利益。发达国家本应对环境的改善和消除贫困负有更大的责任,但是,它们不但没有很好地承担起应有的责任,反而进一步造成新的不平等,往往通过污染转移继续破坏环境和对发展中国家施行新的剥削以满足自己的发展。发展中国家面对发达国家经济的发展,同时又受到了"生态殖民主义"的侵害,使得发展中国家的环境问题变得日趋严重,进一步增加了发展中国家的生存压力。

虽然生态整体主义呼吁在生态保护问题上要全球合作,呼吁富国给予穷国援助,罗尔斯顿等人也批评"人类利己主义"和"人类沙文主义"行径,但是在实践上却没有提出有效的办法,没有进一步揭示现实世界中环境与发展的不同意义。在当代西方生态环境伦理思潮中,夹杂着的一些环境利己主义观和生态帝国主义,对于全球性的生态问题,特别是在资源分配的国际不公正的秩序下,使得一些发展中国家拒绝了生态整体主义的不恰当地强调环境保护而忽视了经济发展的主张,基于和发达国家之间在环境与发展上的不同需要,使得发展中国家不愿意接受生态整体主义,而更愿意接受可持续发展的伦理思想。

如果以生态学为最终社会指导思想,在发展经济时任何违背生态学规律的行为都要受到生态至上主义者严厉的批判,把维护生物共同体的和谐、美丽和稳定作为评价人类行为正确和错误的标准;如果试图超越现代意识形态而对现有社会体制持彻底的批判态度,对发达国家和发展中国家一视同仁,这种生态至上主义只会导致发展中国家不愿意接受生态整体主义理论。当然保护大自然、爱惜环境刻不容缓，对于全球性的生态环境问题，应该从社会、经济、文化等多方面辩证地进行思考。不首先协调不同社会、经济体制的各国间的关系，对于国际上不同的经济和政治制度之间的关系、人与人的阶级关系、国家之间的关系不作深入的研究和解答，就不能从根本上协调人与自然之间的关系。在这方面，对于西方生态整体主义中的生态学至上的观点应采取正确的分析态度是很必要的。

虽然生态整体主义存在着一定程度上的争议，该理论本身也有着自身的一些弱点，但总的来看，生态整体主义对当代环境危机问题作了深刻的反思，警醒人们要关注现在严重的生态问题，以反省人类自身的行为，生态整体主义为解决生态危机提出了一些很有价值的观点，从纵向维度观察国内对于生态整体主义思想的研究，多把视角定在从传统人类中心主义向现代人类中心主义和非人类中心主义转变上，也可以说生态整体主义的某些重要理论被我国部分学者所接受，并进行了较为广泛的讨论。本书试图以生态整体主义为视角，研究环境权与循环经济法的相关问题，为我国解决环境问题提供新的思路。

六 生态整体主义是一种对可持续发展观的有益探索

从深层次意义上来说，生态整体主义更是一种对可持续发展观的有益探索。"诗人海涅曾经说过，每个时代都有它的重大课题，解决了它就把人类社会向前推进了一步。"[1] 环境问题也许是当代最重大的课题。环境危机的原因在于人类自身的活动，解决危机的最根本的办法就是把人的活动控制在地球环境和生态系统所能容纳的范围之内，这就是生态整体主义在人类自身的基础上试图通过有意识地控制人类的行为来实现人类的可持续发展的有益探索。目前世界上对"温室效应"问题解决的办法就是遵循这一原则的。

1992 年联合国环境与发展会议把可持续发展规定为人类共同的发展战略。在《保护地球——可持续发展战略》这个权威性文件中把"可持续发展"定义为：在不超出支持它的生态系统的承载能力的情况

---

① 余谋昌：《创造美好的生态环境》，中国社会科学出版社 1997 年版，第 1 页。

下改善人类的生活质量。可见，"可持续"是在"生态可持续性"的意义上定义的，它吸纳了"生态整体主义"关于"自然具有内在价值"的基本思想。"发展"一词是在"生活质量"意义上定义的，"生活质量"具有多元指标，包括物质和精神的，生物丰富性，人与自然的亲近度等。从上面分析可知，可持续发展观在本质上说是一种生态整体主义世界观，可持续发展观的本质特征就是要维护"人—社会—自然"的有机统一。生态整体主义作为一种价值观范式的改变，倡导人类跳出数千年来的旧思路，追求人与自然的和谐统一，它在反思人与自然关系的基础上，用全新的视角把"自然—人—社会"看作是一个有机统一整体，生态整体主义并不否认人类的生存权和不超越生态承受能力、不危及整个整体系统的发展权，甚至并不完全否定人类对自然的控制和改造。"生态整体主义强调的是把人类的物质欲望、经济的增长、对自然的改造和扰乱限制在能为生态系统所承受、吸收、降解和恢复的范围内。"① 生态整体主义主张限制人类的物质欲望，限制经济的无限增长，为的是生态系统的整体利益，而生态系统的整体利益与人类的长远利益和根本利益是一致的，生态系统的可持续性存在是人类社会可持续发展的关键。为了自然的可持续存在和人类的可持续生存，人的有些权利是必须放弃的，至少部分放弃，特别是追求无限物欲之满足的权利。利奥波德说得好，"当地图上没有一个空白点时，当大地母亲奄奄一息时，权利与自由有何用途?"② 可以看出，在处理人与自然关系时，生态整体主义为可持续发展观提供了有益的探索，在某种意义上可以讲，前者是后者的理论来源之一。

生态整体主义在探索可持续发展问题上，不但强调人与自然和谐相处的重要性，而且还认识到人类社会是生态系统的一个最重要的子系统，人类社会这一子系统内部关系的和谐、公平、公正对生态系统的稳定、和谐是极其重要的前提。解决环境问题，要从人与自然的关系着眼，从人与人之间的关系着手，通过处理人与人的关系来解决人与自然

---

① ［美］罗尔斯顿：《哲学走向荒野》，刘耳译，吉林人民出版社 2000 年版，第 59—60 页。

② ［美］利奥波德：《沙乡年鉴》，侯文蕙译，吉林人民出版社 1997 年版，第 139 页。

的关系，特别要强调人类子系统内部关系的改善、人的价值的实现、社会公平的实现、环境正义的实现等。"解决社会问题的切入点和着眼处不能光盯着被人类蹂躏得奄奄一息的大地，社会的其他方面如果不发生相应的变化，那么要确保那些靠牺牲荒野地而获得的利益能够转移到穷人手中，也是不可能的。"①

总之，生态整体主义在正确处理人与自然、人与人之间的关系方面，在寻求人类和自然的"和谐、稳定和美丽"方面都为可持续发展观提供了理论来源。生态整体主义是从与现代机械世界观不同的角度来理解和看待世界的。它强调世界是一个活的生态系统，事物之间都存在着有机的内在联系，倡导人与自然的关联性，为人类解决生态、环境问题，提供了指导性的原则，对当代环境危机问题作了深刻的反思，警醒人们要关注现在严重的生态问题，以反省人类自身的行为，这为解决生态危机提出了一些很有价值的观点，同时也成为我们变革环境法学研究方法所应确立的世界观。

第二节　循环经济法——生态整体主义新视角

一　生态整体主义视角下循环经济法的再认识

经济发展状况是一个地区或者国家存在与实力的衡量标准，发展经济实质上也是个人取得自由的一种体现，经济个体则是人区别于其他生物和推动社会向文明方向发展的积极因子，基于英国经济学家亚当·斯密的"经济人"理论，他认为人作为社会经济过程中个体经济细胞，其行为动机根源于经济诱因。随着人口的增长与人类科技的进步，世界经济也得到了迅速的发展，但世界是物质的世界，经济的发展和科技的进步离不开对生态系统中各种资源的利用与开采，而人类的发展——甚至可以说是经济的发展——是以不断扩大自身的生存空间为前提的，而所有生物所生存的共同三维空间是恒定不变的，这将注定人类的一步步发展是对其他生物空间的掠夺，人类依靠特有的创造才能与智慧改变其

---

① ［美］罗尔斯顿：《环境伦理学》，刘进通译，中国社会科学出版社2000年版，第269页。

他生物的生命轨迹，而在这个改变过程中所产生的有害因素对其他生物又产生了二次伤害，以至于使得由生物组成的生态环境向所有生物不利的方向发展，如再不采取措施后果将不堪设想。

所以以生态整体主义视角观察，为追求整体利益最大化，积极发挥或者是合理发挥人类的潜能是很有必要的，即为了生态整体利益，人类的发展是有必要的，作为人类发展的重要标准——经济发展也将势在必行，而目前摆在人类面前的是确定经济发展与生态整体利益的最佳契合点，即假设目前生态系统中所有的生物的"不愉快感受值"为 N，而依靠人类的"领导型"发展进化，在一定时期内，整个生态系统的减少的"不愉快感受值"为 M，自身进化减少值除外，此值设置为 P，但与此同时由于人类在经济发展过程中也将会造成副作用，比如废气、废渣、废液的排放，而此类损害将对生态系统整体生物增加"不愉快感受值"为 K，人类在生存发展过程中必须保证 M > K 或者 M > P，以促进生态整体利益在一定时期内比自然发展进化更少的时间段内达到预期目标。

在追求生态整体利益的同时，注重组成部分的积极作用，发挥人类的智慧与创造性，保证 M > K 或者 M > P，则在除了人类促进自身技术的发展，尽量扩大 M 值之外，无限缩小 N 值也是最为理想的手段之一。人类的经济发展出现了自然经济、商品经济、计划经济、市场经济的发展类型，从对自然资源的粗放式开发利用到现如今新能源的寻求与开发，其宗旨是对有限的资源进行精细化开采，最大化减少对污染物的排放，即对 N 值的最大化缩小，甚至对污染物再次利用以至于排放量达到最小，以现有的学术理论与实践基础来看，人类在追求自身利益的同时，发展"循环经济"势必也将促进整个生态系统的利益的实现，即保证 M 值大于 K 值。

循环经济理论的产生是人类社会发展过程中人类应对环境问题与人口经济发展的"反省政策"，虽然不能立竿见影，但也是目前最为实用的"环境—经济"政策之一。在人类发展的初期，生产力水平低下，人类对自然环境的作用就已经展现出了一定的破坏性，例如焚林垦地。当人类进入农业文明社会之后，人类就逐渐开始局部地改变部分地区的自然系统，在创造自然财富的同时也产生了当时人类还未曾意识到的环境问题。在20世纪后半叶，资源的有限性、环境自净能力的有限性、生态系统的负载能力更是超乎人类的想象——没有人类想象的那么强大，就在此时我们的环境才开始被关注，经济学家和环境学家才逐渐意识到如继续无节制地开采资源、粗放式利用资源、高污染排放，不单单是环境接受不了这样的发展后果，经济的增长会逐渐减缓甚至是出现我们所不愿见到的负增长，生物链结构的断裂变化、有害物质的"富集"，人类就会面临前所未有的环境危机、食物危机、疾病大爆发以至于这个星球上包括人类在内的生命将无法继续存在，也更是不会再有发展一说。至此，人类开始反思，尝试逐渐建立一种理想结构的新经济模式，寻求人、社会、自然三者的协调可持续发展。

法律因其自身性质，对其所保障的社会某一方面的发展有着强有力的支撑作用和导向作用，尤其是循环经济立法对属于新兴事物的循环经济不仅能够提供一定的标准和价值导向，而且还可以为循环经济的发展创造良好的法律环境，创造完善的循环经济法律系统，将各种低劣的竞争者排除在市场之外，或者使低劣的竞争者为自己的"非循环"经济行为负责，以保障循环经济市场规则不被破坏，遵守规则的经济主体得到相应的社会利益，这样便以"韬光养晦"的形式无形中增强了市场经济主体发展循环经济的积极性，进而改善环境与资源的关系。综上所述，只有积极地建立起一个在发展循环经济的过程中引导和约束非循环经济行为的完整法律体系，才能真正地为循环经济的发展而保驾护航，因此，目前在世界范围内，保障循环经济有序进行的循环经济立法成为世界关注的焦点。法律只是将反复进行着的经济实践记录下来而已。因此我们必须制定法律规范，将循环经济这种经济生活记录下来，形成一种行为规则，指引人们在经济交往中遵守怎样的规则和如何解决此类纠纷。

二　生态整体主义视角下我国循环经济立法的原则

生态整体主义视角下，应以生态系统方法为指导，采取整体的、系统的、协调的、综合的方法来审视、谋划和构建科学的循环经济法律体系。具体而言，要求如下：

第一，坚持生态整体主义理论观点，构建科学的循环经济法律体系。坚持以生态整体主义下的生态文明理念为指导，必然要求以生态法学方法论为根本方法，来构建科学的循环经济法律体系。在环境法领域，生态法学方法论主张以生态文明理念来指导我国的环境法治建设，使环境资源法律成为建设和谐社会、生态文明社会、环境友好型社会、资源节约型社会和循环经济型社会等"五型社会"的法律保障。生态法学方法论贯彻生态本位观、生态整体主义观、综合生态系统观、生态基础制约或环境承载力有限观、人与自然和谐相处观，承认动植物、江河湖海等生态系统的内在价值，坚持经济、社会和生态的协调和可持续发展原则。生态法学方法论不仅是一种法学理论，也是环境资源法律所认可的环境法治建设的指导思想与原则。① 当然也是循环经济法律体系构建的指导原则。

生态法学方法论坚持生态文明观的主要表现是重视和贯彻生态系统方法和综合生态系统管理。按照生态法学方法论的要求，环境资源法应以维护生态系统结构的合理性、功能的良好性和生态过程的完整性为目标，对生态系统的诸要素采用系统的观点进行统筹管理，从单要素管理向多要素综合管理转变，从行政区域向流域的系统管理转变，从对自然生态的统治和"善政"向"治理"和"良治"转变；应该实现对生命系统与非生命系统的统一管理，将人类活动纳入生态系统的协调管理，综合管理土地、水、大气和生物资源，公平促进其保护与可持续利用。② 与此相适应，生态法学方法论必然要求在循环经济法律体系的构建上突破原有的不符合生态方法要求的法律体系，建立科学的法律体系。具体体现在两个方面：一是破除单纯"行政管理"型法律体系，突出"促进"型和参与式的法律体系，建立以法律、经济和技术手段为主、必要的行政手段为辅的循环经济法律制度体系，充分发挥社会各主体在循环经济发展方面的积极性、主动性和创造性；二是破除部门立法和利益分割为主要程序特征的体系构建，采取协调的、科学的方法来管理循环经济，衡量、协调和分配不同主体的不同利益，理顺循环经济管理体制，科学配置各部门的管理职责，增强和促进循环经济管理体制的综合性、协调性和整体性。

---

① 蔡守秋：《简论生态法学方法论》，《光明日报》2009 年 8 月 2 日。
② 同上。

第二，坚持立足生态国情，构建中国特色的循环经济法律体系。

世界各国的地理条件、环境、资源、人口、文化等因素各具特点，为了有效地保护其环境和资源，各国必须建立与其自身特点、独特需求相适应的法律制度。我国是一个正处于发展中的大国，地区之间发展很不平衡，自然条件千差万别。环境污染和生态破坏问题非常复杂。不同的地区、不同的行业、不同的领域，环境问题的表现形式各不相同，相应的对策措施也各不相同。另外，我国有自己独特的政治体制和法律制度。因此我国的循环经济立法必须坚持从实际出发、从我国的生态国情出发，有计划地循序渐进、突出重点、兼顾一般等原则，逐步建立起有中国特色的完备的循环经济法律体系。立足生态国情构建循环经济法律体系，这也是生态文明理念对循环经济立法的基本要求。

三　循环经济法的生态整体主义社会观

循环经济是以实现可持续发展为目标的新型经济发展模式，其本质是一种生态经济，它自觉地运用生态学规律来指导人类社会的经济活动。生态整体主义作为一种环境价值观上的哲学范式转变，它不仅为人们提供了一个新的世界观和伦理观，而且为可持续发展提供了有益的探索。生态整体主义是在对机械世界观的质疑与批判的过程中与后现代有机论和后现代整体论结合并受现代生态学启发而逐步建立起来。循环经济的提出是人类对人与自然关系的再认识，是可持续发展的重要实践，是对传统工业经济发展模式的反思和超越。而循环经济法作为对循环经济活动的法律规范，以可持续发展为基本理念，从人与自然和谐相处出发构建法律制度体系。

第一，尊重自然理念。人与自然的关系经历了崇拜自然、信奉自然到征服自然、改造自然的过程。在前一阶段，人类在自然面前处于一种被动的位置，对大自然恐惧并依赖，完全按照自然界的规律安排自身的生产生活。后一阶段，人类对自然的认识由崇拜变为征服和改造，将自然界看作是经济增长的原材料的源源不断的供应地，把自然作为人类的征服者进行对待。事实证明，这两个阶段的人与自然的关系都不是理想的状态。人类不能被自然奴役，也不可能完全掌控自然，人类与自然和谐共生的状态才是人类最理智的选择。循环经济法注重人与自然和谐相处，在人与自然关系中进行重新的定位，将人类从自然的统治者回归到自然界的组成部分，把人类与自然环境的关系看作是相互依存、相互影响的共生关系，尊重自然，尊重自然界其他生命形态，按照自然生态系统的运行规律安排人类的经济社会活动。循环经济法要求人类的经济活动不能脱离自然环境，而是要融入自然环境之中；人类不能简单地向大自然索取，而是要保护自然、维持自然生态的平衡；人类不能仅仅把大自然当作是可利用的资源，而是要维持自然生态系统的良性循环；人类发展科学技术的目的是要节约自然资源，更有效地利用资源；在发展科学技术、提高生产力的过程中，要充分考虑它们对生态环境系统的保护和修复能力。总之，人类只有尊重自然规律、保持人与自然的和谐关系才符合人类的根本利益，才能实现人类与自然的和谐、共同发展。

第二，复合系统理念。传统工业经济"大量生产、大量消费、大量废弃"的发展模式是一种从资源投入到产品产出的直线型系统，或者说是一种"从摇篮到坟墓"的单向线性过程。这一系统将资源要素和环境容量置于经济社会发展之外，忽视自然生态系统的价值和功能发挥，只关注经济的数量型增长和社会福利水平的提高。而循环经济是一种由人、自然资源和科学技术等要素组成的系统，它把生态环境、经济社会和科学技术看作是三个有机联系、相互依存、相互影响的统一整体，把自然生态系统看作是经济社会发展的母系统，要求人类在安排生产生活时不再置身于这一大系统之外，而是将自己作为这个大系统的一部分，从整个生态系统整体考虑，注重维持这一大系统的持续发展。在这个大系统内，资源投入到产品产出不再是一种单向的线性过程，而是一种符合自然生态系统运行规律的"从摇篮到摇篮"的良性循环过程。

传统工业经济系统是利用资源的高投入、低利用、废弃物的高排放和环境的高污染来维持经济的高增长，其结果必将是生态环境的破坏和自然资源的日益枯竭。传统的经济系统是靠不断加速消耗地球上的有限资源，不断挑战自然生态系统的承载能力来维持其存在的。因此，它是不可持续的，是不会长久的。而循环经济系统则是建立在资源节约和资源再利用的基础上，通过运用现代科学技术手段和循环生产方法，实现资源的低投入、高利用、低排放和低污染，在自然生态系统供给原材料和吸纳废弃物的能力范围之内进行各种经济活动，从而把人类的经济活动对自然环境的负面影响降到最低程度，实现人与环境的和谐发展。因此，循环经济系统是可以持续的，是可以推进经济、社会和环境的持续发展的。

第三，最优化经济理念。传统工业社会中，人类从事经济活动的目的就是追求自身利益的最大化——消费者追求效用最大化，生产者追求利润最大化。效用最大化、利润最大化、产量最大化和成本最小化是传统工业社会经济发展的指导理念。在这一理念指导下，经济主体以利益最大化为发展目标，完全忽略资源要素和环境功能的价值，更不考虑经济社会发展的可持续性。

循环经济则把西方经济学的"最大化"发展为"最优化"，优化人与自然的和谐相处，优化资源配置，优化自然资源的利用，优化自然生态环境。人类在组织生产和从事经济活动时，不但要遵循经济学规律，更要遵循生态学规律，不但要考虑经济系统发展能力，更要考虑生态环境的承载能力，不但要考虑生产成本，还要考虑生态成本和环境成本。循环经济不是单纯地把效用最大化看作是来自产品和服务的消费，而是把优美和谐的环境也看作是人们获取效用的来源，把优美的环境看成是人类赖以生存的基础，实现人与自然的可持续发展，实现经济与社会的可持续发展。这就要求循环经济法从有效发挥生态系统功能出发进行法律制度的构建，同时大力发展环保产业，从产业政策、税收、信贷、财政、投资等方面支持并鼓励环保产业的发展，推进循环经济发展进程。

第四，清洁生产理念。清洁生产是循环经济的生产理念。清洁生产不但是指生产场所清洁，而且包括生产过程对自然环境没有污染，生产出来的产品是清洁产品和绿色产品。要实现清洁生产，必须走新型工业化道路。新型工业化道路是在经济发展之初就考虑到生态环境的保护问题，就考虑到污染预防和控制问题。通过知识化、技术化和信息化来促进工业化，节约资源的使用，减少污染物的排放，使整个工业化的过程是一个清洁生产的过程。循环经济要求生产单位在做出生产决策时，不能只考虑企业内部的"成本—收益"分析，还必须把社会成本和机会成本也纳入决策之中；不能只考虑企业自身的短期利益和短期发展，更要关注社会利益和长期可持续发展；企业在生产经营过程中不能仅仅追求利润最大化或成本最小化，要充分考虑自然生态系统的承载能力，尽可能多地节约自然资源，最大限度地减少废弃物的排放，不断提高自然资源的利用效率，循环使用资源。这就要求企业在进行生产时，要最大限度地利用可循环再生的资源来替代不可再生的资源，例如更多地利用太阳能和风能；尽可能多地利用科学技术手段，对不可再生的资源进行综合开发利用；用知识投入来替代物质资源投入，努力使生产建立在自然生态良性循环的基础之上。

第五，适度消费理念。传统工业社会高速经济增长的理念就是大量生产、不断增加物质资料的供应，满足不断增长的物质资料的消费需求。大量消费，反过来又促进生产的发展。这种以消费促进生产的理念在满足人们的消费欲望、给人们生活带来方便的同时，也产生了严重的后果。而循环经济要求的消费理念是适度消费。这种消费理念要求人类将自身的消费需求与整个人类经济系统的发展相统一，更要与自然生态系统的良性循环相一致。当然，适度消费并不等于不消费或减少消费，人类的消费水平也应当伴随经济社会的持续发展逐步得到提高，只不过是人类的生产生活消费要按照与自然和谐的方式进行，符合生态平衡的基本要求。适度消费还意味着在满足当代人消费需求、保证消费安全和健康的同时，还必须有不减少未来世代的消费能力和消费需求，保证他们的消费安全和健康。这一消费理念要求社会主体具有环保意识，认识到环境变化对人的生活质量和生活方式的影响。对环境污染最小，符合自然生态环境要求的绿色产品的需求成为消费者需求结构中的主要内容。绿色消费要求走出传统工业经济"拼命生产、拼命消费"的误区，提倡物质的适度消费、健康消费，要求消费者在消费过程中选择环保产品、节能产品和安全产品；要求社会公众树立即使有再多的钱去消费，但资源是全人类的观念；努力减少一次性消费，克服"用毕即扔"的消费习惯，提高产品的利用率，积极推动废弃物的再资源化和再利用，把环保意识落实到日常的消费活动中去，通过适度消费引导适度生产，从而推进经济社会发展的可持续。

第三节　循环经济法的生态整体主义方法论

自然科学史和人文科学史告诉我们，一门学科有没有充实完整的方法论,不仅是其成熟与否的重要标志,而且是它能否得以顺利发展的基本前提和必要条件。因此,不少著名的学者都非常重视对于方法论的探讨,甚至认为:一切理论探讨,最终都可以归结为其研究方法论的探讨;一切理论变革又首先依赖于对其研究方法论的变革,只有方法论上的科学更新才能带来该学科的重大突破。方法论不同于方法,方法是实现目的的手段、技术、工具和方式,而方法论是指在给定领域中进行探索的一般途径的研究。一般来说,它涉及研究主体思考问题的角度选择,研究对象范围的确定,研究途径的比较选择,研究手段的筛选和运用,研究目的的限定等。这就是说,"方法论"是以"方法"为实践基础,是包括一定的哲学认识论及逻辑推理过程的一套思考事物现象的理论体系。法学作为一种人类对法律现象认知、评判而形成的话语系统,其认识结果是否正确同样取决于方法论的科学。①

一 整体主义方法论

所谓整体主义方法论是指以集体作为研究的基点,通过群体行动的分析来说明该学科的基本立场和基本内容的方法体系。② "在社会科学和历史学中,指一种主张可以或者应该通过社会的整体来研究社会的理论,这种理论认为,对社会进行分析、研究的基本对象不是个体或个体现象,而是社会的法则、倾向和运动等。"③ 整体主义的方法论强调:第一,社会整体大于其部分之和;第二,社会整体显著地影响和制约着其部分的行为和功能;第三,个人行为受整个社会的宏观法则影响。④它是与个人主义方法论相对应的。从整个人类学术研究的历程来看,整体主义方法论是人们最先选择的思维方式,正如在对"人"和"人的权利"的定位上都是整体先于个人的。整体主义方法论认为"人—集体—整个人类"在整个社会系统中是辩证统一的关系。在社会系统中,个人与他人、个人与集体、个人与国家民族,甚至个人与整个人类是对

---

① 李爱年、陈程:《生态整体观与环境法学方法论》,《时代法学》2008 年第 8 期。
② 胡玉鸿:《论个人主义方法论在法学研究中的应用》,《法律方法》2002 年第 1 期。
③ [英] 安东尼·弗卢:《哲学辞典》,麦克米兰出版公司 1979 年版,第 141 页。
④ [英] 马尔科姆·卢瑟福:《经济学中的制度》,转引自张守文《经济法理论的重构》,人民出版社 2004 年版,第 81 页。

立统一的关系。个人离不开集体、国家和民族，甚至全人类，即个体无法选择社会生产方式。反过来，从集体到整个人类，是由社会的每个个体组成，是"原子"与"类"的相互依赖关系。①

整体主义方法论对社会进行分析研究的基本对象不是个体或个体现象，而是以社会的整体作为分析的单元，认为超越个人利益之上的整体利益存在，且认为对个人行为的理性理解最好是通过考察其所处于其中的集体行动。在法律领域中就是认为社会生活中的个人只是无关紧要、微不足道的因素，整体作为"类"的人——即人类才是研究的出发点和归宿点。就西方而言，整体主义方法论可以说是一种源远流长的传统，柏拉图、孟德斯鸠和卢梭都是整体主义方法论的倡导者和践行者。整体主义方法论及思维在我国更是流风所及、根深蒂固，影响至深，几千年的文化积淀、文明传承和习得性记忆，使得这种看问题的方法在现代中国学界也极有市场。由于长期浸淫于传统文化，整体主义方法论是社会中普遍存在并深入骨髓的思维模式。

整体主义方法论认为，社会理论必须植根于不可再分的个人集团的行为，它同样可归结为三个方面：社会整体大于其部分之和，这体现了社会大于自主个人的单纯加总的思想；社会整体显著地影响和制约其部分的行为；个人行为应该从作为整体的社会系统的宏观法则及个人在整体中的作用演绎而来。整体主义的所有形式把社会整体置于首要位置，并认为社会整体是个人行为的影响者和约束者。它关注对个人行为发生作用的社会影响，集中考察社会制度、惯例等如何制约个人行为。波普尔虽然倡导个人主义方法，但仍然认为社会群体大于其成员的单纯加总，也大于其任何成员存在的诸多个人关系的简单总和，注意在整体规律约束下的个体行为。

整体主义方法论强调在分析问题时以一定的群体或者组织为立足点，着重考虑超越个人利益的或者高于个人利益之上的整体利益，并以集体行为包容个人行为，使得个人行为要以集体行为为指向。而个人主义却强调个人行为对于法学研究的重要性，凡事均以个人为基点，通过

---

① 刘保民：《从"个人主义者"到"整体主义者"——浅论社会个体的自我超越问题》，《武汉大学学报》（人文科学版）2004年第4期。

研究个人行为，以论述法学学科的一般规律或者原则。它们是站在不同的分析立场上的，然而两者之间并非毫无往来，现代学者研究法学原理和规则都要运用两种方法论，一方面通过整体主义方法论的运用能够在宏观上对社会现象进行总体的把握；另一方面，运用个人主义方法论从微观入手，就个人行为进行全面而细致的分析，形成由个体到整体、由具体到抽象的分析思路。①

运用整体主义方法论进行法学的理论分析，前提是我们所知悉的各种法律总是代表着一定群体或者组织的意志，法律体现的是人民或者公民的集体意志，是统治阶级的整体意志。那么怎样运用整体主义方法论进行法学研究呢？

首先，将法律看作是整体意志的表现。立法过程涉及不同的主体，交织着不同的主张和观点的争论和妥协，法律往往最终是通过使用包容不同意见甚至不同宗旨的模糊语言才得以通过，它是各种利益集团相互协商的结果，代表着各个利益集团的基本利益。

其次，明确该种方法论的实践者是谁。立法、行政、司法机构作为最主要的法律组织，主要是通过国家权力的分工实现对法律的统制。通过分权原则，使得三个部门获得了专属性的、专业性的、确定性的权力。在行使这些权力时，"被托付以任何这些部门之一的权力的人不应被容许侵犯托付给其他的权力，每个人应由设立它的法律限于行使与其部门相当的权力而不是其他权力"②。分工明确化是国家管理高效的基础，每一个部门其权力的范围、形式、手段等，都应在法律中有明确的界定。

最后，以公共利益或社会利益为价值导向。在人民的观念中，公共利益不仅具有法律上的合法性，也同时具有道德上的正当性。在现代法律的发展当中，法律在具体保护每个人正当权益的同时，更重要的是维护社会上绝大多数人的共同利益。对于中国来讲，强调公共利益也有非常现实的意义，因为传统中国文化是建立在家庭联系上的家庭利己主

---

① 胡玉鸿：《个人主义方法论在法学研究中的应用》，《法律方法》2002 年第 1 期。
② ［奥］凯尔森：《法与国家的一般理论》，沈宗灵译，中国大百科全书出版社 2013 年版，第 299 页。

义，这种文化造成了中国人对公共事务的冷漠，或"缺乏公共精神"。

二　生态主义整体观是循环经济法研究方法论的哲学基础

生态主义整体观是从与现代机械世界观不同的角度来理解和看待世界的。是针对现实问题所产生的，因此具有更多的新颖性、更强的时代性，最重要的是它强调世界是一个活的生态系统，事物之间都存在着有机的内在联系，倡导人与自然的关联性，为人类解决生态问题、环境问题提供了指导性的原则，同时也为我们探讨循环经济法研究方法的变革提供了根本的世界观。

第一，生态主义整体观的确立，有助于循环经济法研究方法走出定性化思维。所谓定性化思维是指将思维限定在一个普遍适用性的唯一的标准或模式之中，并予以简单的遵奉和服从。① 依这种思维模式看来，世界上存在着某种形而上学的永恒的阐释和解读世界的思维逻辑或公式，除此之外的其他思维样式都是非正统和荒谬的，因而也不值得去关注和弘扬，相反应予以斥责和放弃。而生态整体观强调事物的联系性，强调人与自然界、生态系统的整体性和有机性，强调人与自然应当和谐相处。依此世界观来指导循环经济法研究方法，就意味着我们在展开法学研究时必须超越概念法学的定式化思维范式，不能局限于法学的知识结构就法论法，而应当吸收其他学科的认识成果来说明法学问题。例如，生态整体观强调生态系统的整体利益，这是建立在生态学的基础上的，那我们在进行循环经济法研究时，就可以引入生态学研究方法，以生态学的相应成果来说明循环经济法的相应问题，避免局限地、单一地、孤立地进行循环经济法研究。

第二，生态整体观的确立，有助于改变循环经济法研究方法中只关心中心化事物的研究范式。生态主义整体观要求人们摆脱机械世界观认为的人是世界的中心，任何研究都是为人服务的这一思想，主张在处理人与自然的关系问题时，必须考虑人与自然之间的整体关系或从整个生态系统去考虑人与自然的关系。这样，我们在关注人的同时必须要站在

---

① 岳广垠：《创新思维之三：泛化思维视角》［DB/OL］. http//blog china com. cn/spl/qh-ddx/15191161887. shtml，访问时间 2007 - 12 - 23。

生态系统的高度，从整体角度去研究循环经济法，去进行循环经济法理论的创新。

第三，生态整体观为循环经济法研究提供了方法论上的研究立场即整体主义方法论。综观学术界对方法论的陈述，方法论的内容至少可以包括三个方面：一是研究的目标；二是研究的过程；三是研究的立场，即以个人为单位还是以整体为单位来分析相关理论。① 生态整体观的理论预设使整体主义方法论作为一种方法论上的立场得以成立。循环经济法的学科特质，使我们在循环经济法研究中尤其要注重整体主义方法论。整体主义方法论倡导人类跳出数千年来的旧思路，努力去认识生态系统，进而将认识到的生态系统的整体利益作为衡量人类一切观念、行为、生活方式和发展模式的基本标准。同时，将人与自然看作是一个有机整体的两个部分，推崇"生态主义"和"绿色运动"。

三　用生态整体主义方法论研究循环经济法必须克服两大误区

第一，在环境法学研究大背景下，如果"重整体轻个体"，就必然导致公民环境权研究的缺失

生态整体观扩大了伦理学的边界，但过分强调个体与整体的差别和对立，强调生态系统的整体性和完整性，就有可能出现为了生态系统的整体利益而牺牲人类生命的结局。这方面的典型代表是利奥波德的"大地伦理"。他指出："当一个事物是要保持整体性、稳定性及生物群体的美丽时，它就是对的，否则就不对。"② 即其赞成为了整体的"好"而牺牲个体的"好"。这种观点招致了人们对大地伦理学整体主义的批评。雷根明确地指出，大地伦理学"明显包含了这样一种前景：为了生物共同体的完整、稳定和美丽，个体得牺牲给更大的生物共同体的'好'。在这样一种……可恰当地称之为环境法西斯主义的论点中，我们很难为个体权利的观念找到一个恰当的位置。……整体主义给我们提供的是对环境的一种法西斯主义式的理解"③。克尔则直接称大地伦理

---

① 胡玉鸿：《法学方法论导论》，山东人民出版社 2002 年版，第 190—191 页。

② Aldo Leopold, *The Land Ethic*, *in A Sand County Almanac*, New York：Oxford university Press, 1949, p. 262.

③ T. Regan, *The Case for Animal Rights* (Routlege, 1984, 1988), 361, 362, 372.

学的整体主义是"专制主义"。① 这种世界观表现在法律认识论的理论层面上，即为对"有生命的现实的个人理性能力的怀疑，强调人作为类的群体存在，认为法律的产生、发展、作用和目的都是仅仅取决于人的群体意识及群体活动，否认人作为个体的创造性和能动性，否认具体的个人的实践活动。在法律实践论的现实层面上，认为法律实践的直接对象是群体间的关系，法律实践的主体仅仅是作为整体的人或群体化了的人，不承认或者轻视个体特殊性，更回避个体创造性的实践意义，将个人作为一种手段，一种实现类的或整体的目标的工具"②。

其实，任何一种关系，既有相互影响、相互关联的一面，又有相互独立、相互排斥的一面，现代生态学的重要特征就是一方面强调整体和联系，另一方面也重视个体对其环境的依赖性。而过分强调生态整体观，则会只注意了生态学强调的联系和统一的观点，却忽视了强调个体的价值和意义。表现在环境立法上即忽视公民环境权利的分配与保障，反映在环境法学研究上则是公民环境权研究的缺失。

环境法律制度有两条利益和意志主线，一是社会整体利益和国家意志，二是社会成员的个体利益和当事人意志。一个理性和健全的环境法律制度，应该是这两条主线的有机结合。③ 由于我国环境法产生于计划经济体制，崇尚以国家的角度分析环境问题，并且环境法的社会法性质，使得环境保护所形成的路线一直是政府领导下的环保，致使环境法律制度被定位于环境权力法，重环境管理权力的设置与实施，忽视公民环境权利的分配与保障。④ 反映在环境法学研究上，则是加强在环境保护中国家权力的研究，而淡化公民个体权利的探讨。经济体制和民主政治改革后，公民环境权利的重要性日益彰显，环境法的权利体系构建更加迫切。"这种制度性改革的基本方向，就是构建环境权利的法律体系，完善环境权利的法律规则，实现环境权利法和环境权力法的并存和

---

① M. Khee，"The Liberation of Nature：A Circular Affair"，*Environmental Ethics*，Summer，1985.

② 葛洪义：《探索与对话：法理学导论》，山东人民出版社 2000 年版，第 7 页。

③ 王彬辉：《论环境法的逻辑嬗变——从"义务本位"到"权利本位"》，科学出版社 2006 年版，第 150 页。

④ 同上。

配合，建立适应社会主义市场经济要求的、具有中国特色的环境法律秩序。可以预见，环境权利将成为我国未来环境法律制度的基础。"① 因此，环境法学的研究也应当在注重整体性、系统性的前提下，加强环境权利，尤其是公民环境权的研究。这主要是因为：

首先，公民环境权是整体性与个体性的统一。环境权具有强烈的整体性。确立和实现环境权是为了达到保护人类生存环境的目的，正因为环境是每个人生存必不可少的物质条件，而环境污染和破坏正威胁着这种物质条件，才产生了当代人和后代人对环境权的要求；环境污染和破坏的后果将影响这一代人和后代人的生存质量，环境权保护的结果表现为环境质量的改善和人与自然关系的协调，即通常所称的产生环境效益，环境效益也是这一代人和后代人可以共享的。② 所以，环境权的这一整体性并没有背离生态整体观，只是这一权利是通过个人权利形式体现的真正公共权利或"人类权利"。同时，环境权的整体性中又包含着个体性，其核心是人的生存权，是人成为人或继续作为人生存的权利，这是人的首要权利，是每个人都应平等享有的权利，这一权利不能受到限制或剥夺，剥夺了公民的环境权，就等于剥夺了人的生存基础。正是由于环境权的这种整体性与个体性的统一，使得环境权的行使，既可以是集体行为，也可以是个人行为。

其次，公民环境权是长远利益与眼前利益的统一。环境权所包含的利益是多重的，其实现的目的是当代人和后代人的持续生存和发展，同时也是每个人更好地生存，因而环境权所体现的是整体利益、长远利益和个人利益、眼前利益的结合。环境权的这种属性，要求现代社会中的人必须与自然建立和谐、尊重的关系，必须克服利己主义的环境观。③ 因此，在环境法学研究中注重对公民环境权的研究，并没有忽视生态的整体性，而是正确地认识了全部与部分、整体与个体的关系，以公民环境权的研究作为研究的一个角度，最终推进环境法学的研究方法在以较

---

① 吕忠梅：《环境权力与权利的重构——论民法与环境法的沟通与协调》，《法律科学》2000 年第 5 期。

② 吕忠梅：《沟通与协调之途——论公民环境权的民法保护》，中国人民大学出版社2005 年版，第 37—38 页。

③ 同上书，第 38、47 页。

高的价值取向和人性标准的前提下，朝着多元化、多样性发展。

再次，公民环境参与权是联系整体与个体的纽带。学者们一般认为公民环境权的内容包括环境使用权、环境知情权、环境参与权和环境请求权。而环境参与权至关重要，可以称为是公民环境权的核心权能。[1]公民环境参与权虽然是个体性权利，但我们可以这样认为：参与权不但是联系集体环境权与个体环境权的纽带，即通过立法来调节不同利益集团的利益，建立各种利益平衡、寻求利益共存或利益妥协的方式和途径，[2] 而且也是联系生态整体与公民个人的纽带。我们略加分析便知，公民因生态环境破坏，认识到自己是这个生态系统中的一员，不积极行动起来就无法生存，这是公民参与环境保护的最初动因之一，通过参与，表达自己的看法、意见，最终避免环境污染、破坏的恶化，使得环境法律制度顺利实施，这一整个的参与过程都体现了公众将自己作为生态系统中的一分子，通过参与环境事务，达到人与自然和谐共处，进而维护整个生态系统的平衡。

最后，研究公民环境权，以"人"出发点完全符合环境法学的人文特质。法学就是要确立个人的尊严和个人的价值，将法律视为促进自由而不是限制自由的手段，人既是法律的起点，也是法律的终点，所有的法律问题均围绕着人来展开，而人的自然性、社会性以及人性的多样性、复杂性也就构成了法学人文精神的主要关注点，[3] 这是法学作为人文科学的主要特征之一。人文科学首先要考虑的就是"人"的问题，环境法学的研究也是如此。如果我们忽视个体——人的存在而一味地着眼于整体性、生态性、系统性，那么这样的法学研究犹如空中楼阁。所以对个体的研究中，公民环境权利是一个很好的角度。当然也会产生这样的质疑：总是一味地强调公民环境权，是否会没有认识到环境的整体性特征，而否认人类环境权呢？我们认为，"一项权利如果不能具体化或成为一项公民可以获得的权利，那么这项权利根本无法得到保障，它

---

① 邹雄：《论环境权》，http：//www. rie. l whu. edu. cn/show. asp？ID = 5374。

② 吕忠梅：《沟通与协调之途——论公民环境权的民法保护》，中国人民大学出版社2005 年版，第 38、47 页。

③ 胡玉鸿：《法学方法论导论》，山东人民出版社 2002 年版，第 64、311 页。

也仅仅只具有形式上的意义而不能具有法律权利的实质内容"①。这样才有现实性和可能性。同时，我们知道，任何一部法律都是以人的背景作为预设的，法学研究中必须首先对个人进行定位。②

综上，环保社会的形成和发展，不仅需要政府自上而下的推动和引导，更重要的是需要在全社会自下而上培养环保忧患意识和真正形成环境保护的广泛共识，并把这种意识与共识付诸日常的行为。所以，将以整体主义为基点的环境法学研究同对个体的环境权利研究紧密结合，才能更有利于整体环境权利的实现。环境法学研究方法的变革，即以整体分析法为主要方法，进而走向多元化，并不能放弃个体研究，两者是互为补充的。

第二，过于强调自然价值，导致在确定作为环境法学分支的循环经济法律关系主体上出现偏差

生态整体观的另一缺陷是过分强调自然界的价值，否认人的主体性，忽视了价值的"属人"的本性。生态整体主义以不同的方式组合人类道德上和其他物种平等的概念，在处理现实世界中的两者关系时，过分地强调自然界的内在价值，指出这是一种离开人这个价值主体的自然界自身的价值，强调地球生物圈系统在人类生活中的地位和作用。如果过分强调人的自然属性，就导致其理论主张只能是建立在消解、抑制人的主体性的基础上，把人降格为普通的自然存在物，把人仅仅理解为一种本能生命的存在，从而忽视了人类的主动性和创造性，将人类降低为一般的生物，进而否认了人类在生物的系统中处于一种特别的位置。③

过分强调上述观点，在环境法学的研究中就会产生这两种倾向：一是自然（动物）可以成为法律意义上权利的主体；④ 二是环境法既调整人与人之间的关系，又可以调整人与自然的关系。⑤ 这些有悖于法学基

①　吕忠梅：《论公民环境权》，《法学研究》1995 年第 6 期。
②　胡玉鸿：《法学方法论导论》，山东人民出版社 2002 年版，第 64、311 页。
③　杨芷郁：《生态整体主义与可持续发展思想》，《通化师范学院学报》2007 年第 1 期。
④　陈泉生：《可持续发展与法律变革》，法律出版社 2000 年版，第 143—154 页。
⑤　蔡守秋：《调整论——对主流法理学的反思与补充》，高等教育出版社 2003 年版，前言。

本理论，同时也不利于循环经济法学研究的展开。例如，自然不能成为法律意义上的权利的主体，我们在循环经济法学研究中所使用的"自然权利"是从生态学的角度来探讨的，而不是法律意义上的"权利"。法律意义上的"权利"的主体只能是人。而基于"环境法只能调整人与人之间的关系"的观点，我们认为，循环经济法不能调整人与自然的关系，循环经济法是基于调整人与人之间的关系以协调人与自然的关系。

总之，生态整体主义对当代环境危机问题作了深刻的反思，警醒人们要关注现在严重的生态问题，以反省人类自身的行为，这为解决生态危机提出了一些很有价值的观点，同时也成为我们变革循环经济法学及环境法学研究方法所应确立的社会观。

第四节　环境权与循环经济法的关系——以生态整体主义为桥梁

"我们请求，把每个人享有的健康和福利等不受侵害的环境权和当代人传给后代的遗产应该是一种富有自然美的自然资源的权利，作为一种基本人权，在法律体系中确定下来。"[1] 目前我国法律法规中还没有确立环境权，这不利于环境权的保护和实施，当环境权受到侵害时，无法可依。笔者认为，环境权作为一项基本人权应该从法律上对其加以确认和保障，从理论上对其加以研究，对于完善环境法体系，加强环境法制建设，建立良性循环的环境法律机制，促进循环经济和环境保护的协调、持续发展，建设资源节约型和环境友好型社会具有重要的意义。而循环经济法应该成为环境权的"护法神"或最负责的"监护人"。

一　环境权促进循环经济立法

（一）环境权是循环经济法的立足基点

西方近代以来的哲学传统，一贯坚持把价值划归为人类活动领域的一个概念，认为整个自然根本不具有价值，受这种思想的影响，工业文

---

① 金瑞林：《环境法学》，北京大学出版社 1990 年版，第 112 页。

明对自然的征服与统治达到了登峰造极的地步。在扭转、改变甚至革除这种已经形成的价值观念、正确认识与评价自然及其自然环境方面，美国哲学家罗尔斯顿作了开创性的工作，他认为自然应受到关注，人为了实现与自然的和谐，除了培养人们一种伦理理念之外，还应当实施一定的经济、法律、技术手段，因此，西德一位医生于1960年针对有人向北海倾倒放射性废物的行为向"欧洲人权委员会"提出控告，认为这是侵犯基本人权的行为，由此引发了是否要把公民环境权追加进欧洲人权清单的争论，环境权问题也开始引起国际社会的广泛关注和讨论。1970年，国际社会科学评议会在东京发表的《东京宣言》表示："我们请求，把每个人享有其健康和福利等要素不受侵害的环境的权利和当代人传给后代人的遗产应是一种富有自然美的自然资源的权利，作为一种基本人权，在法律体系中确定来。"1972年联合国在瑞典斯德哥尔摩召开的人类环境会议上通过的《人类环境宣言》把公民环境权作为一项基本人权规定下来，该宣言庄严宣示："人类有权在一种能够过着尊严的和福利的生活环境中，享有自由、平等和充足的生活条件的基本权利，并且富有保证和改善这一代和世世代代的环境的庄严责任。"由此也使得《人类环境宣言》成为人类人权历史发展的第四个里程碑。

从社会经济学的角度看，造成环境危机的基本性原因是经济活动的外部性表现（包括外部经济和外部不经济），即本人的经济行为对他人的行为产生影响（促进或者阻碍），却未构成本人的成本或收益。表现在环境问题上就是本人的经济行为必定会或者已经造成环境问题对他人或公众产生不利影响，却未将这些影响计入本人的成本或收益中。因为环境资源是社会公共财产，在社会成员的思维意识中认为社会资源可任意无偿地使用而且不计入本人的生活成本，从而造成搭顺风车的心理，即只知道为自己的经济利益而利用环境资源却不愿保护，也造成环境资源的滥用、浪费甚至退化、枯竭，这就是所谓的"公有地的悲剧"。既然外部不经济是环境问题的根源，解决这个问题的途径就是促使外部不经济内部化，即将环境成本计入理性经济人的产品成本，以利润机制刺激理性经济人保护环境资源，通过采用减少污染和节约资源的清洁生产及高效综合利用资源的技术降低环境成本，以获得市场竞争优势，达到利润的最大化。一般情况下外部不经济性的内在化有两条切实有效的路径：第一种就是依靠政府的行政权力，政府部门利用财政、税收、金融等经济杠杆进行宏观调控，以立法的形式强制外部不经济性内在化，最典型的措施就是征收环境税费。另一种途径则是经济学家科斯提出的明确产权理论，即只要明确界定环境资源的私人产权并允许自由转让（不仅包括所有权还包括各种用益权、使用权等），就能解决产权界定不清并无法流转的公有产权所带来的对环境资源的过度开发、利用，因为产权所有者必然会计算环境资源的价值和成本，并有效地使用配置环境资源。其核心思想为市场是资源的最佳配置者，使环境资源在使用过程中被循环利用，实现环境资源使用的"减量化、再使用、再循环"，以确保环境资源在使用过程中不会沦落为一次性资源，环境资源实现循环经济模式的发展，因此充分利用市场机制解决环境问题是其经济性的内在要求。

发展循环经济的目的在于通过此类手段实现资源节约型和环境友好型社会的实现，使社会向可持续发展的方向进行。循环经济立法是以"3R"原则为中心，实现循环经济的法制化，使经济发展在法律的规制下向着人们所期望的方向发展，以满足人类享有"安静、舒适的自然环境"，以实现人的环境权，所以从一般事务发展的结果上来看，环境权既是循环经济法的立足点，同时又是循环经济法立法的起点和循环经济法执法过程中的标准之一。

（二）环境权的新理念是推动循环经济立法的催化剂

1992 年 6 月在里约热内卢召开的世界环境与发展大会确立可持续发展作为人类社会发展的新战略。在新战略指导下，环境保护立法产生新理念，从单纯的防治环境污染和其他公害以保护和改善生活环境和生态环境，转变为以人为中心的"自然—经济—社会"复合系统的协调发展基础上的循环经济活动模式。2003 年胡锦涛总书记在中央人口环境资源工作座谈会上明确指出："要加快转变经济增长方式，将循环经济的发展理念贯穿到区域发展、城乡建设和产品生产中，使资源得到最有效的利用。"环境的污染和破坏，已成为威胁人类生活和发展的世界性的重大问题，引起了国际社会的普遍关注。我国正处在经济发展的高速时期，应以持续的方式使用资源，提高效益，节约能源，减少废物，改善传统的生产和消费模式，控制环境污染和改善环境质量，使经济的发展保持在环境资源的承载能力之内。可持续发展是环境法的目的价值，能够表现出立法追求的法律精神。因此，有必要用法律的方式来对现实的社会关系进行调整和保障。

二　循环经济法保障环境权的实现

循环经济法对于环境权实现的制度价值是不容否认的，循环经济法是经济发展权与环境权之间的冲突得以解决的重要制度桥梁。

尽管我们较早地把环境保护确立为基本国策，并且也制定了一系列配套的环境经济政策，但环境政策在社会运行主流形态中呈现边缘化状态，环境保护在经济活动执行过程中呈现软弱化状态，这一现状使得我们谋求平衡经济增长与资源环境压力的目标始终难以实现。这就需要设计一种新的制度构架和政策安排，把解决环境污染与促进经济增长融合起来，并将这种融合形式植入到社会主流运行形态之中，并逐步使其成为主流经济运行形态。由于循环经济内涵的多层次性和解决现实经济问题的针对性，我们完全可以把循环经济设计为这种制度构架来解决物质循环链中各利益实体的权利、义务与责任问题，利益分配问题及效率与公平问题。

设立权利的目的是使之受到保护，保护是权利的应有之义。公民环境权是随着社会文明的进步和对人的尊严及自由的日益重视，权利的种类和内容不断得以扩充和完善而进入文明体系的。[①] 有些国家公民环境权已为宪法或专门的环境法确立并得到了较好的保护，顺利地实现了从应有权利到实有权利的过渡，如波兰、南斯拉夫、智利、巴西、匈牙利等国。另一些国家，虽然并未以立法形式明确承认公民环境权，但有了关于环境权保护的司法实践，如美国和日本。[②] 我国还没有以立法方式明确承认环境权，环境权对于我国公民来说还是一种应有权利。但随着整个世界范围对环境权的承认和保护，我国法学界认为公民环境权应作为一项基本人权的呼声越来越高。而循环经济的立法对于公民环境权的保护则是至关重要的。循环经济法律可以调动国家、政府、企业和全社

---

① 吕忠梅：《再论公民环境权》，《法学研究》2000 年第 6 期。

② 同上。

会的力量实现社会资源的循环利用，防止废弃物的产生，从而成为公民良好的生活环境的制度性保障，也体现了以人为本又兼顾社会整体利益的立法要求。

本章小结

生态危机是 21 世纪人类必须解决的重大现实问题。这场危机引发了人类价值观的深刻反思和尖锐批评，这是人类在实践基础上进行的自我批评，更是人类的一次重新自我定位。这场危机也促进了一场环境价值观领域的哲学范式转变，生态整体主义就是其中最重要、最具特色、最有生命力的思想成果之一。

本章从生态整体主义的起源和发展入手，从生态整体主义视角对循环经济和循环经济法作了进一步的阐释，分析了循环经济的生态整体主义社会观和方法论，最后以生态整体主义为桥梁，阐明了环境权与循环经济法的关系：环境权促进循环经济立法，循环经济法保障环境权的实现。

第六章 循环经济法对传统法律体系的冲击

纵观人类社会的发展历程，从原始社会开始，人类的一切生产生活资源均来自大自然的恩赐。到了封建社会，人类为了满足自身发展的需要，开始将大量的废弃物排放至自然环境中，但排放规模和程度并未冲破环境自净能力的底线，因而在这一阶段，人类和自然的关系一直保持相对和谐的状态。但随着工业革命的到来，为了满足人们日益增长的物质需要，传统的手工业生产方式逐渐被大规模的机器制造所取代，人们为了追求更高的劳动生产率，为获取自身财富的增长需求，开始大规模地掠夺自然资源，在对自然资源进行疯狂开采并无限掠夺的同时，也向环境排放了大量超出环境自净能力的废弃物，使人类与环境的关系转为对立的双方，但人类在这场对立中显然处于不利地位。20 世纪以来至今的一百多年，人类已经经历了若干次大自然无情的报复，这些灾难的发生是人类咎由自取的结果，也是大自然给人类最严重的警告。为了缓解人与自然以及自然资源之间的矛盾，循环经济应运而生。自 20 世纪60 年代循环经济理念萌芽至今，循环经济理念对人类社会产生了巨大的冲击，人们开始重新审视自己的行为，反悔自身的过错，寻找最初的和谐。随着循环经济法制的不断发展和完善，也对传统的法律观念产生了一系列的影响，这些影响在很大程度上是对传统法律观念的丰富和修正。

循环经济是人类对经济发展规律进一步认识的产物，是对传统经济运行模式反思的结果，是克服传统经济发展模式弊端、实现可持续发展的必然选择。循环经济以资源的高效利用和循环利用为核心，以减量化、再利用、资源化为原则，以低消费、低排放、高效率为基本特征，是符合可持续发展理念的一种经济增长模式，它是对大量生产、大量消费、大量废弃等传统经济增长模式的变革。循环经济是运用生态学规律来指导人类社会的经济活动，其实质是以尽可能少的资源消耗和尽可能少的环境代价实现最大的发展效益，是实现末端治理向源头污染控制，从工业化以来的传统经济转向可持续发展的经济增长方式。循环经济与传统经济最本质的区别就是将传统经济"资源—产品—废弃物"的单向线性发展模式转变为"资源—产品—再生资源"的闭环型物质流动模式。循环经济是可持续发展的新经济发展模式，作为一种新的生产方式，它是生态环境成为经济增长制约要素、良好的生态环境成为一种公共财富阶段的新的技术经济范式，是建立在人类生存条件和福利平等基础上的，以全体社会成员生活福利最大化为目标的一种新的经济形态。① 其本质是对人类生产关系进行调整，其目标是追求可持续发展。

循环经济法是指国家在协调本国经济运行过程中，以可持续发展原则为先导，以实现减量化、再利用、资源化为总体目标的过程中形成的各种社会关系的法律规范的总和。② 循环经济法不仅具有规范性、强制性、适用性、稳定性、指引性等一般法律特征，同时还具有调整内容广泛性、调整主体多元性、调整手段综合性、调整目的公益性、科学技术性等自身所具有的特征。循环经济法的基本原则主要包括：第一，政府主导、企业实施、公众参与相结合的原则；第二，行政强制与经济激励相结合原则；第三，鼓励技术创新原则；第四，多层次推进原则。③ 循环经济法的运行在宏观层面上表现为以国家为中心的经济协调。在自然资源的总供给难以维系人类社会发展的大规模需求时，自然资源就成了制约经济发展的瓶颈，这就要求作为协调经济运行主体的国家综合考虑发展过程中各个环节的各个问题，从而采取最有效的措施解决这一矛盾；在中观层面上表现为企业以及社会组织相互之间在发展循环经济过程中的经济协调。因为循环经济是国家引导、政府监督、企业实施、公众参与以及各社会组织发挥自身职能多管齐下、共同运作的经济发展模

---

① 金钟范、曹俐、赵敏：《循环经济论》，上海财经大学出版社 2011 年版，第 58 页。

② 俞金香、卢凡：《试论循环经济法的概念及其调整对象》，《商场现代化》2015 年第 1 期。

③ 孙佑海、张蕾等：《中国循环经法论》，科学出版社 2008 年版，第 50—77 页。

式；在微观层面上，个人通过自身行为选择也在循环经济发展过程中具有突出的作用。

第一节　循环经济法对传统法律观念的挑战

一　对观念、法律观念的认识

（一）对观念的认识

"观念"一词源自古希腊的"永恒不变的真实存在"。它是在意识中反映、掌握外部现实并且在意识中创造对象的形式化结果，是人们对客观事物形成的在人脑中的反映，是与物质相对立的概念，因此它属于精神层面的范畴。观为方法，念乃动机。依据观念的真伪，可对其进行不同的分类：第一类，是通过感官获得的，例如日月星辰、山河大地、虫鱼鸟兽的观念；这些观念并不一定都是真的，因为我们的感官变动不居，常常有幻觉。第二类，是通过理性清楚明白地看到的，例如等量其和相等，我在思想所以有我之类；这些观念一定是真的，因为其反面是不可设想的。第三类，例如金山银岛之类，一定不正确。[①]

（二）对法律观念的认识

通常意义上所认为的法律观念是指人们对于法的本质、内涵、功能、作用、价值等方面的认知。它既包括人们对法律的零散的、偶然的、感性的认识，也包括一些系统的、必然的、理性的认识。与观念中的法律不同的是，法律观念还囊括了人们对于法律的期待，即不仅停留在单纯认识法律、使用法律的层面，更包含了对法律未来发展方向的主观心理。因此，可以将法律观念在层次上做出不同的划分，即对法和法律现象的认识与评价、情感的体验及对行为的调解过程称为浅层次的法律观念，也可作狭义上的理解，将包含了期待及理论形态演变的过程称为深层次的法律观念，作为广义上的理解。法律观念与法制观念尽管在意思上表达不同的内容，但往往被混为一谈，例如在《辞海》中将法律观念界定为：法律观念，亦称"法制观念"，是重视、遵守与自觉执

---

① ［法］笛卡尔：《谈谈正确运用自己的理性在各门学问里寻求真理的方法》，王太庆译，商务印书馆 2000 年版，第 165 页。

行法律的思想意识，与法律观点合称"法律意识"。① 显然，这种理解是有一定不足的，法制观念一词往往包含着较强的政治性，是对法律制度的认识，而法律观念侧重于强调对于法律本身以及发展过程的认识。

既然法律观念是一个既稳定又动态变化的过程，那么势必经历了从传统到现代的转变，对于法律观念的现代化，不同的学者存在着不同的认识，有的学者认为，法律观念现代化是指在社会转型的历史条件下，一个国家国民的法律心理和法律思想从传统走向现代的时代变迁过程，是一个社会法律精神的创新过程；也有学者认为，法律观念的现代化是指在一个社会的公职人员和公民意识中，应该确立以现代法制为内容的法律意识和观念，培养出尊重法律、遵守法律、执行法律、运用法律的良好意识，逐渐剔除与现代法制不相吻合的法律意识和法律价值观等。② 由此可见，对于法律观念的现代化这一概念尽管存在仁者见仁、智者见智的理解，但究其本质，还是在强调一种过程，在传统的理论基础上不断进行修正，走向现代以适应更新的社会要求的过程。

哲学理论中认为任何事物都不是孤立静止的，法制的进步必然伴随着社会的变化，是一个动态的过程，而在这种变化的过程中，必然对传统的观念产生或多或少的、不同层次的影响。这种影响是以更为科学、合理、高效的手段对人们延续千百年的习惯进行正确引导、重新定位，从而最大限度地发挥其优势，以达到通过自身的能量产生足够的正外部效应的目的。

二 传统法律观念的内涵

前文已经述及，法律观念是人们对于法的本质、内涵、功能、作用以及价值等方面的认知，那么对于法律观念内涵的把握自然离不开对法律概念、法律本质、法律价值及法律作用的界定。

（一）对传统法律概念的认识

法律概念就是对各种法律事实进行概括，抽象出其共同的特征加以描述，方便人们对各种法律事实的掌握。法律概念具有表达的功能，即

---

① 《辞海》，上海辞书出版社 1989 年版，第 237 页。
② 赵宽军：《论法律观念现代化及其实现》，《胜利油田党校学报》2010 年第 5 期。

法律概念及概念间的连接使法律得以表达，法律表达的方式大多是通过文字的形式以成文法的方式出现。同时，法律也具有认识功能，能够使人们认识理解法律，不借助于法律概念，人们无法认识法律的内容，也无法进行最基本的法律交流，更无法在此基础上进行法律实践活动，法律同时也具有提高法律合理化程度的功能，丰富的、明确的法律概念可以提高法律的明确化程度和专业性程度，使法律成为专门的工具，使法律工作成为独立的职业。[①]

（二）对传统法律本质的认识

在传统法律的认识论中，"法是统治阶级意志的体现"是马克思主义创始人关于法的阶级本质的著名论断。统治阶级是指在经济、政治、意识形态上占支配地位的阶级。首先法是意志的体现，是人们意识活动的产物。在这里，意志可以理解为为了达到某种目的而产生的自觉的心理状态和心理过程，是支配人的思想和行为并影响他人的思想和行为的精神力量。然而，意志作为一种心理状态或过程本身并不是法，只有上升为国家的意志，表现为国家机关制定的法律、法规等规范性文件才是法律；其次，法是统治阶级意志的体现。法所反映的意志是统治阶级的意志，并不是任何阶级的意志都可以上升为法律，马克思主义认为，法所代表的是统治阶级的整体利益，统治阶级的共同意志也不是统治阶级内部各个成员的意志的简单相加，而是以统治阶级共同的根本利益为基础所集合起来的一般意志。

（三）对传统法律作用的认识

法律是由国家制定或认可并由国家强制力保证实施的，反映由特定物质生活条件所决定的统治阶级（或人民）意志，以权利义务为内容，以确认、保护和发展统治阶级（或人民）所期望的社会关系和社会秩序为目的的行为规范体系。[②] 统治阶级为实现其阶级意志，必须以发挥法律的各种作用为手段实施。法律的规范作用主要表现为：第一，告示作用，即通过文字等形式公开传递统治阶级对于人们行为的看法和评价；第二，指引作用，即通过规定人们在法律上的权利和义务以及违反

---

① 张文显：《法理学》，高等教育出版社 2007 年版，第 67 页。
② 同上书，第 75 页。

法的规定应当承担的责任来指引人们的行为；① 第三，评价作用，法以其自身规定的标准评判人们的行为是合法的或非法的，判断该行为是否应该被鼓励、限制或禁止；第四，预测作用，根据法律的规定，人们可以预先知晓或估计到人们相互间将如何行为，特别是国家机关及其工作人员将如何对待人们的行为，进而根据这种预知来做出行动安排和计划；② 第五，教育作用，即采用不同的形式使法律深入人心，并对本人或其他人的行为产生影响；第六，强制作用，即通过对违法行为的制裁，使人们产生畏惧的心理从而对未来的行为产生引导。

（四）对传统法律价值的认识

法的价值集中体现在法对秩序的维护作用、法对自由的确认和保障作用、法对效率的促进作用以及法对正义的实现作用。③ 首先，秩序是指事物存在的一种有规则的关系状态。法对秩序的维护作用主要表现为：维护阶级统治秩序；维护权力运行秩序；维护经济秩序；维护正常的社会生活秩序和建立以及维护国际政治经济新秩序。其次，自由是指一种相对不受约束的状态。法对自由的确认和保障表现为：自由需要法律排除人们之间的相互强制与侵害；自由需要法律排除主体自身对法律的滥用；自由实现的条件需要法律确认和保障。再次，效率是指从一个给定的投入量中获得最大的产出，即以最少的资源消耗取得同样多的效果，或者以同样的资源消耗取得最大的效果。法对效率的促进作用表现为：通过确认和维护人权，调动生产者的积极性，促进生产力的进步；承认并保障人们的物质利益，从而鼓励人们为物质利益而奋斗；确认和保护产权关系、鼓励人们为效益的目的占有、使用或转让财产；确认、保护、创造最有效率的经济运行模式，使之更有效地推动社会生产力的快速发展；承认和保护知识产权，解放和发展科学技术；实施制度创新，减少交易费用。最后，正义也被理解为公正、公平等。法对正义的实现作用表现在：法促进和保障分配正义；法促进和保障诉讼正义；法促进和保障社会正义；法促进和保障国际正义。

---

① 张文显：《法理学》，高等教育出版社 2007 年版，第 83 页。
② 同上书，第 84 页。
③ 同上书，第 260 页。

三　循环经济法对传统法律观念的冲击的表现

法的历史与人类社会的历史基本同步，经过了漫长的发展已经形成了完备的体系和固定的模式，然而，任何事物的发展都不是一成不变的，随着经济社会的发展和科学技术水平的提高，较之过去，人类的生产生活方式以及思维、行为方式均发生了翻天覆地的变化，法律制度及其观念也必须顺应时代的要求具有更新的内涵，以便更为科学合理地调节人类社会生活的方方面面。循环经济法律观念的产生和发展是对传统法律观念的革新，循环经济法依其自身具有的品质对传统法律在概念、本质、作用、价值等方面产生着不同的影响和冲击，但此种意义上的冲击并不是对传统法律的全盘否定和排斥，而是在原有内涵的基础上增加了新的成分，使之更为丰富和多元。因此，更多地表现为一种传承和发扬，不但是在理论层面的进一步深化，并且在实践操作中也具有一定的指导意义。

（一）对传统法律本质的冲击

在循环经济法律体系下，依然遵循法律是统治阶级意志的体现这一根本性的理念，但是，特定的社会物质生活条件也会对法的本质产生不同程度的影响。社会物质生活条件指与人类生存相关的地理环境、人口和物质资料的生产方式，其中物质生活资料的生产方式具有决定性的地位。① 在物质生活资料的生产方式发生变革的情况下，必然会对法律的本质产生或多或少的影响。在遵循循环经济发展的背景下，需要对物质生活资料的生产方式及其使用过程投入更多的关注，继续保持之前的模式，依靠单纯的对物质资源的无限消耗满足人类日益增长的物质需要已经完全不能适应新时期发展的要求。既然不合时宜，就需要对其加以引导改正，使之符合发展的客观规律。在此种模式下，法律固然还是统治阶级意志的体现，但统治阶级在将自身意志上升为法律的过程中所需要考虑的因素也发生着改变或转移，不能单纯只顾本阶级或集团利益的发展，而忽略甚至践踏其他阶级或集团利益发展的需要，甚至以牺牲其他阶级或集团的利益维护自身的利益。这就需要统治阶级对自己的利益需

---

① 张文显：《法理学》，高等教育出版社 2007 年版，第 45 页。

求进行必要的调节，在合理的程度内让位于其他阶级或集团，维护社会发展的有序进行。

（二）对传统法律作用的冲击

循环经济法在法的作用方面主要表现为引导作用的发挥，这种引导不仅表现在行为方式上，更表现在思维意识中。在行为方式上，循环经济法借助于自身特有的属性，逐渐引导人们在日常生活和生产中，采用先进的科学技术手段降低对资源的消耗程度或寻求更有效的可替代资源从而减少对自然资源的依赖，或者合理地利用废弃物，对废弃物进行有效的二次利用，进而最大可能地发挥和创造其有用性。在思维意识上，循环经济理念可以逐步引导人们在生产消费领域的价值观，例如在前文中述及，循环经济的运行在微观层面上主要表现为个人在循环经济发展过程中的行为选择，也就是说个人以消费者的身份参与经济活动，其行为选择能够对宏观的经济走向产生一定的影响。以德国的绿点消费制度为例，企业在生产出的符合环境质量要求的产品包装上进行绿点标注，从而引导消费者在购买商品的过程中优先选择此类商品，反之消费者的选择倾向对产品的生产量以及市场份额也会产生积极的影响，从而形成良性循环的发展模式。

（三）对传统法律价值的冲击

民主法治、公平正义、诚实守信等与法律所追求的目标一致的理念都被视为法律价值体系中不可缺少的部分，循环经济法的发展必须首先遵循传统的法的价值理念，例如秩序、自由、效率、正义等，其次才能依据自身所具有的功能，对产生的价值赋予新的内涵，以公平为例，公平虽然也是传统法律价值中的核心内容，但与传统法的价值中的公平相比较，这里所涉及的公平表现在代内公平和代际公平两个方面。公平正义乃是社会主义法治最基本的价值取向。

在循环经济法的大背景下，上述各种价值都被赋予新的含义，其外延也更为广泛，所体现的内容更为深入和全面。首先，与人类生活存在密切相关的秩序分为自然秩序和社会秩序两种，传统法律只调整社会秩序，即人与人之间的交互行为，对于自然秩序只强调人类的生产生活方式要在遵循自然规律的前提下进行，甚至在一定的历史时期，认为人类就是大自然的主宰，可以随意改变自然规律以及自然秩序。循环经济法作为新型的法律，体现了法律对于自然秩序的关注，体现了法律对于人与自然之间关系的积极调整，是对人类生活全面性调整的法律表现。其次，循环经济法理念下的自由不再是绝对的毫无任何约束的自由，而是以相对约束为前提下的自由最大限度地发挥，自由与约束之间的界限逐渐融合，不再是完全对立的概念，具体到循环经济的运行环节可以表现为人类不能继续单纯为了发展自身的、眼前的经济利益而不顾整体的、长远的社会利益。自由的发挥是为了充分发挥人的主观能动性，最大化地创造价值，但在新时期，依靠这种自由的发挥所产生的价值需要的成本过高，就有必要对其加以限制。再次，在传统法律模式下，法律对效率的保障着重体现为成本的最小化和收益的最大化，所有量化的最终目标都是物质利益的实现，而所有的利益核心点都是人，在循环经济法律制度的框架下，所追求的不再单纯只是经济效率，同时需要关注环境效益的实现，经济效益和环境效益成为同等并列且相辅相成的共同体。最后，循环经济法律制度在强调传统法律所实现的正义作用之外，也关注环境正义的实现，将正义的范围扩大到自然领域，在关注人类正义实现的同时，也关注对其他物种正义的实现。

　　循环经济法对公平这一法的传统价值所赋予的内涵最为突出。传统意义上理解的公平仅仅限于处于同一历史时期的人们之间所享有的公平，只有在同时代的人与人之间实现了公平，法的公平价值也就得到了体现。然而在循环经济法所关注的领域，首次对处于不同历史时期的人们之间的公平也给予关注，即代际公平的实现。代际公平主要是指当代人应当为后代人的利益保存符合其发展需要的自然资源，不能只为了满足本代人的利益需求而不顾后代人满足其利益的需要，在对自然资源和环境的福利享有上，后代人与当代人享有同样的权利。

第二节　循环经济法对传统法律制度的挑战

一　对制度、法律制度的认识

（一）对制度的认识

　　制度，也被称为建制，属于社会科学的范畴，是以执行力作为保障，在一定的历史条件下，在政治、经济以及文化等方面形成的体系，一般指要求公众共同遵守的办事规程或行动准则。不同的行业领域存在各自不同的制度，因此，制度往往带有价值判断的内涵，从而规范和影响制度内人们的行为，制度一经制定颁布，就在某一特定领域产生普遍约束力，也是所有行动的准则和依据。制度具有指导性和约束性的特点，即制度对操作者进行某项活动的方式方法具有指导和提示的作用，同时也能够明确规定操作者不得作为的事项以及处罚措施；制度还具有规范性和程序性的特点，制度对实现工作程序的规范化，岗位责任的法规化，管理方法的科学化，起着重大作用。制度的制定必须以有关政策、法律、法令为依据。制度本身要有程序性，为人们的工作和活动提供可供遵循的依据；同时，制度还具有鞭策性和激励性的特点。

（二）对法律制度的认识

法律制度是指一个国家或地区的所有法律原则和规则的总称，是用法律规范来调整各种社会关系所形成的各种制度。一种良好的法律制度有着三方面的要素：第一，法律的权威。法律只有具有权威性才有被遵守和执行的可能性，一部不具备权威性的法律，即便内容再详细、体系再完备也犹如一纸空文。第二，良好的执行者。良好的执行者是保证法律得以有效贯彻和实施的根本性因素，法律只有得到有效的执行才能发挥其应有的作用，体现其应有的价值。第三，简单易行的诉讼程序。诉讼程序的简单易行能在很大程度上节约国家和公民个人的诉讼成本，使法律的普及面更为广阔。

我国现行的法律制度可以分为实体法律制度和程序法律制度两类。实体法律制度包括刑事法律制度、民事法律制度、行政法律制度、经济法律制度等，程序法律制度包括刑事诉讼法律制度、民事诉讼法律制度、行政诉讼法律制度等。

二　我国传统法律制度的基本特征

（一）受中国传统法律思想和西方法律制度的共同影响

我国传统法律思想起源较早，经过长时间的发展形成了具有自身独特价值属性的法律体系，对现阶段我国法律制度的建设和完善起着举足轻重的作用，社会生活条件的历史延续性决定了对我国传统法律制度继承的可能性，法律作为人类文明成果的共同性决定了对我国传统法律制度继承的必要性。因此，有必要对我国传统法律制度中的精华部分加以传承，包括传统法律技术、法律原则、法律规范等方方面面的内容。

在构建社会主义和谐社会的进程中，需要进一步完善法律制度，以便更好地服务于经济社会的发展。随着经济社会全球化的发展，我国传统法律制度逐渐受到西方法律制度的影响，正如 K. M. 诺尔认为："法律和法律制度是人类观念形态，正如其他观念一样，不能够被禁锢在国界之内，它们被移植和传播，或者按照接受者的观点来说，它们被引进和接受。"综合各方面因素考量，移植国外先进法律制度对我国法律制度的完善是有利的。首先，社会发展的不平衡性导致各个国家在法律制度发展的过程中会出现不平衡的现象，较为落后的国家为了赶上发达国家的发展脚步有必要移植先进国家的法律制度，以保障和促进本国社会的发展。其次，市场经济的客观规律和根本特征也决定了一个国家在构建自己的法律制度过程中有必要吸收和采纳别的国家的先进法律制度，尽管在不同的社会制度下，社会经济的发展会表现出自身所具有的特殊方面，但其本质的运行规律以及价值追求都是一致的。最后，对法律制度的移植是法制现代化的必然要求，在当今世界中，法律制度之间的差异不仅仅表现在方法和技术上，同样也体现在法的时代精神和价值理念上，因此，处于落后发展阶段的法律制度有必要吸收和借鉴先进的法律制度。

综上所述，我国传统法律制度有继承中国传统法律制度内涵的必要，也有吸收和接纳外国先进法律思想的必要，在过去的发展历程中，为了保证法律的质量，我国法律制度受到了中国传统法律思想和西方法律制度的共同影响。

（二）缺乏必要的自主性

受我国特殊国情的影响，传统的法律制度对行政的依附性较强，无论是法律的制定还是执行都或多或少地具有行政因素，所有的法律机构以及法律人的任何活动都受不同程度的行政因素的影响，这就不可避免地降低了法律以及法律制度的自主性，甚至在一定程度上也影响着我国的司法独立。因此，在完善法律制度的过程中首先需要逐步剔除行政因素对法律以及法律制度的过多影响和干扰，降低法律制度运行过程中的行政参与程度，这是建立和健全我国法律制度的先决性条件；其次，需要培养更具有法律职业素养的法律人，使法律制度能操作在更具有专业素养的法律人手中。

三 循环经济对传统法律制度的冲击的表现

法律制度的产生和运行需要具有稳定性才能保证其权威性，但这并不代表法律制度一经确认产生便是不可改变的，如果这种改变建立在进一步完善其本身的基础上，那就有必要对其加以改变，以便更好地适应发展的需要。循环经济法律制度的产生就是对传统法律制度的进一步完善，不只是为传统法律制度注入了新鲜的血液，同样也对传统法律制度本身所具有的价值进行了完善。主要表现在以下两个方面：

（一）对实体法律制度的冲击

我国传统实体法律制度主要包括民事法律制度，刑事法律制度、行政法律制度、经济法律制度等。本书认为，循环经济法律制度应当属于经济法律制度的范畴，并与经济法领域内的宏观调控法律制度和市场监管法律制度处于平行并列的地位。因为循环经济法和经济法在法律关系的主体、内容和客体方面都在一定程度上产生耦合，同时，它们都共同关注经济与环境同时发展的问题。① 因此，作为经济法律制度分支的循环经济法律制度的产生和发展丰富与扩充了经济法律制度的内涵，同时也是对我国现行实体法律制度的完善。

但是，循环经济法律制度具有自身特有的价值属性，传统的经济法价值属性并不能完全满足循环经济法的价值属性的要求，这就要求在经济法律制度的框架下为循环经济法律制度的发展和运行留有足够的空间以确保其平稳有序地发展，这是循环经济法律制度对传统的实体法律制度冲击的最集中表现。与传统经济法律制度单纯追求经济效率不同，在循环经济法律制度领域，在确保经济效率增长的同时，需要对环境效益投入对等的关注，以保障经济效益和环境效益共同发展。因此，循环经济法律制度对传统法律制度的贡献在于扩充了其内容，使其更为丰富和多元。由此可以得出循环经济法律制度是经济法律制度的子系统，经济法律制度又是实体法律制度的子系统这一结论。

（二）对程序法律制度的冲击

程序法律制度也被称为诉讼法律制度，诉讼法律制度是国家制定

---

① 俞金香、卢凡：《论循环经济法的部门法属性》，《法制与社会》2015 年第 3 期。

的，司法机关、当事人和其他诉讼参与人参加诉讼活动所必须遵守的法律制度。程序法律制度与实体法律制度一样，具有各自的功能和价值，互不从属，程序法律制度为实体法律制度的实现而存在，程序法律制度与实体法律制度相辅相成，共同构成公平正义的整体内容。

程序法律制度保障法律关系主体的权利义务的实现，传统的程序法律制度所保障的主体是参与诉讼的双方当事人，将主体的范围仅限于人的范畴，与传统法律制度不同，在循环经济法律制度领域，首次将人以外的其他物种扩充到法律所保护的范畴内，也就是说，除了保障人类自身权利的实现之外，循环经济法律制度也关注自然界其他物种甚至自然界本身权利的实现，这就在一定程度上扩大了实体法律制度中的权利主体范围，循环经济法律制度也为传统的程序法律制度增加了新的内容。

从另外一个层面来看，既然循环经济法律制度要求将自然界中的其他物种的权利同样纳入法律的视野中予以保护，这就需要对现有的制度进行必要的调整，主体范围的扩大必然需要投入更多的关注，而这种关注需要成本的支出作为支撑，因此，单从经济因素考虑，这势必增加法律运行的成本，而这部分成本的增加只能由人类承担，并不能由自然界中的其他物种来承担。而现行法律还没有对此类情况的具体规定，这就需要在今后的法律制度设计中，增加对这一因素的考虑，使循环经济法律制度的理念落到实处。

第三节　循环经济法对传统法律程序的挑战

一　对程序、法律程序的认识

（一）对程序的认识

程序，可以简单地理解为事情进行的先后次序，例如工作程序。程序整合和串联所有细节工具，能够使某项工作按照符合科学规律的先后顺序依次进行，从而达到预期的目标。程序也可以理解为一种管理方式，是能够发挥出协调高效作用的工具，程序的存在在于保障实体的有效运行，而实体的存在能够为程序的进行提供必要的保障，因此，程序与实体是相辅相成的两组概念。

（二）对法律程序的认识

程序从法学的角度来看，主要体现为按照一定的顺序、方式和步骤来做出法律决定的过程。通常所说的法律程序包括选举、立法、审判、行政等几种主要类型，其中最主要、最典型的就是审判程序。[①] 因此，法律程序是指人们遵守法定的时限和时序，并按照法定的方式和关系进行法律活动的行为。首先，法律程序具有法律上的意义，与实体法律规范一样具有规范性、概括性、稳定性和强制性等特点。其次，法律程序针对的是旨在形成法律决定的相互行为。再次，法律程序具有形式性和相对独立性，程序的形式表现为其本身的时空特点、言行特点、仪式特点和器物特点等方面。[②] 最后，法律程序可以进行价值填充，法律程序都包含着一定的价值取向，因此，才有正当程序和非正当程序之分。[③]

二 传统法律程序的内涵

法律程序存在的主要价值在于保障实体法律所规定的权利义务得以实现，法律程序对于法律行为的调整方式可以概括为：第一，分工。以诉讼为例，程序法律规范了在诉讼过程中不同主体的行为，例如法官行使审判权，公诉人代表国家行使公诉权，辩护人依法行使辩护权等，程序法律制度能够保证各方主体各司其职，使诉讼活动有条不紊地进行。第二，抑制。程序法律规范保障程序的合理进行，因此对于程序进行的时间、地点以及参加的主体和方式都有明确的规定，能够克服和防止法律行为的随意性。第三，导向。程序法律规范能够引导主体的行为依照一定的指向和标准在时间上延续、空间上展开，法律程序能够为人们个别而具体的行为提供统一标准的模式，以克服行为的个别化和非规范化。第四，缓解。程序法律规范能够为解决冲突提供一种最为有效的解决机制，缓解当事人的紧张情绪。第五，感染。程序法律制度的仪式性、象征性和由其带来的神圣感会感染人的心态和情绪，使主体产生心理上的无意识服从。[④]

---

① 季卫东：《法律程序的意义》，《中国社会科学》1993 年第 1 期。

② 孙笑侠：《程序的法理》，商务印书馆 2005 年版，第 37—40 页。

③ 张文显：《法理学》，高等教育出版社 2007 年版，第 135 页。

④ 同上书，第 136 页。

三 循环经济对传统法律程序冲击的表现

循环经济法的出现不仅对传统的实体法律体系造成冲击，同样也影响着程序法律制度的发展，主要表现为：

（一）在解决争议、保护受侵犯权利方面

程序法存在的最为主要的目的就是保障实体法所规定的权利义务的实现，程序法律通过对法律行为的时间、空间要素的强制性或者确定性安排，能够克服和防止法律主体行为的随意性和随机性。只有通过法律程序的时空限制、主体的角色分配和内容的相对集中来创造一个相对独立的决策"隔音空间"，才能使行为主体和有关当事人的意见分歧、主观恣意得以压缩，使法律资源有效利用，使争论更加集中、明确，使论证更加均衡、完善，使行为更为有效地实现其目的。[①]

在现实生活中人与人，包括人与其他物种之间都会产生利益的纠纷，从而引发诉讼，这就需要程序法解决争议、保护受侵犯的权利。在传统的法律程序中，程序法所解决的争议主要存在于人与人之间，所保护的受到侵犯的权利也仅仅表现为人的权利。在循环经济法律制度调整的范围内，自然界本身和自然界的其他物种和人类一样，共同受到法律的保护，都享有同等的权利。因此，在这一点上，循环经济法对传统的法律程序提出更高的要求，也就是说，传统法律程序只解决人与人之间的争议，只保护人的权利受到侵犯的情形，而循环经济法要求法律程序同时解决人与其他物种之间的争议，其他物种的权利受到侵犯，依然属于法律程序保护的范畴。

与此同时，循环经济法律制度的特殊要求也导致诉讼过程中法律成本增加。既然要维护不同物种的权益，必然需要进行多方面的考证，为不同物种的权利保护设计符合其自身生存发展空间的制度作为保障，一旦产生此种争议之后，也需要投入更多的人力、物力、财力对其加以调节和解决。

（二）在保证法律的全面实施方面

正当的法律程序是约束公共权利的重要机制，按照对传统程序法的

---

① 齐建辉：《正当法律程序价值理论的反思和重构》，《甘肃政法学院学报》2011 年第 6 期。

理解，其运行就是通过主持诉讼活动，协调利益的冲突，保障诉讼双方的合法权益，同时能够最大限度地吸收公众的意见，最终所要达成的目的是形成最终判决或决策的公正合理。

在传统程序法律的实施方面，法律制度的运行为协调纠纷解决、保证当事人合法权利等方面做出了突出的贡献，也在一定程度上能够保障法律的全面正确实施。循环经济法的产生要求在程序的运行上更为科学合理，在更大范围和更深层次上保护更广泛主体的权利，也使法律的实施更为全面合理以及进一步维护正当程序。

本章小结

循环经济自20世纪90年代引入我国之后，国家层面对其给予了高度的关注，尽管其在我国的发展历程还比较短暂，但已经初具规模，在实践蓬勃发展的同时，理论成果也颇为丰硕。循环经济法对传统法律体系的冲击表现在传统法律观念、法律制度以及法律程序三个方面。

首先，对传统法律观念的变革主要包含对传统法律概念、本质、作用、价值等方面产生的冲击，第一，在对利益的保护方面，传统的法律只保护人类的权利，而忽略了其他物种的权利，循环经济法律要求在法律保护的主体范围内，加入对其他物种权利的保护，维护物种之间的公平正义。第二，不能只单纯追求经济利益的增长而忽略环境利益的发展，在循环经济法律制度的视野下，环境利益与经济利益同等重要，都在人类社会发展过程中发挥着举足轻重的作用，在经济利益和环境利益发生冲突的情况下，需要通过法律的手段对其进行引导，防止因为利益的冲突产生更为不利的后果。第三，发展不能只顾眼前利益而忽略长远利益，要遵循可持续发展的理念，既要满足当代人的发展要求，也不能损害后代人的发展利益，同时在发展的过程中，也要对人类以外的其他物种给予更多的关注。

其次，对法律制度的变革主要表现在对传统实体法律制度和传统程序法律制度两个方面。循环经济法律制度对传统实体法律制度的变革表现在，应当将循环经济法律制度纳入经济法律制度的范畴，循环经济法律制度与传统经济法律制度中的宏观调控法和市场监管法处于并列的地位，这同时也要求对经济法的价值做出调整，以便接纳循环经济法价值的进入。循环经济法律制度的产生使经济法律制度所包含的内容更为丰富，同时也扩充了实体法律制度的内容。循环经济法律制度对传统程序法律制度的变革表现在：扩大了实体法律制度中的权利主体范围，循环经济法律制度首次关注包括自然环境在内的除了人类自身以外其他物种的权利的实现，而对于其他物种权利的实现所需要的成本投入在现有的法律制度中并未涉及，这就需要在今后法律的修订中对此方面予以关注。因此，可以看出，循环经济法律制度的产生使传统实体法律制度和程序法律制度同时得到丰富和深化。

　　最后，对传统法律程序的变革主要包含解决争议、保护受侵犯权利和保证法律的全面实施两个方面。第一，循环经济法要求程序法在其运行过程中不仅解决人与人之间的争议，保护人的权利不受非法侵犯，同样协调人与其他物种的争议，保护自然界中其他物种的权益不受侵犯；第二，在保障法律全面实施方面，循环经济法要求在程序的运行上更为科学合理，在更大范围和更深层次上保护更广泛主体的权利，也使法律的实施更为全面合理以及进一步维护正当程序。

第七章　促进循环经济发展的法制变革

——以环境权的实现为立场

循环经济法作为一种新的法律，对传统的法律在价值理念、制度设计、内容安排、发展方向以及最终目标等方面都产生着强烈的冲击，在为传统法律注入新的内涵的同时，也引发了一系列的变革，本章试图以环境法、经济法、科技法以及教育法的基本内涵作为切入点，联系循环经济法制在实践发展中对上述法律所产生的影响，从而论述其对上述法律在调整对象、基本原则、制度设计以及体系等方面产生的变革。

第一节　环境法制的变革

环境法是伴随环境问题的产生而产生的。虽然在古代社会，已经有部分法律规范零散记载了有关环境法制思想的内容，但真正的环境法诞生于现代社会，因为环境问题集中出现在工业革命之后，因此，环境法属于新兴的法学学科。自工业革命以后，工业技术得到空前规模的发展，在为人类生产生活带来便利的同时，也给环境和自然资源造成了极大的压力，面对此种现象，有必要通过法律的手段及时调节人们的行为方式，环境法也由此应运而生。从目前各国已经颁布的环境法内容来看，环境法的体系大致包括：环境保护的基本法、防治污染和其他公害法、自然环境和自然资源保护法。

一　环境法的基本内涵

（一）环境法的概念

环境法是指以保护和改善环境、预防和治理人为环境侵害为目的，调整人类环境利用关系的法律规范的总称。① 通过这一定义可以得出：环境法的目的是保护和改善人类赖以生存的环境，预防和治理人为环境侵害；环境法的调整对象是人类在从事环境利用行为过程中所形成的环境利用关系；环境法的范畴既包含直接确立环境利用行为准则的法律规范，也包括其他法律部门中有关环境保护的法律规范。

（二）环境法的特征

环境法除了具有强制性、规范性等一般法的基本特征之外，还具有其他法律所不具有的特征，包括：第一，环境法律规范具有较强的科技性。这是环境法不同于其他部门法的最基本的特征，环境法律规则需要利用科技手段预测和调整人类利用环境行为所产生的人与人、人与自然之间的各种后果，包括有利的和有害的，并直接以自然规律确立行为模式和法律后果模式。第二，环境法在法律方法运用上具有较强的综合性。由于环境问题产生的复杂性，所涉及的主体与传统法律相比最为广泛，同时环境后果又与人类自身的关系最为密切等因素的共同作用，导致环境法律在方法的运用上需要以多种法律方法、从多个领域和多个层面上共同作用，对环境利用关系加以整合。首先，从环境法的体系上看，环境法不仅包括环境保护单项法律和环境侵害救济的特别法律，还包括有关环境法的规范制度；其次，从环境法的内容上看，环境法既包含实体法的内容，同时也包含程序法的内容，既有国家的法律规范，也有地方的法律法规；最后，从环境法的实施上看，环境法既有司法方法，也有行政方法，并且政策、经济、技术和宣传教育等手段在环境法的适用上也有突出的作用。第三，环境法所保护的法益具有共同性。因为生态和环境系统具有整体性，一个国家或地区的行为所引发的环境不利后果可能发生在其他国家和地区，因此，对于环境整体利益不可以分割开来加以区别对待，环境法所体现的社会和公共职能也在于确认和调整人类既得利益的同时，更多地保护全人类的共同利益和整体的生态利益，以实现人类社会的可持续发展目标。

（三）环境法的基本原则

环境法的基本原则是指环境法在创制和施行的过程中所必须遵循的

---

① 汪劲：《环境法学》（第二版），北京大学出版社 2011 年版，第 56 页。

具有约束力的基础性原则和根本性准则。环境法的基本原则既是环境法基本理念在环境法上的具体体现，也是环境法的本质、技术原理与国家环境政策在环境法上的具体体现。环境法的基本原则包括：第一，预防原则，是指对开发和利用环境行为所产生的环境质量下降或者环境破坏等应当事先采取预测、分析和防范措施，以避免、消除由此可能带来的环境损害。预防原则包含两层含义：一是通过人类已经掌握的知识和经验，对开发和利用环境行为可能带来的环境危害后果采取事先的预防措施，从而最大可能地避免环境问题的产生；二是对于人类现在无法掌握的不确定因素，在现有的技术条件下，尽最大可能地分析和防范，其目的同样是避免环境不利后果的产生。第二，协调发展原则，是指为了实现社会、经济的可持续发展，必须在各类发展决策中将环境、经济、社会三方面的共同发展协调一致，而不至于顾此失彼。协调发展原则的实质是以生态和经济理念为基础，要求对发展所涉及的各项利益都应当均衡地加以考虑，以衡平与人类发展相关的经济、社会和环境这三大利益之间的关系。协调发展原则也就是将环境保护纳入经济、社会发展的计划与决策之中。第三，受益者负担原则，即只要从环境或资源的开发、利用过程中获得实际利益者，都应当就环境与自然资源价值的减少付出应有的补偿费用，而不局限于开发者和污染者。在实践中最为直接的做法就是实行排污收费制度。第四，公众参与原则，是指公众有权通过一定的程序或途径参与一切与公众环境权益相关的开发决策等活动，并有权得到相应的法律保护和救济，以防止决策的盲目性，促使开发决策符合广大公众的切身利益和需要。参与公众决策的范围可以是公民个人、各类社会团体、各行业的专业人士以及其他组织。第五，协同合作原则，是指以可持续发展为目标，在国家内部各部门之间、在国际社会之间重新审视既得利益和环境利益的冲突，实行广泛的技术、资金和信息交流与援助，联合处理环境问题。[①]

（四）环境法的基本制度

制度的作用是保障程序的规范化、制度化，具有规范性、约束性和程序性的特点。环境法的基本制度既可以保障环境法的基本原则得到有

---

① 汪劲：《环境法学》（第二版），北京大学出版社 2011 年版，第 189 页。

效的贯彻落实，也是保障环境法目标实现的方式和手段。环境法的基本制度主要有：

1. 环境标准制度。标准是用来判断技术与成果好与不好的根据，也是衡量事物的准则。标准本身应当是合乎准则的，可以作为同类或者异类事物进行比较的参照物。环境标准是指为了保护人群健康、保护社会财富和维护生态平衡，就环境质量以及污染物的排放、环境监测方法以及其他需要的事项，按照法律规定程序制定的各种技术指标与规范的总称。环境标准主要包括环境质量标准和污染物排放标准两大类。环境质量标准主要的目的是从数量和质量上限制环境中的有害物质，从而达到保护人群健康、保护社会财富和维护生态平衡的终极目标。污染物排放标准是为了实现环境质量标准，结合技术经济条件和环境特点，限制排入环境中的污染物或对环境造成危害的其他因素的制度。可见环境排放标准与污染物排放标准相辅相成，其最终目标都是一致的。

2. 环境与自然保护规划制度。规划是指为某一目标的实现制订长远的发展计划，包含对未来整体性、长期性、基本性问题的思考。环境与自然保护规划制度是指由国民经济和社会发展五年规划的环境保护篇章、全国主体功能区规划、国家各类生态建设和保护规划、专项环境保护规划等共同组成的以保护环境与资源为目的的规划统一体。该制度是对环境与自然资源的保护从宏观上的把握。环境与自然保护规划制度理论上属于行政行为，是针对一定目标确立的多阶段、分时期的行政过程。

3. 环境影响评价制度。该制度在我国始于20世纪70年代，是指对规划和建设项目实施后可能造成的环境影响在事先进行分析、预测和评估，提出预防或者减轻不良环境影响的对策和措施，进行跟踪监测的方法与制度。该制度要求决策者在做出可能带来环境影响的意思决定之前，事先对环境的现状进行调查，做出科学合理的方案，并就各种方案的可行性进行综合对比，最终选择最适合环境质量要求的决定。环境影响评价制度是在环境领域贯彻预防优先原则的体现，环境影响评价制度具有科学技术性、前瞻预测性和内容的综合性等特点。根据我国《环境影响评价法》的规定，环境影响评价首先必须做到客观、公开、公正，还要综合考虑规划或者建设项目实施后对各种环境因素及其所构成的生态系统可能造成的影响，最终为决策提供科学的依据。在环境影响评价制度的实施过程中可以引进公众参与原则，充分听取各方意见，最终形成科学有效的决策。

4. "三同时"制度。"三同时"制度是我国首创的制度，也是我国最早出台的一项环境管理制度，最早出现于 1973 年的《关于保护和改善环境的若干规定（试行草案）》中，是在总结我国环境管理实践经验的过程中，为我国法律所确认的一项重要的控制新污染的制度。其主要含义是指建设项目中防治污染的措施，必须与主体工程同时设计、同时施工、同时投产使用。该制度与环境影响评价制度一样，是防止新污染和破坏的两大法宝，也是预防原则具体化、制度化的体现。

5. 环境费制度。环境费是指国家或者其他公法人、团体以治理污染和改善环境为目的，依法向环境利用行为人收取的与其行为相对应的金钱。包括征收排污费制度和自然保护费制度两大类。征收排污费制度是直接对向环境排放污染物的排污者，按照环境保护部门统一规定的标准，按照排放物的种类和数量征收一定费用的制度，自然保护费制度是向开发、利用自然资源或自然环境的主体，同样按照环境保护部门的统一征收标准，按照其对自然资源与环境的利用程度，征收一定费用的制度。环境费与环境税以及生态补偿资金都是为了治理污染和保护环境，其不同之处在于：环境税的征收范围较为广泛，既涉及排污行为，也涉及能源以及资源的利用行为，而生态补偿资金的来源较为分散，补偿金的管理机关与支付标准不统一。

6. 恢复、治理与补救制度。该制度是指针对环境利用行为造成的环境污染或者自然破坏，对行为人采取的以恢复环境与自然的原状为中心的制度。任何环境利用行为都可能会对环境和资源造成破坏，这种破坏已经完全不能单独依靠环境的自净能力加以化解，需要人为因素的参与，由环境利用行为的主体对环境和自然的破坏进行恢复、治理和补救，符合法律所倡导的公平性原则，也是受益者负担原则在环境法具体制度中的体现。环境法上的恢复、治理和补救制度所保护的法益应为公众的环境权益与自然资源的公益权，此外，还包括维护国家对社会公共事务的管理秩序。就环境利用的主体而言，环境法上的恢复、治理和补救既是一种义务，也是一种责任。

二 循环经济法引发的环境法制变革

(一) 在环境法的基本特征方面

环境法的基本特征是以环境法作为法所具有的一般法的属性以及其自身所具有的独特属性为参照提炼出的，环境法与循环经济法的基本特征有其共通的特点。正因为如此，理论上一直认为循环经济法属于环境法的分支①，但仔细研究两者在本质上仍然有所区别，不能简单地认为循环经济法就是环境法的分支，它们仍然属于不同的法律部门。但循环经济法在实践中的发展与环境法有着千丝万缕的联系，因此，两部法律的交叉融合也不可避免，从而也引发环境法的基本特征在一定程度上产生变革。

1. 制度性与技术性相结合的特征

环境法具有较强的技术性，首先，环境问题的产生以及所形成的后果往往通过表象不易被察觉；其次，因为其损害后果的隐蔽性，在部分情况下一种行为所产生的后果不能立即表现出来，但经过时间的推移会逐渐展现，因此，环境法律规则需要利用科学技术的手段预测和调整人类环境利用行为所导致的人与人、人与自然之间的各种后果。而循环经济法对实践的要求性较强，如果其基本理念及制度在实践中难以发挥作用，则循环经济法也失去了存在的价值，单纯依靠技术手段只能在已经产生环境危害结果之后对其进行补救，而不能在源头上对其进行预防，这有悖于环境法的事先预防原则的贯彻，也不能达到环境法和循环经济法预期的效果，这就需要制度的保障，在制度设计之初，就将一切可能发生的后果都考虑在内，在时间运行中，使制度性的内容和技术性的手段能够紧密结合、共同作用。

值得注意的问题是，在这一环节内，如何确保制度的设计和技术的手段不产生冲突。众所周知，制度安排可以促进技术的发展，也会因为设计的不合理而影响或阻碍技术的发展，这就需要确保制度的合理性和科学性，也需要技术手段的成熟和完善。在这种情况下，法律能够为制度和技术的发展提供正确的轨道，使循环经济法律制度的创新推动技术的进步，同样使技术手段的进步引导制度设计得更为完善。这是循环经

---

① 关于循环经济法的部门法属性问题，前文已经有所涉及。

济法对环境法在基本特征上产生变革的最为主要的方面。

2. 系统的共生性和法益的共同性的联系

首先，以不同的主体作为标准进行分类，法益可以分为国家的、社会的以及个人的三个方面。在环境法和循环经济法的大视野下，这三类法益以及彼此之间的关系都是需要加以保护和协调的，映射到实践中，生态和环境系统具有整体性，国家的、社会的和个人的种种利益都处于统一整体之间，其根源都是一致的，一旦一方受损必定牵一发而动全身，环境法所体现的社会和公共职能在确认和调整人类既得利益的同时，更多地保护全人类的共同利益和整体的生态利益，以实现人类社会的可持续发展目标。这与循环经济法的指导思想——可持续发展理论不谋而合，实现人类社会的可持续发展是循环经济法律制度所追求的最终目标。既然环境法和循环经济法在实践操作中具有紧密而不可分割的联系性，那么循环经济法已经提出了这样的要求，为了维持经济、社会和环境发展的连续性，环境法也就需要做出同步的回应。

其次，循环经济法所遵循的 3R 原则——减量化（Reduce）、再利用（Reuse）、资源化（Recycle）也是建立在系统共生的基本前提之下的，只有在系统共生的背景下，才能确保其实现环境系统的整体共生目标，因此，在实践中需要环境法和循环经济法之间形成良好的衔接和合作，才能保证彼此所调整的社会关系不发生紊乱，整体的社会关系才能协调发展。需要注意的是，在整体协调的大框架下，同时需要衡平微观层面上的个别利益，在强调发展的整体性的同时，也不能忽略其稳定性，这是循环经济法使得环境法在基本特征上产生变革的另一方面。

（二）在环境法的基本原则方面

新修订后的《环境保护法》明确宣示了环境保护应当坚持的基本原则有保护优先、预防为主、综合治理、公众参与、损害担责。环境法的基本原则既是环境法基本理念在环境法上的具体体现，也是环境法的本质、技术原理与国家环境政策在环境法上的具体反映。[①] 仔细推敲环境法的基本原则，与循环经济法预防优先、循环利用、合理处置以及适

---

① 杨群芳：《论环境法的基本原则之环境优先原则》，《中国海洋大学学报》2009 年第 2 期。

当分责的基本原则作对比，两者有着极大的一致性，但在具体内涵上并不完全重合。

1. 在预防优先原则方面

环境法上的预防优先原则提出了运用目前已经掌握的知识和经验，避免利用环境行为可能造成的损害，或基于现有的科学知识对可能发生的环境风险进行评价，从而达到避免风险发生的目的。这与循环经济法所强调的预防优先原则基本一致，都注重对可能产生的风险可以防范和避免，但其最大的不同就是循环经济法所倡导的预防优先原则是将可能发生的危害后果控制在未来，并通过具体的制度设计和规划将这一危害的损害结果控制在最小的范围内。这是与它们不同的内在价值有关联的，在环境法领域，单纯追求环境效益的实现，因此，一旦意识到即将或者可能发生危害环境的因素出现，立即人为地将其消灭，即便不发展经济，也不能损害环境的利益，但这在实践中往往不具备发展的空间。在循环经济法的预防优先原则理念中，预防是为了避免损害后果的发生，而不是为了切断发展的必要和可能，更不是单纯为了预防而预防，如果仅仅是这样，为了保护环境利益而放弃经济发展的可能和机会，难免有失偏颇，存在因噎废食的嫌疑。

2. 在受益者负担原则方面

环境法的受益者负担原则与循环经济法的适当分责原则一致，简单地讲，都是要求从环境和资源中尝到甜头的利益主体为环境质量和资源储备量的下降买单。从责任主体的角度看，循环经济法的受益者负担责任主体更为广泛，环境法中规定的责任主体是从环境或者资源的开发、利用过程中获得实际利益者，而循环经济法中的利益主体包括参与循环经济法实施的所有主体，政府、企业（包括生产企业、包装企业、销售企业等）、经营者、公众都是承担责任的主体。依照惯性思维，环境法中的开发、利用获益者主要集中于政府和企业之间，因为公民个人很少或基本不可能直接从事资源的开发活动，依靠个人力量也不可能单独向环境排放大量的废弃物，这些行为一般都是企业或政府所为，因此，环境法上的责任主体将公民个人排除在外。而循环经济法认为，公民个人虽然不是直接的开发、利用资源和环境的受益者，其行为虽然也没有直接针对资源和环境，但其所享有的一切物质福利也均来自自然资源，也是受益的主体之一，同样需要在成本上有所负担。并且，公民个人以消费者的形式参与市场经济的运行，具有广泛性，其行为选择也具有一定的导向性。从上述两个方面来看，有必要将公民个人同样纳入到受益者的责任主体之中，同样，这一结论可以证实，循环经济法的基本原则对环境法的基本原则在本质上产生了冲击。

（三）在环境法的价值理念方面

环境法的价值理念通常与生态文明有紧密的联系，因为，环境法能够保障和促进生态文明的建设，反之，生态文明中的节约资源、控制污染和保护环境也是环境法所追求的最终目标，两者表现出共同性的特点。生态文明是人类在生态危机的时代背景下，在反思现代工业文明模式所造成的人与自然对立的矛盾基础上，以生态学规律为基础，以生态价值观为指导，从物质、制度和精神观念三个层面进行改善，以达成人与自然和谐发展，是实现人类社会与自然和谐发展的新文明。① 生态文明的建设需要法律作为保障，包括正义、秩序、效率等在内的环境法的价值追求都符合生态文明建设的基本要求，都是以维护人类和自然的和谐关系为目的，这也就使得生态文明在一定程度上具有了生态正义、生态秩序和生态效率的品质。循环经济法的价值理念同样追求正义、秩序和效率的实现，但又与之存在区别，具体表现为：

1. 在正义方面

法具有正义的导向功能，正义是所有法律追求的核心价值，正义不能实现，法也失去了存在的必要，因此，正义也是环境法所有价值追求中的核心价值。环境法追求的正义是环境正义的实现，环境法的正义诉求是多面的正义，环境正义所包含的内容涵盖了代际主体之间的正义，即同一历史时期内的本代人和其他历史时期中的不同代人之间的正义，这是环境法对正义这一价值所赋予的与其他法律相比较的新的内涵。在循环经济法的视角中，不但关注代际正义的实现，同样关注物种之间正义的实现。循环经济法的正义诉求是全面的正义实现。环境法只调整从事环境利用行为过程中所形成，只发生在人与环境、自然资源之间的环

---

① 严耕：《生态危机与生态文明转向研究》，博士学位论文，北京林业大学，2008 年，第 96 页。

境利用关系，而忽略了生存于自然界中的其他物种同样也有对正义的渴求。综上所述，除环境法之外的其他法律所追求的正义只发生在人与人之间，甚至仅限于当代人之间，环境法对正义的价值追求不仅包含同代人之间，也包含代际正义的实现，而循环经济法再一次扩大了正义的内涵，即在环境法正义价值追求的基础上，更进一步追求自然界中其他物种正义的实现，对于正义这一法的核心价值，循环经济法对其赋予了更新的内涵。

2. 在秩序方面

秩序作为法的价值体系中不可或缺的因素，与其他价值共同构成法的价值体系。秩序是正义最直观的体现，没有秩序的存在，法的运行就不会顺利进行，其他价值的实现也会产生障碍。环境法追求的价值可以理解为生态秩序——人与自然和谐相处的生态秩序，表现为人类利益与生态利益的协调、一致和有序。循环经济法所强调的秩序是生态秩序和经济秩序的并重，不能为了维护经济秩序而忽略生态秩序，也不能为了只顾生态秩序而忽略经济秩序的重要性，在循环经济法的秩序价值领域内，生态秩序和经济秩序同等重要。

3. 在效率方面

效率也是法的另一个重要的价值追求，效率是验证其他的法的价值实现的标准。在环境法领域，法的效率表现为环境和生态安全的实现，可以简单地理解为安全就是效率，在人类开发、利用环境以及资源的同时，需要技术手段的广泛应用，能够保障开发、利用环节的环境安全，同样也要保证在后续使用环节的环境和生态安全。循环经济法追求的效率在涵盖资源、环境和生态安全的同时，也追求其有用性的发挥，在确保安全的前提下，需要最大程度发挥其潜能和有用性，资源不仅包括新开采利用的资源，也包括已经被废弃的物质，所以，循环经济法将再利用和资源化作为发展循环经济法的手段，同时也是目标。

综上所述，循环经济法的产生对环境法的价值同样产生了不同程度的变革，主要表现在正义、秩序和效率三个方面。循环经济法的价值追求在很大程度上囊括了环境法的所有价值理念，同时还具有环境法的价值理念所不具备的属性。这也进一步证实循环经济法并非环境法的分支这一论断。

（四）在环境法的制度设计方面

循环经济法的系统共生特征要求在制定循环经济法律制度的过程中也要考虑到制度的整体联系性。单个制度在循环经济法制运行中也能产生相对应的效率，但各个制度协调运行、相互补充能够使效率得到最大程度的发挥。以环境法中的环境标准制度和环境费制度为例，循环经济法在发展过程中对其提出了更高的要求。

1. 环境标准制度

前文已经述及，环境标准制度可以分为环境质量标准和污染物排放标准两个方面。环境质量标准主要是为了从数量和质量上限制环境中有害物质，从而达到保护人群健康、保护社会财富和维护生态平衡的终极目标。污染物排放标准是为了实现环境质量标准，结合技术经济条件和环境特点，限制排入环境中的污染物或对环境造成危害的其他因素的制度，这与循环经济法中的环保审核制度相近，环保审核制度要求环境保护部门对企业的排污设施以及生产所使用的相关配套设备是否符合环境标准制度的要求进行评估，只有符合环境标准才能被核准登记，允许其进行相关的生产经营活动，这是实践中环境法的环境标准制度和循环经济法的环保审核标准的结合。环境标准制度提出了具体的要求，环保审核制度为完成其要求作出了具体的行为，从而保障了环境标准制度的执行效率，从这一点上看，循环经济法的制度在实践中更具有操作性，两者是相互补充的关系，这是其共通性的表现。

在另外一个层面上，两者又有不同之处，也可以认为环境审核制度对环境标准制度进行了改进。环境法对环境中有害物质以及对环境造成的负面影响进行了必要的约束，是对最终结果的要求，只是事先预设了这样的标准。而环境审核制度则贯穿于企业从事生产经营活动的始终，在企业进入市场之初就对其环境保护措施进行审核，提高了企业进入市场的门槛，但同时也保证了企业进入市场之后的经营秩序，同时，对于已经核准登记的企业，如果在其经营活动的过程中一旦出现不符合环境标准要求的行为，也能随时予以矫正，甚至取消经营资格，这与环境标准制度相比更具有灵活性。

2. 环境费制度

环境费制度是与循环经济法的生产者责任延伸制度联系最为紧密

的制度。环境法要求的受益者负担与循环经济法倡导的"污染者付费、利用者补偿、开发者保护、破坏者恢复"如出一辙，都是要求从环境中获得利益的主体对环境质量的下降付费，共同强调环境和资源的有偿使用，使企业甚至个人对环境保护的外部效益内部化。不同点主要表现在：首先，环境费制度中的付费主体比生产者延伸制度中的主体范围外延小。生产者责任延伸制度是由污染者付费法律制度演化而来的，具体到实践中，生产者责任延伸制度中的责任主体不仅限于生产者，同时也包括产品的运输者、各级经营者、消费者，甚至还包括服务的提供者，因此，这一制度也被称为以生产者为主的责任延伸制度。其次，在责任的分配问题上，生产者责任延伸制度根据生产者、经营者、服务提供者、消费者的不同属性及其在对环境利用所占的比重不同，划分了不同的责任承担方式及标准。相比较之下，环境费制度与生产者责任延伸制度虽然存在着一定的联系，但也存在较大的区别，显然生产者延伸制度深化了环境费制度的内涵。

第二节　经济法制的变革

对于经济法产生的时间和历史背景，理论界有不同的观点。有人认为经济法产生于古代社会，其产生的标志是国家制定或认可了大量调整经济管理关系的法律规范，而这些法律规范散见于其他法律之中，也有人认为经济法产生于资本主义的垄断阶段，具体标志为"经济法"这一概念的提出和使用以及随后大量有关经济的具体法律制度的出现。但学界普遍认为，经济法作为一门独立的学科产生于第一次世界大战之后的 20 世纪 20 年代，最初产生于德国、日本以及苏联等国家。在我国，随着改革开放之后的经济法制建设的加强，经济法的相关立法和研究工作也逐渐展开，经过随后 30 多年的发展，已经形成了体系完备、内容丰富、制度健全的经济法律制度。

一　经济法的基本内涵

（一）经济法的概念

经济法的定义应当准确把握其内涵，即经济法所反映的事物的本质属性。对经济法定义的准确理解，是研究其他一切与经济法有关的内容的基础。经济法的定义可以概括为，调整国家在协调本国经济运行过程中发生的经济关系的法律规范的总称。通过上述定义可以看出：首先，经济法属于法的范畴。同其他部门法一样，都是由法律规范所组成的，都具有自己特定的调整对象。其次，经济法属于国内法的体系。因为它调整的是国家在协调本国经济运行过程中所发生的经济关系。最后，经济法与其他部门法的区别在于它所调整的社会关系只对应单纯的经济关系。

（二）经济法的调整对象

关于经济法的调整对象，在理论界也存在较大的争议，甚至有部分学者认为经济法不具有自身特有的调整对象，持这种观点的学者大多也不认为经济法具有独立的法律地位。事实证明，这种理解显然是有偏差的。首先，经济法的调整对象是与其他部门法存在区别的，它调整的是不同主体之间的经济关系，经济法是调整特定经济关系即物质利益关系的，其目的在于为各类经济主体之间的物质利益分配提供法律保障。其次，经济法的调整对象也是有范围的，它与其他部门法的调整对象并不是交叉重叠的。根据经济法的概念可以得出经济法的调整对象是特定的经济关系，并且这种经济关系是在国家协调本国经济运行的过程中发生的，而不是发生在其他领域。在我国，经济法所调整的特定经济关系主要是指宏观调控关系和市场监管关系。宏观调控关系是指国家为了实现经济总量的基本平衡，促进经济结构的优化，推动经济社会的协调发展，对国民经济总体活动进行调节和控制过程中所发生的关系，而市场监管关系是在国家进行市场监督管理过程中发生的经济关系。

（三）经济法的地位

经济法的地位，是指经济法在法的体系中所处的位置。[①] 凡是调整特定社会关系的全部现行法律规范，就能组成一个独立的法的部门，每一个独立的法的部门，必须有自己特定的调整对象，没有特定的调整对象，也就不能成为一个独立的法的部门。因此，以是否具有特定的调整对象作为判断一部法律是否具有独立的地位作为唯一的标准，具有自己

---

① 杨紫烜：《经济法》（第 3 版），北京大学出版社 2008 年版，第 37 页。

独特调整对象的经济法，自然具有独立的法律地位。

（四）经济法的基本原则

经济法的基本原则，是指贯穿于各种经济法律规范之中，在国家协调本国经济运行过程中必须遵循的根本准则。经济法作为具有独立地位的法的部门，其基本原则首先必须与法的基本原则相一致，其次，必须是符合经济运行规律，符合国家协调本国经济运行需要的原则。关于经济法原则的认识，不同的学者也有不同的认识，总结起来，不外乎两点。第一，经济法主体利益协调原则。这里所讲的经济法主体包括各类主体，所说的利益协调不同于利益平衡；第二，国家协调本国经济运行法定原则。主要包括：（1）经济法主体法定。即经济法所承认的主体必须是按照法定的条件和程序取得经济法主体资格的主体；（2）经济法主体行为法定。即协调主体的职权、职责以及行使职权和履行职责的程序法定，协调受体的权利与义务法定；（3）经济法主体行为的后果法定。这种后果包括有利的后果也包括不利的后果。在国家协调本国经济运行的过程中贯彻经济法的基本原则有助于加强经济法的创制和实施，维护经济法制的统一，也有助于推动经济法制的破旧立新，完善经济法制。

（五）经济法的理念

对于理念的解释有两种，一种是看法、思想、思维活动的结果，第二种是观念，也被理解为信念。有时也指表象或客观事物在人脑中留下的概括形象。法律理念可以宏观地理解为正义的实现，具体到经济法领域，是指人们关于经济法的宗旨及其实现途径的基本观念。经济法的理念包括经济法的宗旨和经济法宗旨的实现途径。经济法的宗旨是指贯穿于经济法律之中，人们创制和实施经济法所追求的目标，经济法宗旨的主要内容是：维护市场经济秩序，防止和消除经济运行中的总量失衡和结构失调，优化资源配置，保障国家经济安全，推动经济发展和社会进步，以实现经济法主体利益的协调发展。经济法宗旨的实现途径是指贯穿于经济法之中，实现经济法宗旨的路径和方法，经济法宗旨实现的途径是，将经济法协调主体的市场监管行为、宏观调控行为和经济法协调受体的经济活动纳入经济法制轨道，以实现对本国经济运行依法进行国家协调。因此，可以将经济法理念的基本内容总结为：对本国经济运行依法进行国家协调，实现经济法主体利益的协调发展。

二 循环经济法引发的经济法制变革

（一）在经济法的调整对象方面

经济法的调整对象是国家在协调本国经济运行过程中所发生的经济关系。传统经济法对经济关系的理解就是所有以金钱为内容的关系，无论采取怎样的协调手段，通过怎样的方式进行引导，最终都是要为经济效益和经济质量负责的，所以需要在经济运行的过程中使各种资源和关系相互配套适宜，发挥优势作用，服务经济增长。传统经济法中的经济关系分为宏观调控关系和市场监管关系两方面，宏观调控关系具有调整对象、调整目的、调整方式上的宏观性，是国家对国民经济总体活动进行调节和控制的行为。从对象上看，宏观调控关系的调整对象是宏观经济的运行；从目的上看，是为了完成经济总量均衡、产业结构优化、就业充分以及国际收支平衡的目的；从方式上看，包括财政调控、金融调控、税收调控、价格调控以及制定产业投资计划等多种方式。市场监管关系就是国家在进行市场监督管理的过程中所发生的经济关系，市场监管最终要保证在市场运行过程中实现法的公平、效率和秩序等价值。

循环经济法的调整对象是协调在循环经济领域所发生的各种关系。与经济法一样都关注经济领域的问题，都同样追求经济的效益和质量，循环经济法与经济法的调整对象在本质内容上是一脉相承的。循环经济法的调整对象可以分为宏观、中观和微观三个层面。宏观上，循环经济法的调整对象应当包括所有的循环经济关系，具体表现为以国家为中心的经济协调关系；在中观上，循环经济法应调整纵向、横向和内部循环经济关系，表现为企业以及社会组织相互之间在发展循环经济过程中的经济和利益协调关系；在微观上，循环经济只调整国家的循环经济管理关系，可以具体到消费者个人层面。通过上述论述能够得出，在大的框架下，循环经济法与经济法的调整对象是一致的，但在局部上也存在差异，主要表现为循环经济法的调整对象对经济法的调整对象有所变革。

1. 丰富了经济法调整对象的内容

传统经济法调整的范围仅限于在经济运行过程中的经济利益关系，尽管在协调这种利益关系的过程中会产生对于自然及其自然资源的配置问题，但更多追求经济效益的实现，也就是说，对资源的配置方式和目标是为了追求经济效益的提高。而循环经济法要求将对环境资源的重视程度上升到与经济效益同等重要的地位，实现环境质量和经济质量的同步发展，在范围上扩大了经济法调整对象的内容，也使经济法调整对象的内容更为丰富。

2. 深化了经济法调整对象的内涵

从目的层面上看，经济法通过宏观调控和市场监管的最终的目的都是维护市场经济的平稳有序发展，追求经济效益的全面实现。经济法所追求的最终目标是狭义上的循环经济法的目标，即循环经济法在追求经济效益实现的同时，也关注环境效益的实现，因此，在其制度框架内，设计出更多保障环境效益的制度，而这些制度同样对经济效益的实现具有促进作用。

（二）在经济法的体系方面

通过分析调整对象所产生的变革，我们已经清楚地了解到循环经济法与经济法在本质上具有同一性，而循环经济法对经济法产生的最深远的影响也表现在对经济法体系的影响上。本书一直认为，应当将循环经济法纳入到经济法的体系之中，使其处于与宏观调控法和市场监管法并列的地位。循环经济法作为经济法的分支，使经济法的体系、内容及制度更为完善，也是循环经济法对经济法所造成的变革的最重要的体现。

1. 从法律规范调整的社会关系的角度看

传统经济法所调整的社会关系可以分为两个方面：一是调整主体与调整受体之间的管理与被管理关系；二是调整受体之间的权利义务关系。同理，循环经济法所调整的社会关系也可以分为两个层面：一是从事循环经济管理活动的部门与其他主体在发展循环经济时产生的社会关系，二是各类主体在发展循环经济过程中产生的彼此之间的关系，都表现为管理者与被管理者以及被管理者之间的关系。

2. 从法律规范调整方式的角度看

法律的调整方式是多种多样的，具体包括鼓励、限制、惩罚和禁止四种。经济法体系中的责任承担方式包括财产性的责任和非财产性的责任，财产性责任的承担方式主要表现为以罚款为主的经济惩罚方式，非财产性的责任包括在名誉以及资格方面进行惩罚。以《循环经济促进法》作为基本法的循环经济法律也在责任的承担形式上采用了与经济法同样的方式，例如对使用列入淘汰名录的材料、工艺、设备和技术的行为，《循环经济促进法》所采用的最基本的处罚方式就是罚款，在情节严重的时候可以责令关停。

3. 从法律规范调整的目的角度看

循环经济法和经济法在价值理念的追求上也是一致的，都追求公平、秩序和效率的实现，只不过循环经济法对传统经济法所追求的价值目标赋予了新的内涵，使其表现形式上更为丰富，但同样也对具体制度的运行提高了要求。

通过上述三个角度的研究，能够证明循环经济法与经济法在本质上是一致的，能够彼此融合，因此，将循环经济法放置于大的经济法体系范围内是科学合理的，这也是循环经济法对经济法体系内容最大的变革。

（三）在经济法的基本原则方面

传统经济法的基本原则包括主体利益协调原则和国家协调本国经济运行法定原则，首先是指国家在协调本国经济运行的过程必须在法律的框架下进行，不能偏离法律的轨道随心所欲地进行；其次，在市场经济运行中会有不同的主体对于不同的利益产生不同的需求，这必然会导致矛盾的产生，因此，需要国家通过必要的手段对这种矛盾进行化解。同样，在循环经济法领域也要求对于循环经济的运行采用政府主导、企业实施和公众参与的原则。

1. 在政府的主导方面。政府主导循环经济运行就是国家协调本国经济运行的体现，而且通过政府的介入可以整合不同渠道的信息，同时降低各种交易的费用。但是新的经济学认为，政府能够成为主导经济增长的关键，也能够成为导致经济衰退的根源，区别就在于政府主导经济运行过程中是否脱离了法律的调节以及所采用的手段是否正当，符合经济发展的内在规律和本质要求。从这一点上可以看出，政府对循环经济的促进作用也是有限的，超过了界限则会产生消极的影响。在循环经济领域，政府主导强调政府在发展循环经济过程中的法定职责，政府作为循环经济的规划制定者和实施监督者，具有义不容辞的责任。但与传统经济法的政府主导相比较，政府首先应当以自身的行动作典范，自身采用节约资源、减少污染的行为引导企业和公众的行为，其中最典型的表现就是政府的绿色采购行为。这是循环经济法影响经济法基本原则一个方面的表现。

2. 在企业的实施方面，企业作为市场经济最重要的主体参与市场经济运行，是以经济人的身份参与的，这也就意味着其具有逐利性，为了追求利益，在对成本和受益进行对比的情况下，就会出现不理性的行为，比如采用对环境质量影响较大的原材料，采用淘汰落后但廉价的生产工艺等方式降低成本，这是与循环经济法的利益基础相背离的，虽然取得了眼前的利益，但从长远角度来看，并没有得到最大的好处。循环经济法强调的企业实施原则不是盲目地追求经济总量的增长，也不鼓励企业为了发展经济而损坏环境利益，但同时也不能只顾环境利益而让企业亏本。循环经济法在对经济发展进行引导的过程中，有必要为企业留有足够的利益空间，并建立完善的利益保障机制。这是循环经济法影响经济法基本原则的另一个方面的表现。

（四）在经济法的理念方面

传统经济法的理念是对本国经济运行依法进行国家协调，实现经济法主体利益的协调发展。发展，就需要以各种资源的输入作为保障，协调发展，就是要协调资源在发展过程中各部门之间的配置。在协调资源配置这一环节中，经济法所调配的资源包括了各种各样的资源形式，自然资源、资金、技术都成为被调配的对象，而在循环经济法具体制度中涉及的资源仅仅包括自然环境和自然资源，因此，也就对自然环境和资源投入了更多关注的目光。在传统经济法领域，既要考虑各方主体的利益需求，还要兼顾对各种资源的调配问题，难免会出现不公平，或者顾此失彼的情况。与循环经济法对经济法在其他方面产生的变革相比较，在理念变革方面，循环经济法的理念范围不是扩大而是缩小了其范围，仅仅关注自然环境和资源的调配问题，使之与大的国民经济运行相配套适宜。这种看似缩小的局面并没有背离经济法理念发展的轨道，而是使其更为细致。

另一方面，在现代法治社会的背景下，以人为本是各个法律部门的普遍理念，经济法同样如此，经济法领域的以人为本就是在经济运行过程中，从头到尾都是以满足人的利益需求为主，经济法所贯彻的也是经济民生，而循环经济法是对全社会整体利益的维护，这里的全社会不仅仅包括人，还包括自然界中的其他生物及非生物，这些物种的利益同样需要被保护。

循环经济法对传统经济法在理念上产生冲击的另一个表现是人们思维方式发生的改变，对于传统经济法，人们首先想到的就是以金钱为中心的经济发展，是为了满足人类物质的需求，只要在符合经济运行规律的前提下 GDP 增长了，经济法的价值也就实现了。但循环经济法将绿色 GDP 引入人们的视线内，绿色 GDP 就是指用以衡量各国扣除自然资源损失后，新创造的真实国民财富的总量核算指标，也就是从现行的 GDP 中，扣除由于环境污染、自然资源退化、教育低下、人口数量失控、管理不善等因素引起的经济损失成本，从而得出真实的国民财富总量。这是循环经济在人们思维意识领域引起的最大变革。

综上所述，相对于传统经济法而言，循环经济法在调整对象、体系、基本原则和理念方面都对经济法产生变革。以上论述仅限于在理论研究的层面进行论述，具体到实践中，这种变革所表现的形式和内容更为丰富。

第三节　科技法制的变革

科技法的产生必然伴随着科学和技术的产生而产生，科技法的发展经历了古代科技法、现代科技法和当代科技法三个历史时期。在古希腊时期，西方的古代科学技术就已经达到鼎盛时期，古希腊文明也成为西方文明的发源地。在中国，古代科技法的最高峰时期是漫长的中国封建时代，但是，在古代社会，囿于生产力水平低下的制约，人们对科技所产生的巨大作用意识不够，满足于自给自足的封建经济，因此，还不可能形成完整而全面的科技立法。现代科技法主要指十七世纪至第二次世界大战结束时期的科技法，自十七世纪到第二次世界大战结束期间，科技取得了突飞猛进的发展，尤其是在此期间爆发的技术革命，更是加速了科学技术的迅猛发展，也由此推进了科技立法的进程。当代的科技法主要是指自第二次世界大战以来的科技法，这一时期的科技法与古代科技法和现代科技法相比较，具有科学技术社会化、社会的科学技术化、科学活动领域的社会关系逐渐复杂、技术立法成为各国立法的重点、科技法成为独立的法律部门等特点。[①]

一　科技法的基本内涵

(一) 科技法的概念

科技法是调整在科技活动中形成的各种社会关系的法律规范的总称。其中，科技活动包括科学活动、技术活动和科学技术结合的活动。一般认为，科技法是法律体系中一个相对独立的综合法律部门。所谓在科技活动中形成的各种社会关系，是指在科技管理、科学技术研究、科技成果转让等过程中形成的各种关系，包括科技管理机关之间、科技管理机关与科技研究机构之间、科技研究机构内部管理等关系。

(二) 科技法的调整对象

法是调整社会关系的社会现象，其存在是建立在存在社会关系并且具有调整需求的基础上，学界普遍认为调整对象是部门法研究的核心问题，只有具有独立的调整对象，才具备部门法的资格。因此，确定科技法的调整对象有利于准确地界定科技法的概念。

关于科技法的调整对象，理论界存在不同的观点，主要包括：第一，科技社会关系说。即科技法所调整的范围，既包括国家发展科学技术的体制、计划和管理，也包括法人、公民的科学研究和技术开发活动，还包括科学技术与经济、社会、文化、教育等方面的复杂关系。[②]第二，人与自然关系说。科技法是一个以开拓先进生产力和合理开发、利用自然为目的的、规范人们在实施科技研究开发及其成果产业化过程中的行为及其法律后果，调整相关的多种社会关系以及具有社会意义的人与自然的关系，即社会与自然关系的特殊部门法。[③] 第三，三层关系说。即科技法调整的三层关系分别是有阶级性的社会关系、不具有鲜明阶级性的一般社会关系、人与自然之间的关系。这三层关系同时为科技

---

①　何礼果：《论科技法的产生及发展》，《西南科技大学学报》2005 年第 1 期。

②　段瑞春：《科技立法与软科学研究》，《中国法制报》1986 年 8 月 26 日第 3 版。

③　曹昌祯：《科技法在法律体系中定位问题的在思考》，《法治论丛》2006 年第 1 期。

法所调整是历史的必然。① 第四，知识产权说，这种观点认为科技法的调整对象与知识产权法的调整对象在本质上是一致的。第五，阶级关系论。持此种观点的学者认为，科技法所调整的社会关系就是统治阶级同其他社会阶层的阶级性社会关系。通过对上述观点的总结概括，可以将科技法的调整对象理解为国家和各种科技组织对科学技术活动进行促进、引导和监督所形成的社会关系。②

（三）科技法的本质特征

科技法与其他法律规范一样，都是由国家制定或认可，并以国家强制力保障实施的法律规范。因此，科技法具有和其他法律一样的强制性、规范性、广泛性和稳定性。除此之外，科技法还具有一般法律所不具有的特殊性，主要表现在：第一，科技法是多层次的法律规范结合体。在科技活动中形成的各种社会关系，包括科技管理、科技研究、科技转让等过程中形成的各种社会关系，科技管理机关之间、科技研究机构之间、科技机构与企事业单位之间、科技研究机构内部形成的关系，科技系统运行中的上下级之间、权利与义务之间、市场与计划之间的关系，是一个多层次的法律规范结合体；第二，国家科技方针政策的规范化。科技法具体明确地规定了人们在科技活动中，可以、必须、应当、禁止的各种行为，从而为科技活动提供了一种模式、标准和方向。第三，强烈的号召力和导向性。第四，法律调整中的专家参与。这是由科技法的知识性和技术性较强的特点所决定的。第五，独特的调整内容。首先，传统的部门法难以调整人与自然之间的关系，而科技法所调整的社会规范在很大程度上都涉及人与自然之间的关系。其次，科技法也调整无形财产及智力劳动成果所有权关系。最后，科技法的调整范围还包括因为科技活动而对环境、生态和资源造成损害的社会关系。③

（四）科技法的定位

关于科技法的定位问题，理论界也存在着不同的意见，主要有七种观点：行政法一部分说；经济法分支说；综合性法律部门说；领域法

---

① 吴越：《文明社会的双重属性与科技法调整的三层关系》，《科技与法律》1993 年第 2 期。

② 谭启平、朱涛：《科技法的调整对象重述》，《科技与法律》2011 年第 2 期。

③ 贺晓霞：《科技法的本质特征及运行探析》，《山东大学学报》2000 年第 5 期。

说；综合性法律部门说；宪法性法律说和独立法律部门说。① 本书认为，在科技法体系中，科技政策法占有较大的比重，在科技政策中，载明了国家的科技政策导向和发展所采用的方式以及最终要达到的目标，科技法更应当属于政策法的范畴，而科技法律政策大多数都是为经济建设服务，科技政策具有较强的经济指向，因此，科技法应当属于经济政策法的范畴。

（五）科技法的任务

调整科技活动是科技法的首要任务。首先，尊重和维护科研人员的自主、自由、自立原则，是世界各国科技法共同遵守的法治原则。其次，宽容失败并免责原则，是世界各国科技法共同遵守的又一法治原则。因为任何科研人员都无法掌握最为全面的知识和经验，人类的认知永远具有局限性，因此而导致的科研失败以及损失都不应当由进行此项科学技术研究的操作人员承担相应的责任，这样也是对科研人员创造积极性的鼓励。再次，政府私权谦让和监督相结合的原则。尽管大多数科研活动是在政府出资或资助下才能产生有价值的成果，这也并不代表政府可以垄断所有的技术成果，以免影响到长期的实际效果，反而不利于科学技术的发展。最后，国家介入科技活动的路径是目标指引和契约连接。在现代社会，国家介入科技活动一般选择柔性路径，即根据特定时期内的特定国情，确定国家的科技发展目标，以保障国家战略目标的实现。②

（六）科技法的价值目标

科技法的价值目标可以概括为：促进科技进步、防止技术误用和惩治科技滥用三个方面。③ 首先，推动科学技术发展的主要力量，不是技术自身的演进，而是有利于创新的制度安排。因此，科技法能够为科学技术的进步提供制度上的保障，促使其在正确的轨道上进行有序的发展；其次，技术的快速发展能够为人类的生产生活带来个各方面的便利，但不加以节制地发展有可能导致违背自然规律和伦理道德的后果，有必要将技术发展的速度和方向放置于法律的监督下进行；最后，在人

---

① 曹昌祯：《科技法在法律体系中定位问题的在思考》，《法治论丛》2006 年第 1 期。

② 王艳林：《论科技法的任务》，《河南省政法管理干部学院学报》2011 年第 2 期。

③ 张宇润、王学忠：《科技法的定位和价值目标》，《南京大学法律评论》2006 年秋季号。

类的伦理水平和技术水准产生矛盾的时候，就不能继续放任技术的无限制发展和技术手段的无限制利用，一旦有危害后果的行为产生或者已经造成不良的后果，就有必要采取适当的法律手段对其加以约束和惩治，以保障人类正常的生产生活秩序。

科技法价值目标的实现有赖于经济激励机制以及法律惩戒机制的共同运行加以保障。首先，为鼓励技术工作者的工作积极性和促进先进成果的产生以及对先进技术成果进行表彰，建立行之有效的经济激励机制是大有必要的，包括条件保障机制和成果奖励机制两个方面。其次，也有必要在现有的民事、刑事、行政制裁机制中对滥用科学技术手段造成危害行为和后果的情形进行惩处，以保障科学技术发展的正确性。

（七）科技法的功能

任何法律的存在，都具有一定的功能，否则也就没有其存在的价值和必要，科技法的功能，是指科技法能够或者应当发挥的作用。我国科技法的目的是促进科技发展和科研成果的合理使用，进而促进经济和社会的发展，增强综合国力，提高人民物质文化生活水平。我国科技法的目的也是其社会功能的出发点和归宿，是其内在根据。我国科技法的社会功能主要可以概括为四个方面：第一，保障和促进科学技术进步。主要做法是：确立科学发展在现代化建设中的优先地位以及科技发展的基本战略和目标，保障和促进科技体制改革，确认科技组织和科技人员的法律地位、权利和义务，建立科技决策的法律程序。第二，保障和促进科技成果的合理使用和推广。主要做法是：保障和促进科技成果的应用和推广，确认科技成果推广和使用过程中发生的合理的社会关系，从制度上预防和消除科技成果的消极后果，保障科技成果的推广和应用符合国家和社会的利益。第三，保障和促进国际科技交流与协作。主要做法是：保障和促进科技的对外开放，鼓励技术引进以及对引进技术的消化、吸收和创新，保障和促进技术的出口，保障和促进我国参与的国际科技交流与协作项目顺利完成。第四，协调人与自然的关系。科技法通过调整人们改造自然的科技活动及其相互结成的社会关系，对于促进人与自然的关系有着特殊的功用。[①]

---

① 罗玉中：《论科技法的社会功能》，《法学评论》1991 年第 2 期。

二　循环经济法引发的科技法制变革

（一）在科技法的基本原则方面

1. 可持续发展原则的确立

循环经济法对科技法在基本原则方面最大的变革就是确立了可持续发展的科技立法原则。[①] 科技可以促进人与自然的和谐发展，同时也具有更新人们道德观念，提高道德水准的作用。传统的科技法在立法过程中所遵循的原则包括法制、民主和科学的原则，这是所有法律的制定必须要遵守的原则，但每一部法律都具有自身特有的属性，因此，需要在这些基本原则的基础上添加新的内容。传统的科技立法包括科技法律制度的构建只追求对科技的进步而忽略了科技伦理价值，或单纯追求科技经济效益的产生而忽视了科技的生态效益，因此，传统的科技法大都缺少人文的关怀。循环经济法在科技法的立法理念里导入了可持续发展的思想，是对过去传统科技法唯生产力是图的矫正，并且在科技价值中添加了生态因素，使科技法显得更具有人文情调。

但从科技本身的角度来看，科学技术应该是走在生产力发展最前沿、对生产行为具有指导意义的工具，科技的进步也为经济的发展做出了突出的贡献。科技法律是生产力发展的必然产物，在传统以人类为中心的思想影响下，科技法的经济至上性十分明显。在新的时代背景下，依然需要科技对生产力发挥更为重要的作用。然而伴随发展需求的改变和公众需求的转变，传统科技和科技法的价值目标已经不能满足这些需要，这就对科技法的价值转变提出了新的要求，将循环经济法的理念引入科技立法的理念恰好解决了这一难题，将可持续发展的原则作为今后科技立法的总的原则和指导思想具有理论的可行性和现实的必要性。可持续发展是对人类面临的一系列重大经济、社会和生态环境问题有了清醒的认识之后所提出的新的发展方式，并在全世界的范围得到了认可，达成了共识。对于科技法自身而言，循环经济法的基本原理和科技法原理在立法中相结合，也是为了促进科技法更好地发展。无论是作为发展

---

① 杨建国：《论我国科技法制定中的偏差与矫正》，《华中科技大学学报》2010 年第 1 期。

的战略还是发展模式，或者是最终所要达到的目标，都能够同时满足人的、社会的、经济的、环境的、法制的发展需要。也是对现行科技法中所缺失的人文关怀的补充，使科技法不再显得冰冷和僵硬。同时，在科技法中加入可持续发展的思想，也有助于生态技术的推广。

值得欣慰的是，在我国现行《科学技术进步法》中已经明确规定：国家依靠科学技术进步，推动经济建设和社会发展，控制人口增长，提高人口素质，合理开发和利用资源，防御自然灾害，保护生活环境和生态环境。这是循环经济法理念和可持续发展原则在科技法领域得以贯彻的标志，也是循环经济法对科技法在立法基本原则上的改革。

2. 公众参与原则的确立

科技具有较强的专业性，能够掌握科技并在实践中操作科技的人并不多，这也为科技戴上了神秘的面纱，也使科技法与人们的日常生活产生了较大的距离。党的十七大报告提出：要增强决策的透明度和公众的参与度，在法律的制定方面，要加强与群众利益的密切联系，充分听取各方面的意见和建议，扩大公民对立法工作的参与。但是，现实中公众参与立法工作有一定难度，这主要是由公众的法律意识普遍淡薄和法律水平有限所决定的，但也与信息不畅，公众难以掌握必要的信息有关，因此，有必要在相关领域和环节加强信息的披露制度，保障公民能够参与到立法的环节之中，以实现国家和公众之间的沟通，以及公众参与和社会舆论的监督。在具体的科技立法中，不应单单是传统的精英参与，将公众的意愿和需求拒之门外。这需要对科技法的立法理念进行转变，使公众有进入科技立法工作的可能，产生集思广益的效果，使制定出的法律更为科学、合理，能更好地为经济建设和环境建设服务。结合我国的现实国情，贯彻公众参与的形式可以是民主讨论会、听证会、调查座谈会等多种形式。

传统科技法的立法宗旨是激励科技的发明和应用，最大限度地提高科技的技术和经济效益，显然忽略了对环境效益的考虑。这与科技法立法一直以来单纯以科技工作者和法律工作者为主有直接的关系，单从科技和法律的角度出发，使科技法律制度缺少了对环境因素的考虑，也使得科技法的关注点一直停留在技术效益和经济效益的框架内。但环境对科技也有强烈的需求，可以说科技能够贯彻于循环经济运行的始终，无论是事先的预防、事中的监管还是事后的补救，都需要技术力量作为指导，以便更好地发挥作用。而传统科技法中将对环境因素的考量排除在外，显然不利于发展的需要，无论对于科技法自身而言，还是对于循环经济法而言都造成了障碍。因此，传统的立法思想已经不能适应新时期发展的需要，公众参与原则就是适时做出的调整，使法律在制定程序上更为科学合理。公众参与原则在科技法立法中贯彻，能够保证环境专家参与到科技法的立法环节中，也有助于在科技法制中增加对环境因素。通过这种形式制定出的科技法律，就不再只是单纯要求经济效益和技术效益的提高，而能实现经济效益、技术效益和环境效益的并举。从大的方面讲，公众参与立法的过程也是发扬人民民主的过程，在保证立法民主和科学的前提下，对于加强和改善法律的质量也具有积极的意义。

（二）在科技法的本质特征方面

传统的科技法在本质特征上表现为前文已经述及的多层次的法律规范的结合体、科技方针政策的规范化、强烈的号召力和导向性、法律调整中的专家参与和独特的调整内容这五个方面，但根据发展的需要，传统科技法需要做出适当的调整以适应新的时代背景，为了更好地将循环经济的理念在科技法中得以展现，科技法的本质也要有所改变，但这种改变是在不改变科技法本质特征的前提条件下，为其特征增加新的内涵：首先，在政府主导方面。科技发展以及科学技术的推广都是在政府的主导下实施的，因此才具有强烈的号召力和导向性，才能更好地为经济建设和科学发展服务，从而追求经济效益和技术效益的实现。目前，循环经济在我国还属于新生事物，其发展还存在来自资金、技术以为人们思维意识方面的障碍，为了更好地配合新的经济运行模式的运行，就需要在政府主导的方式和方法上做出适度的调整。循环经济是一种高度协同的经济运行模式，在运行过程中需要多部门甚至是多层次部门的协调统一，因此，其统筹工作就显得尤为重要，在实践中的难度也最大，所以，政府的主导作用显得更为重要。一方面，政府必须将这种新的经济运行模式下所产生的制度通过法律的方式确定下来，建立完善的循环经济法制体系；另一方面，社会整体利益的代理人只能由政府担任，政府既是主导者也是结果的承受者，在循环经济的运行中具有双重身份，从这一点上看，政府的主导效率也对自身有着深远的影响。其次，在独特的调整对象方面。传统的科技法有自己独特的调整对象，即国家在协调科技发展和科技管理过程中所形成的各种社会关系。循环经济法的调整对象是国家在协调循环经济运行过程中所发生的各种社会关系。从字面来看，科技法和循环经济法是发生在不同领域的，但法律以及法律制度之间不是割裂的，处于同一个系统的法律之间必然有着千丝万缕的联系，在科技突飞猛进和经济快速发展的大背景下，科技法与循环经济法也产生了交叉和融合的区域。具体表现在：国家协调循环经济的运行除了资金和资源的配置之外，还需要技术手段的参与，以确保决策的科学合理性，在协调科技发展和科技管理的活动中也需要考虑经济、社会、环境等综合因素，以防出现发展的盲区，从而引发社会风险。

综上所述，在本质特征方面，科技法与循环经济法的部分本质特征一致，在实践中能够相辅相成、彼此成就。由于循环经济法属于新生事物，这就决定了其具有更为先进的内容和思想，可以对传统科技法的特征产生一定程度的影响和变革。

（三）在科技法的制度设计方面

任何法律的实施都离不开具体的法律制度，制度设计是否合理也决定了法律实施的质量，循环经济法对科技法在制度设计方面最大的变革就是构筑了优良的科技进步评价制度。科技进步评价制度是指按照规定的原则、程序和标准，采用科学可行的方法，对科学技术以及发明创造的成果进行评估的制度。在传统的科技进步评价制度下，只要技术和发明满足了科技和经济的需要，就称为好的、有价值的技术，这在传统经济发展模式下显然也是科学合理的，只要技术和发明能够带来好的经济效益就已经完成了使命。但在循环经济运行的背景下，这一标准就显得过于狭窄，不能适应当前新形势的要求。循环经济理念要求的科技进步的评价标准更为严格，除了满足传统法律关于经济和技术效益的要求外，还要满足生态和环境的效益，这也要求技术和发明的成果更为科学，更能为新的经济发展所需要。

科学技术评价制度发展的程度是国家科学技术发展水平的反映，全面的科学技术评价标准和体系应当综合考量实践中的各种利益关系，包括国家利益、社会整体利益、个人利益，也包括经济利益、环境利益和生态利益。显然，我国传统的科学技术评价制度并没有将这些利益关系都囊括在内，通常是将科技成果所产生的技术效益和经济效益作为考核其是否进步的主要指标，而未将环境效益和生态效益纳入其考核的范围内，这是所有法律从低级向高级发展的必经之路，及时加以纠正，依然能保证其维护社会秩序的持续性。否则，技术进步的评价制度只是单纯为了技术和发明成果的产生而存在，失去了本身所应具有的价值，不但不能促进社会经济的发展，反而起到限制发展的作用。因此，科技的发展应当以整个人类社会的可持续发展为视角，以经济利益、科技利益和生态环境利益作为共同的利益出发点，鼓励先进技术和发明创造。这要求建立和形成涵盖全部利益关系的技术进步评价指标体系，在这个体系中，各种利益关系所占的比重也需要仔细区分，使之结合更为科学合理，更能发挥保障经济运行的作用。

综上所述，循环经济法的理念不仅对科技法的基本原则和本质特征产生影响，也对科技法的具体制度设计产生影响，这种影响的结果是保证科技法在内容上更为完善和合理，能够最大程度发挥价值。

（四）在科技法的价值目标方面

科技法的价值目标表现为促进技术进步、防止技术误用和惩治技术滥用三个方面，这也是科技法最基本的价值目标，其中，促进科技进步是科技法的核心价值目标，没有科技的进步，科技法就失去了生命力，从本质上看，科技法的基本价值最终都是为了实现正义、秩序和效率的法的基本价值。将循环经济思想引入科技法之后，科技法的价值追求也表现出更为丰富的内容。首先，生态价值在科技法中日益显现。传统的科技法都是以人类为中心的价值观的体现，把人视为宇宙的核心，按照人类的价值观来考量宇宙中的所有事物，因此，满足人的需求也是传统科技法最终追求的目的。而循环经济存在的意义在于，将资源和环境的因素纳入经济运行的体系，使之成为经济增长与发展的内在要素，在不断降低生产与消费过程中物质消耗量和环境损害度的情况下，促进经济系统产出的增加与效益的提高。在这一点上，对科技价值和经济价值的追求与生态环境价值并不矛盾，循环经济理论的提出与实践的展开，也是对传统科技法发展模式的转变。这种价值转变不仅体现在科技法的具体制度设计中，同样也体现在科技立法价值的转变上。要求科技立法在转变思维模式的前提下，树立正确的科技观，走出人类中心主义的陷阱。其次，在科技法的利益价值方面，传统的科技法首先将国家的利益放在首要的位置上，同时保障科学技术组织机构的利益和科技工作者的个人利益，这是狭义的科技法所保障的利益体系。为了顺应时代的发展，科技法在基本原则、本质特征和制度设计方面都做出了调整，其对应的利益体系也应有所改变，在我国现行的科技法利益体系中存在着科学性不足、系统性不强的缺点，需要重新审视科技法利益价值的内容和实现的路径。循环经济法理念要求，在利益的主体方面，国家和组织以及个人的利益固然重要，自然界中其他生物和非生物的利益也同等重要；在利益内容上，环境和生态的整体利益也不容忽视。

第四节　教育法制的变革

我国是世界上最早从事职业教育的国家之一，早在商周时期，社会上就形成了较为完备的职业教育体系，然而，教育事业取得长足的发展还是自新中国成立后，特别是改革开放以后。我国的《教育法》是为了发展教育事业，提高全民族的素质，促进社会主义物质文明和精神文明建设，根据宪法而制定，于1995年3月18日第八届全国人民代表大会第三次会议通过，1995年3月18日中华人民共和国主席令第45号公布，自1995年9月1日起实施。共十章八十四条。

一　教育法的基本内涵

（一）教育法的概念

教育法有广义和狭义之分。广义的教育法是指国家制定或认可，并由国家强制力保障其实施的教育行为规范体系及其实施所形成的教育法律关系和教育法律程序的总和。狭义的教育法是指由国家最高权力机关制定的教育法，即《教育法》。

（二）教育法的调整对象

根据教育法的概念可以得出，教育法是调整教育法律关系和教育法律程序的法律规范。教育法律关系是指教育法律关系主体依法享有的某种利益，包括行为权、请求权等，教育法律关系与一般社会关系相比具有以下特点：第一，教育法律关系是以教育法律规范为前提而形成的社会关系；第二，教育法律关系是以权利和义务为内容而形成的社会关系；第三，教育法律关系的存在以国家强制力为保障。

（三）教育法的本质特征

教育法的特征是指由教育法特定的调整对象和特定的内容所决定的不同于其他法律的个性特点。教育法的特征可以概括为：第一，教育法首先和主要体现统治阶级的意志，并最终决定于物质生活条件；第二，教育法是为人们提供在教育活动中应当遵循的行为准则；第三，教育法是由国家制定或认可，并以国家强制力保障实施的行为准则；第四，教育法是以教育方面的权利和义务为重要内容，并具有普遍性和明确性。

（四）教育法的基本原则

教育法的基本原则是指教育法所应遵循的基本要求和价值准则，是制定和执行教育法的出发点和基本依据。依据我国的现实国情，教育法的基本原则首先要与宪法的基本原则相一致，又应当结合其自身的特点和规律反映其内在本质，总结起来，教育法的基本原则可以概括为：第一，教育的方向性原则。在我国，教育的方向应当是始终坚持教育的社会主义方向，在这一过程中，既要继承和弘扬优秀的中华民族传统文化，也要吸收人类文明发展的一切优秀成果。第二，教育的公共性原则。首先，教育是国家的事业、民族的事业，乃至全世界的共同事业；其次，教育活动作用于每一个受教育者，每一个受教育者又将自己的行为反作用于社会，因此，教育是具有普及性的；最后，教育事业本身就是在为社会的发展作贡献。第三，教育的平等性原则。我国宪法明确规定，受教育是每个公民的权利和义务，因此，每个公民在受教育的机会上都是平等的。第四，教育的终身性原则。在现代社会中，教育应当贯穿于每个人一生的各个时期，只有不断地发展各级各类教育，促进它们相互沟通和衔接，才能不断完善终身教育体系，进而保证终身教育的顺利实现。[①]

（五）教育法的价值目标

所谓价值就是在人的实践认识活动中建立起来的，以主体为尺度的一种客观的主客观关系，是客体的存在、性质及运动是否与主体的本

[①]　http：//zhidao.baidu.com/question/487100943.html.

性、目的和需要相一致、相适合、相接近的关系。① 教育法的价值是一定的教育主体的需要与教育法的关系的范畴,即表示教育法的属性对教育法主体的需要的满足。根据教育法的价值对不同对象的意义,可分为教育法的社会价值和教育法的个体价值。教育法的社会价值指教育法对一个国家或一个民族的意义,即教育法对于国家的教育质量的提高和国家的教育与发展以及社会进步的价值和意义,包括教育法的政治、经济、文化和秩序等价值。教育法的个体价值指教育法对公民个体的意义,比如受教育者有平等接受教育的权利,保证教师的教学研究自由等,包括教育法的主义、平等、自由等价值。同时,教育法的社会价值与教育法的个体价值是相互统一、不可分割的。②

根据价值哲学和法哲学的原理,教育法的价值可以分为三个层次:第一,教育法的终极价值——公民受教育权。在传统的法的价值体系中,人居于最高层次,是法的终极价值,因此,公民受教育的权利是每个公民都应当享有的权利,如果教育法的制定离开了对公民受教育权的终极价值追求,也就失去了存在的必要和意义。第二,教育法的核心价值——政府责任。教育法的终极价值是公民的受教育权,根据宪法原理与制度安排,与公民权利相对应的义务主体只能是国家和政府,因此,受教育权也成为一项公民向政府主张要求的权利。第三,教育法的一般价值——教育秩序与自由。首先,建构教育法的目的,是为了让人们可以在一定时期内依法预期一种有序的教育法律秩序,而不是一个朝令夕改、充满随机性、随意性、令人不可捉摸的状态。其次,作为法律权利,自由指权利主体的行动与法律规范的一致以及主体之间的权利和义务界限。教育的目的在于发掘人的潜能和本质,只有自由的教育,才能做到这一点。③

（六）教育法的功能

法的功能也能理解为法的作用。法的作用是"定纷止争""令人知事""实现社会控制""促进社会正义"等。教育法的功能是指教

---

① 孙伟平:《事实与价值——修谟问题及其解决尝试》,中国社会科学出版社 1993 年版,第 21 页。

② 黄崴、胡劲松:《教育法学概论》,广东高等教育出版社 1999 年版,第 65 页。

③ 袁伟:《教育法的价值探析》,《高等教育研究》2009 年第 4 期。

育法的属性、内容及其结构所决定的教育法的潜在的效用，是教育法具有生命力的内在依据。教育法的功能也就是教育法能够或者应当发挥的作用。对教育法的功能可以概括为：第一，教育法的规范功能。教育法是通过规定教育主体在法律上的权利和义务及其实施后所承担的责任来调整教育活动和教育关系的，因此，具有普遍性，这就决定了教育法具有在一定区域和时间内规范人们的教育行为的能力。第二，标准功能。教育法之所以具有规范功能，其原因是教育法律规范是人们的教育行为的标准，人们是否进行教育行为是以教育法律为准则的，它既是教育行为的标准，也是判断人们行为正确与否的标准。第三，预示功能。根据教育法律规范和教育法律事实过程，人们可以预先知晓或估计到以什么样的方式在什么样的地方开展怎样的教育活动，甚至可以预估到教育的内容以及最终所要达到的目标，这就是法律的预示功能。第四，强制功能。与其他法律一样，教育法律体现的也是国家的意志，并以国家的强制力保障其正常运行，这是法律强制力的集中表现。

二　循环经济法引发的教育法制变革

（一）在教育法的本质特征方面

教育法的特征表现为：教育法首先和主要体现统治阶级的意志，其次，为人们提供在教育活动中应当遵循的行为准则，再次，教育法是由国家制定或认可，并以国家强制力保障实施的行为准则；最后，教育法是以教育方面的权利和义务为重要内容，并具有普遍性和明确性。这是教育法所具有的基本的与一般法的特征相类似的本质性特征，这些特征也是传统教育法所具有的基本品质。教育法是调整在教育活动中所形成的各种社会关系的法律规范，教育的特殊性决定了教育法在实践中的普及面较为广泛，具体到法律层面，通过教育活动，可以将统治阶级的意志传达给公众，但这种教育活动的本身也需要法律对其予以引导和约束。传统的教育法的特征表现出较为明显的制度性，这些制度是保障教育法得以实现其目标的手段，在循环经济法理念引导下的教育法，更强调制度的灵活性。循环经济在实践中的运行呈现出各种各样的方式，因为市场经济是多变的，不可能在发展经济之初就预先估计到发展过程中会出现的所有问题，所以，要求制度具有一定的灵活性，能在适当的环节有调整的余地，使教育法和循环经济法的互补作用更大程度地得到发挥。

（二）在教育法的基本原则方面

传统教育法具有方向性、公共性、平等性和终身性的基本原则，这是与教育本身的特有属性分不开的。教育的方向性是指教育始终坚持社会主义方向，公共性是指教育不是被少数人私有的，而是全社会所有成员都能享有的权利，教育的平等性是指人人在享受教育方面的权利都是平等的，终身性倡导的是终身学习的理念。循环经济法理念对教育法理念的革新最显著的表现就是倡导可持续发展原则的贯彻，在教育法理念中倡导可持续发展原则是为了维持教育法的持续性，使其更能适应新时期的新要求。教育是引导公众认知改变的最重要的方式，无论是我国目前普遍存在的义务教育，还是具有较大规模的职业教育，都是为了引导人们向更高的层次发展，不单是追求物质生活的满足，同样也追求精神生活的满足。在享受教育的权利上，人与人之间也是平等的，同时代人和不同时代人的教育权也是平等的，因此，在教育活动的实施过程中要注重对教育资源的保护，确保后代人教育权的实现，这是循环经济法理念对传统教育法基本原则革新的最集中体现。

（三）在教育法的价值目标方面

教育法的价值具有三层含义，即终极价值是公民的受教育权，核心价值为政府的责任，一般价值为对教育秩序和自由的维护。终极价值应当具有普适性和可行性的特征，公民接受教育的权利是制定教育法的前提性基础，离开了这一点，教育法也就失去了存在的必要，这也是人权在教育法体系中的体现。在现代社会，教育是由国家举办的，所以国家和政府在教育以及教育法的实施环节都具有不可推卸的责任，在这种情况下，政府不能总是充当教育管理者的角色，应当转变思维意识，成为教育的服务者，这样才能保证教育实施的质量。循环经济理念对教育法价值目标影响最为显著的方面就体现在教育秩序和教育自由方面。传统教育法维持的教育秩序是教育活动顺利有序的展开以及维持基本的教育管理秩序，对教育自由的定义是充分发挥教育和教育工作者的主观能动性，使教育最大空间地发挥作用，与循环经济法对教育法基本原则的影响一致，循环经济法对教育法的基本价值即教育秩序和自由的影响同样表现为对不同代人之间教育福利的保护，即现阶段所维持的良好教育秩序是为后代人享受更高质量的教育服务，在本代人充分发挥主观能动性的同时，也要为后代人接受教育的权利留有足够的发展空间，不能只是为了自身利益的实现，而忽略了后代人的受教育权，或者降低其所受到的教育的质量。

（四）在教育法的功能方面

教育法具有规范、标准、预示和强制的法的基本功能，教育法的功能是指教育法的属性、内容及其结构所决定的教育法的潜在的效用，是教育法具有生命力的内在依据。传统的教育法功能在确保教育作用的发挥和教育质量的完成方面发挥着应有的作用。循环经济法对教育法的功能产生的变革表现为，教育法之所以具有规范功能，其原因是因为教育法律规范是人们的教育行为的标准，对教育的标准赋予了更新的内涵，传统的教育标准既是教育行为的标准，也是判断人们行为正确与否的标准，在这里，新的环境标准也关注教育质量的完成，因为教育质量的好坏直接决定了教育水平的高低，也决定了循环经济的理念以及循环经济法的法制思想在实践中被公众所接受的程度，这是在教育法的领域引入循环经济理念所导致的教育法功能的革新。

本章小结

环境法以保护和改善环境、预防和治理人为环境侵害为目的，是调整人类环境利用关系的法律规范的总称。环境法的调整对象是人类在从事环境利用行为过程中所形成的环境利用关系。环境法具有科技性、共有性和综合性三大特征。其基本原则包括：预防原则、协调发展原则、受益者负担原则、公众参与原则和协同合作原则。此外环境法的基本制度有：环境标准制度，环境与自然保护规划制度，环境影响评价制度，"三同时"制度，环境费制度，恢复、治理、补救制度。循环经济法的产生对环境法制内容所形成的变革主要表现在：在环境法的特征方面，主要表现为制度性与技术性的结合以及系统的共生性和法益的共同性之间的联系；在环境法的基本原则方面，表现为循环经济法的理念扩大了环境法中预防有限原则和受益者负担原则的内涵；在价值理念方面，在正义、秩序和效率价值的实现上，循环经济法的价值理念对其产生了不同程度的影响，使其内容更为丰富完整；在具体的制度设计上，循环经济法对环境标准制度和环境费制度都在具体内容上有所革新。

　　经济法是调整国家在协调本国经济运行过程中发生的经济关系的法律规范的总称，经济法的调整对象是特定的经济关系，并且这种经济关系是在国家协调本国经济运行的过程中发生的，在我国，经济法所调整的特定经济关系主要是指宏观调控关系和市场监管关系。经济法是具有独立地位的法的部门，经济法的基本原则包括经济法主体利益协调原则和国家协调本国经济运行原则，经济法的基本理念包括经济法的宗旨和经济法宗旨的实现途径。循环经济法的产生对经济法制内容所形成的变革主要表现在：在经济法的调整对象方面，丰富了经济法调整对象的内容以及深化了经济法调整对象的内涵；在经济法的体系方面，循环经济法对经济法的影响最为深远，从法律规范调整社会关系、法律规范调整社会关系的方式以及法律规范调整社会关系的目的三个视角出发，最终得出循环经济法属于经济法的重要组成部分，并与宏观调控法和市场监管法处于并列地位的结论；在经济法的基本原则方面，循环经济法分别在政府主导、企业实施以及公众参与方面产生了影响；在经济法的理念方面，循环经济法的理念对传统经济法的生产方式和思维习惯都起到革新的作用。

　　科技法是伴随着科学技术的产生而产生的，它是调整在科技活动中形成的各种社会关系的法律规范的总称，其调整对象是国家和各种科技组织对科学技术活动进行促进、引导和监督所形成的社会关系，除具有一般法律所具有的普遍特征之外，还具有一般法律所不具有的特殊性，调整科技活动是科技法的首要任务，科技法的价值目标在于促进科技进步、防止技术误用和惩治科技滥用三个方面。循环经济法的产生对科技法制内容所形成的变革主要表现在：在基本原则方面，在科技法领域的确立了可持续发展原则与公众参与原则；在本质特征上，循环经济法对科技法产生的影响主要表现在政府主导方面和独特调整对象方面；在具体的制度设计环节，循环经济法理念对科技法最显著的影响就是构筑了优良的科技进步评价制度；在科技法的价值目标上，主要表现为生态价值在科技法中日益显现，以及科技法的利益价值的主体和内容的范围都有所扩展。

　　教育法是调整教育法律关系和教育法律程序的法律规范，以教育方面的权利和义务为重要内容，具有普遍性和明确性的特征，也具有方向性、公共性、平等性和终身性的基本原则，其价值目标主要是在政府和国家的主导下，有秩序地实现公民接受教育的权利，同时保障教育工作者的自由发展权利，同样，教育法还具有规范、标准、预示、强制等功能。循环经济法对于教育法制内容的变革主要包括：在教育法的本质方面，循环经济法理念引导下的教育法，要求其在具体的制度内容上具有更强的灵活性，从而能够更好地应对现实经济领域所出现的任何情况；在教育法的基本原则方面，要求教育活动的实施过程中要注重对教育资源的保护；在教育法的价值目标方面，循环经济法对教育法基本价值即教育秩序和自由的影响同样表现为对不同代人之间教育福利的保护；在教育法的功能方面，主要表现为对教育的标准赋予了更新的内涵。

参考文献

一　主要参考书目

（一）外文译著

1. ［美］丹尼斯·米都斯：《增长的极限：罗马俱乐部关于人类困境的研究报告》，李宝恒译，四川人民出版社 1983 年版。

2. ［瑞士］苏伦·埃尔克曼：《工业生态学》，徐兴元译，经济日报出版社 1999 年版。

3. ［美］蕾切尔·卡逊：《寂静的春天》，吕瑞兰、李长生译，吉林人民出版社 1997 年版。

4. ［美］加勒特·哈丁：《生活在极限之内：生态学、经济学和人口禁忌》，戴星翼、张真译，上海译文出版社 2007 年版。

5. ［美］赫尔曼·E. 戴利：《超越增长：可持续发展的经济学》，诸大建等译，上海译文出版社 2001 年版。

6. ［法］亚历山大·基斯：《国际环境法》，张若思编译，法律出版社 2001 年版。

7. ［英］R·J. 文森特：《人权与国际关系》，凌迪等译，知识出版社 1998 年版。

8. ［日］大须贺明：《生存权论》，林浩译，法律出版社 2001 年版。

9. 世界环境与发展委员会：《我们共同的未来》，王之佳、柯金良等译，吉林人民出版社 1997 年版。

10. ［美］杰克、唐纳利：《普遍人权的理论与实践》，王浦劬等译，中

·298·

国社会科学出版社 2001 年版。

11. ［美］巴里·康芒纳（Barry Commoner）：《封闭的循环：自然人和技术》，侯文蕙译，吉林人民出版社 1997 年版。

12. ［美］E. 博登海默：《法理学——法律哲学与法律方法》，邓正来译，中国政法大学出版社 1999 年版。

13. ［美］唐纳德：《人类生态学》，郭凡、邹和译，文物出版社 2002 年版。

（二）中文著作

1. 张震：《作为基本权利的环境权研究》，法律出版社 2010 年版。

2. 徐祥民、田其云：《环境权与环境法学的基础研究》，北京大学出版社 2004 年版。

3. 曹瑞钰：《环境经济学与循环经济》，化学工业出版社 2006 年版。

4. 张坤：《循环经济理论与实践》，中国环境科学出版社 2003 年版。

5. 周训芳：《环境权论》，法律出版社 2003 年版。

6. 陈泉生：《环境法原理》，法律出版社 1997 年版。

7. 吕忠梅：《环境法新视野》，中国政法大学出版社 2007 年版。

8. 乔世明：《环境损害与法律责任》，中国经济出版社 1999 年版。

9. 郑少华：《生态主义法哲学》，法律出版社 2001 年版。

10. 徐显明主编：《人权研究》（第 2 卷），山东人民出版社 2002 年版。

11. 吴卫星：《环境权研究——公法学的视角》，法律出版社 2007 版。

12. 王曦：《美国环境法概述》，武汉大学出版社 1992 年版。

13. 王泽鉴：《民法物权》（第 1 册），中国政法大学出版社 2001 年版。

14. 张文显：《法学基本范畴研究》，中国政法大学出版社 1993 年版。

15. 张坤民：《中国环境法制建设概述》，国防工业出版社 1994 年版。

16. 莫泰基：《公民参与：社会政策的基石》，中华书局 1995 年版。

17. 汪习根：《法治社会的基本人权——发展权法律制度研究》，中国人民公安大学出版社 2002 版。

18. 周柯：《生态环境法论》，法律出版社 2001 年版。

19. 金瑞林：《环境法学》，法律出版社 2001 年版。

20. 蔡守秋等：《可持续发展与环境资源法制建设》，中国法制出版社

2003 年版。

21. 鲁传一：《资源与环境经济学》，清华大学出版社 2004 年版。

22. 张扬等：《循环经济概论》，湖南人民出版社 2005 年版。

23. 汪劲：《环境法律的理念与价值追求》，法律出版社 2000 年版。

24. 刘炜：《科学发展与循环经济模式构建》，中国经济出版社 2009 年版。

25. 鲍健强、黄海凤：《循环经济概论》，科学出版社 2009 年版。

26. 李玉基、俞金香：《循环经济基本法律制度研究》，法律出版社 2012 年版。

27. 董骁、冯肃伟：《论循环经济》，上海人民出版社 2009 年版。

28. 俞宣孟：《本体论研究》，上海人民出版社 2005 年版。

29. 李昌麒：《经济法学》（第 3 版），中国政法大学出版社 2007 年版。

30. 陈泉生等：《循环经济法研究》，中国环境科学出版社 2009 年版。

31. 杨紫烜：《经济法》，北京大学出版社、高等教育出版社 2010 年版。

32. 张文显：《法哲学范畴研究》，中国政法大学出版社 2003 年版。

33. 李丹：《环境立法的利益分析——以废旧电子电器管理立法为例》，知识产权出版社 2009 年版。

34. 王树义主编：《循环经济立法问题专题研究》，科学出版社 2006 年版。

35. 肖剑鸣：《比较环境法》，中国检察出版社 2001 年版。

36. 姬振海：《环境权益论》，人民出版社 2009 年版。

37. 邓一峰：《环境诉讼制度研究》，中国法制出版社 2008 年版。

38. 吕忠梅主编：《超越与保守——可持续发展视野下的环境法创新》，法律出版社 2003 年版。

39. 冯之浚主编：《循环经济导论》，人民出版社 2004 年版。

40. 卓泽渊：《法的价值论》，法律出版社 1999 年版。

41. 张文显：《法理学》，高等教育出版社 1999 年版。

42. 张梓太、陈泉生：《宪法与行政法的生态化》，法律出版社 2001 年版。

43. 曹明德：《生态法原理》，人民出版社 2002 年版。

44. 刘国涛：《环境与资源保护法学》，中国法制出版社 2004 年版。

45. 徐祥民主编:《中国环境资源法学评论》(第 1 卷),中国政法大学出版社 2006 年版。

46. 吴文伟:《城市生活垃圾资源化》,科学出版社 2003 年版。

47. 金瑞林、汪劲:《20 世纪环境法学研究评述》,北京大学出版社 2003 年版。

48. 余谋昌:《生态学哲学》,云南人民出版社 1991 年版。

49. 俞金香:《循环经济法制保障研究》,法律出版社 2009 年版。

50. 王彬辉:《论环境法的逻辑嬗变——从"义务本位"到"权利本位"》,科学出版社 2006 年版。

51. 孙佑海、张蕾等:《中国循环经法论》,科学出版社 2008 年版。

52. 胡玉鸿:《法学方法论导论》,山东人民出版社 2002 年版。

53. 夏勇:《人权概念起源》,中国政法大学出版社 1992 年版。

54. 郑少华:《从对峙走向和谐:循环型社会法的形成》,科学出版社 2005 年版。

55. 孙笑侠:《程序的法理》,商务印书馆 2005 年版。

56. 《联合国环境与可持续发展系列大会重要文件选编》,中国环境科学出版社 2004 年版。

57. 吕忠梅、高利红、余耀军:《环境资源法学》,中国法制出版社 2001 年版。

58. 齐建国、尤完、杨涛:《现代循环经济理论与运行机制》,新华出版社 2006 年版。

59. 付晓东:《循环经济与区域经济》,经济日报出版社 2007 年版。

60. 丁圣彦:《生态学——面向人类生存环境的科学价值观》,科学出版社 2004 年版。

61. 钱易、唐孝炎:《环境保护与可持续发展》,高等教育出版社 2000 年版。

62. 沈满洪:《环境经济手段研究》,中国环境科学出版社 2001 年版。

63. 邹雄:《环境侵权救济研究》,中国环境科学出版社 2004 年版。

64. 常纪文:《环境法原论》,人民出版社 2003 年版。

65. 杨通进:《走向深层的环保》,四川人民出版社 2000 年版。

二 主要参考论文

(一) 外文及译文等

1. ZhongXiang Zhang, "China in the Transition to a Low-carbon Economy", *Energy Policy*, Vol. 38, No. 11, 2010.

2. Antoelli, Cristiano, "Collective Knowledge Communication andInnovation: The Evidence of Technological Districts", *Regional Studies*, 2000 (6).

3. Altenberg, "How to Promote Clusters: Policy Experiences From Latin America", *World Development*, 1999 (9).

4. [日] 大须贺明:《环境权的法理》,林浩译,《西北大学学报》1999年第1期。

5. [美] 加雷德·达尔蒙:《环境的崩溃与文明的终结》(上、下),禅林译,《国外社会科学文摘》2003年第10、11期。

6. [印度] S. R. 乔德赫瑞:《代与代之间的公平:可持续发展权的基础》,黄列译,《外国法译丛》1998年第3期。

(二) 中文类

1. 黄鹍、陈森发、周振国、元霞:《生态工业园区综合评价研究》,《科研管理》2004年第6期。

2. 蔡守秋:《环境权初探》,《中国社会科学》1982年第3期。

3. 叶文虎、李萱:《环境权理论研究向何处去》,《中国人口·资源与环境》2009年第3期。

4. 陈书全、徐海:《公民环境权宪法化的法理分析》,《中国海洋大学学报》(社会科学版)2004年第2期。

5. 王鲁明:《区域循环经济发展模式研究》,博士学位论文,中国海洋大学,2006年。

6. 诸大建:《从可持续发展到循环型经济》,《世界环境》2000年第3期。

7. 王敏旋:《发达国家循环经济理论与实践历程综述》,《经济前沿》

2005 年第 10 期。

8. 汤天滋：《主要发达国家发展循环经济经验述评》，《财经问题研究》2005 年第 2 期。

9. 马莉莉：《关于循环经济的文献综述》，《西安财经学院学报》2006 年第 1 期。

10. 吴绍中：《循环经济是经济发展的新增长点》，《社会科学》1998 年第 10 期。

11. 周爱国：《循环经济：经济的生态化转向》，《湖北社会科学》2002 年第 2 期。

12. 曹明德：《从人类中心主义到生态中心主义的转变》，《中国人民大学学报》2002 年第 3 期。

13. 陈德敏：《环经济的核心内涵是资源循环利用》，《中国人口·资源与环境》2004 年第 2 期。

14. 陈德敏：《中国可再生资源综合利用的战略思路与对策》，《中国软科学》2003 年第 8 期。

15. 许明月：《公民环境权的基本人权性质与法律回应》，《西南民族大学学报》（社会科学版）2005 年第 4 期。

16. 黄锡生：《论生产者责任延伸制度——从循环经济的动力支持谈起》，《法学论坛》2006 年第 3 期。

17. 黄锡生：《循环经济法律责任问题探讨》，《广州大学学报》（社会科学版）2006 年第 1 期。

18. 王曦、陈维春：《浅论环境基本法的立法目的》，《法学论坛》2004 年第 5 期。

19. 刘贵富：《循环经济的循环模式及结构模型研究》，《工业技术经济》2005 年第 4 期。

20. 诸大建、臧漫丹、朱远：《C 模式：中国发展循环经济的战略选择》，《中国人口·资源与环境》2005 年第 6 期。

21. 顾培东：《效益：当代法律的一个基本价值目标》，《中国法学》1992 年第 3 期。

22. 方莉华、张才国：《循环经济概念的科学界定及其实质》，《华东经济管理》2005 年第 3 期。

23. 王正平：《深生态学：一种新的环境价值理念》，《新华文摘》2001年第4期。

24. 吕忠梅：《论公民环境权》，《法学研究》1995年第6期。

25. 蔡守秋：《论环境权》，《金陵法律评论》2002年第1期。

26. 陈泉生：《环境权之辨析》，《中国法学》1997年第2期。

27. 吕忠梅：《再论公民环境权》，《法学研究》2000年第6期。

28. 蔡守秋：《环境权初探》，《中国社会科学》1982年第3期。

29. 付文堂：《关于自由的法哲学探讨》，《中国法学》2000年第2期。

30. 谷德近：《论环境权的属性》，《法学研究》2003年第3期。

31. 朱谦：《环境权的法律属性》，《中国法学》2001年第3期。

32. 吕忠梅：《环境权力与权利的重构》，《法律科学》2000年第5期。

33. 周训芳：《论基于生存需要的自然资源开发利用权》，《中南林业科技大学学报》（社会科学版）2007年第5期。

34. 李明华、张经辉：《自然保护区公众参与制度研究》，《资源节约型、环境友好型社会建设与环境资源法的热点问题研究——2006年全国环境资源法学研讨会论文集》。

35. 吴贵国：《环境权的概念、属性——张力维度的探讨》，《法律科学》2003年第4期。

36. 吴卫星：《我国环境权理论研究三十年之回顾、反思与前瞻》，《法学评论》2014年第5期。

37. 李艳芳：《环境权的若干问题初探》，《法律科学》1994年第6期。

38. 涂小雨：《构建社会主义和谐社会中的环境权问题探析》，《学习论坛》2006年第12期。

39. 徐祥民：《环境权论——人权发展历史分期的视角》，《中国社会科学》2004年第4期。

40. 周训芳：《论可持续发展与人类环境权》，《林业经济问题》2000年第2期。

41. 陈泉生：《论环境权的种类和内容》，《法学研究》1996年第2期。

42. 唐澎敏：《论环境权》，《求索》2002年第1期。

43. 肖巍：《作为人权的环境权与可持续发展》，《哲学研究》2005年第11期。

44. 曹凤中等：《循环经济本质的探讨》，《黑龙江环境通报》2008 年第 3 期。

45. 王成新、李昌峰：《循环经济：全面建设小康社会的时代抉择》，《理论学刊》2003 年第 1 期。

46. 王金南、余德辉：《发展循环经济是 21 世纪环境保护的战略选择》，《经济研究参考》2002 年第 6 期。

47. 马凯：《贯彻落实科学发展观大力推进循环经济发展》，《宏观经济管理》2004 年第 10 期。

48. 王兆华、尹建华、武春友：《生态工业园中的生态产业链结构模型研究》，《中国软科学》2003 年第 10 期。

49. 卢红兵：《循环经济与低碳经济协调发展研究》，博士学位论文，中共中央党校，2007 年。

50. 陈立、唐勇：《试论循环经济与现代政府作用》，《首都经济贸易大学学报》2004 年第 4 期。

51. 常纪文：《欧盟循环经济立法经验及其对我国的启示》，《当代法学》2005 年第 1 期。

52. 陈金恋：《环境法立法目的的解构与探索——反思目的一元论和目的二元论》，《科技信息》2006 年第 5 期。

53. 蔡守秋：《论循环经济立法》，《南阳师范大学学报》2005 年第 1 期。

54. 蒋亚娟：《循环经济法：期待被开启的生态"安全阀"》，《宁波大学学报》2006 年第 5 期。

55. 高利红：《环境资源法的价值理念与立法目的》，《中国地质大学学报》（社会科学版）2005 年第 5 期。

56. 李玉基：《生态文明：循环经济法的基本理念》，《甘肃政法学院学报》2008 年第 3 期。

57. 王裴民：《论循环经济法的性质与理念》，《河南省政法管理干部学院学报》2009 年第 5 期。

58. 唐晓纯：《解读循环经济的六大理念》，《当代经济研究》2005 年第 6 期。

59. 魏恒荣、洪怡静：《循环经济法及其理念辨析》，《治淮》2008 年第

1 期。

60. 黄丽娜：《浅议循环经济法的部门归属》，《法制与社会》2008 年第
    36 期。

61. 王灿发：《循环经济立法的必要性及其定位》，《东南学术》2006 年
    第 3 期。

62. 赵海燕：《循环经济法的环境法属性探析》，《兰州大学学报》（社
    会科学版）2014 年第 1 期

63. 陶伦康：《循环经济立法探析—— 基于生态化理念下的思考》，《天
    津市政法管理干部学院学报》2007 年第 4 期。

64. 胡静：《环境法的正当性与制度选择》，博士学位论文，中国政法大
    学，2007 年。

65. 郭炯：《论环境法的价值取向》，《甘肃教育学院学报》（社会科学
    版）2002 年第 1 期。

66. 蔡守秋：《环境正义与环境安全二论——环境资源法学的基本理
    念》，《河海大学学报》（哲学社会科学版）2005 年第 2 期。

67. 龚剑飞：《循环经济立法完善之研究》，硕士学位论文，华侨大学，
    2012 年。

68. 王薇：《论我国循环经济法律制度的完善》，硕士学位论文，宁波大
    学，2012 年。

69. 刘保民：《从"个人主义者"到"整体主义者"——浅论社会个体的
    自我超越问题》，《武汉大学学报》（人文科学版）2004 年第 4 期。

70. 胡玉宏：《个人主义方法论在法学研究中的应用》，《法律方法》
    2002 年第 1 期。

71. 汪斌：《环境法的效率价值》，《当代法学》2002 年第 3 期。

72. 吕忠梅：《论经济法的目的性价值与工具性价值》，《法商研究》
    2000 年第 6 期。